Umschlaggestaltung:
DSR Werbeagentur Rypka GmbH, 8143 Dobl/Graz
Titelbild: Bilderwerk, Wien

Bildnachweis:
Bilderwerk, Wien (62); Gaigg, Steyrling (1); Berger (26); Bild-Hauer, Graz (9);
Pirc, Wien (2), Flora Foto, Langenhagen (6)

Bibliografische Information Der Deutschen Bibliothek
Die Deutsche Bibliothek verzeichnet diese Publikation in der Deutschen Natio-
nalbibliografie; detaillierte bibliografische Daten sind im Internet unter
http://dnb.ddb.de abrufbar.

Hinweis: Dieses Buch wurde auf chlorfrei gebleichtem Papier gedruckt. Die
zum Schutz vor Verschmutzung verwendete Einschweißfolie ist aus Polyethylen
chlor- und schwefelfrei hergestellt. Diese umweltfreundliche Folie verhält sich
grundwasserneutral, ist voll recyclingfähig und verbrennt in Müllverbrennungs-
anlagen völlig ungiftig.

Auf Wunsch senden wir Ihnen gerne kostenlos unser Verlagsverzeichnis zu:
Leopold Stocker Verlag GmbH
Hofgasse 5 / Postfach 438
A-8011 Graz
Tel.: +43 (0)316/82 16 36
Fax: +43 (0)316/83 56 12
E-Mail: stocker-verlag@stocker-verlag.com
www.stocker-verlag.com

ISBN 978-3-7020-1214-4

Layout und Repro: DSR Werbeagentur Rypka GmbH, 8143 Dobl/Graz
Druck: Druckerei Theiss GmbH., A-9431 St. Stefan

Inhalt

Pflanzenregister

Frühling (März, April)

Frühsommer (Mai, Juni)

Sommer (Juli, August)

Herbst (September, Oktober)

Vorwort

Es sind nun fast 10 Jahre vergangen, seit ich mein erstes Fachbuch „Wild-früchte, -gemüse, -kräuter; Erkennen, Sammeln und Genießen" druck-frisch vor mir liegen hatte.

Seit dieser Zeit ist viel geschehen.

Ich konnte auf vielen Kursen und Kräuterwanderungen, die ich seither hielt, und auch im Rahmen meiner privaten Arbeit mit Pflanzen unzäh-lig viele neue wertvolle Erfahrungen sammeln. Mein Erfahrungsschatz über die Verwendbarkeit vieler ganz alltäglicher Pflanzen hat sich mit jeder Saison erweitert.

Immer wieder konnte ich mit Begeisterung, aber auch mit Staunen und Wundern über meine Unkenntnisse, mir unbedeutende, bislang un-genutzte, ja sogar unbemerkte Pflanzen in meinen Fundus aufnehmen, um mit ihren Eigenheiten zu experimentieren. Es ist immer eine span-nende Reise in die Welt von Aroma, Geschmack und Duft, die die er-staunlichsten Kombinationen entstehen lässt.

Aber auch mein Interessensgebiet hat sich stark erweitert: Die Wei-terverarbeitung von Wildkräutern zu Kosmetika und Heilcremen sowie das Mischen spezieller Teesorten und die Herstellung ganz besonderer Kräuterkissen gehören mittlerweile ebenso zu meinem Schaffensgebiet wie das von mir immer schon geliebte Kochen und Herstellen von Mar-meladen, Gelees und Sirupen.

Ich habe versucht, die wesentlichsten Erfahrungen im vorliegenden Buch festzuhalten.

Der „Grundstock" jener Pflanzen aus Garten, Wiese und Wald, die ich als meine täglichen Begleiter sehe und die der geschätzte Leser schon aus den vorliegenden Büchern kennt, werden durch jene für meinen Er-fahrungsschatz „neu" entdeckten Pflanzen erweitert.

Viele neue Rezepte und Verarbeitungsvarianten für bekannte und

„neue" Wildkräuter, die in diesen „10 Lehr- und Wanderjahren" entstanden sind, möchte ich in diesem Buch gerne an Sie weitergeben. Dazu kommen Verwendungsmöglichkeiten in der Heilkunde und Besonderheiten in Verwendung und Wirkung, die mir beim Arbeiten mit den Pflanzen aufgefallen sind.

Mein Zugang zu den von mir genutzten Pflanzen hat sich seit meinem ersten Buch sehr stark verändert, er ist viel inniger geworden, nicht mehr die Inhaltsstoffe und die Wirkung, sondern die Pflanze als „Gesamterscheinung", als Persönlichkeit mit materiellem Körper und feinstofflicher „Seele", stehen im Vordergrund meiner Betrachtung, die auch in diesem Buch Niederschlag finden soll. Hinzu kommt der rücksichtsvolle, ehrfurchtsvolle Umgang mit unserer belebten Umwelt, der erst so richtig die „Pflanzenkraft" zum Vorschein bringt.

Bei der Auswahl der Wildkräuter für dieses Buch war es mir wichtig, dass es sich um in unseren Breiten häufige, oft in Massen auftretende Pflanzen handelt und die uns tagtäglich „über den Weg wachsen". Einerseits hat dies für den Sammler den Vorteil, nicht lange nach ihnen suchen zu müssen, andererseits war es mir wichtig, besonders jene unbeachteten, als „Unkräuter" oder „Gstettn" benannten Pflanzen unter einem anderen Gesichtspunkt vorzustellen. Viele jener Pflanzen, die uns heute wertlos und bekämpfenswert erscheinen, genossen in früheren Zeiten – und genießen noch immer in anderen Kulturkreisen – höchstes Ansehen als wertvolle Lebensmittel, Heil- oder Zauberpflanzen. Ich habe versucht, auch ein wenig vom „Zauber der guten alten Kräuterzeit" in dieses Buch einfließen zu lassen.

Inzwischen sehe ich meine Tätigkeit als Wildkräutersammlerin nicht mehr „nur" als Einzelmodell, sondern viel globaler: Durch diese Lebensweise nehme ich einen Platz in der langen Reihe meiner Vorfahren ein, die sich durch das Nutzen und Besammeln der sie umgebenden Landschaft am Leben erhielten und eine reichhaltige Lebensgrundlage schufen. Ich lebe damit ein Stück Kulturgeschichte, nähere mich dem, was über Jahrtausende hinweg Wissen und Weisheit des Menschen war.

Wildkräuter, -gemüse und -früchte zu sammeln und zur täglichen Ernährung zu nutzen, ist nur in einer sammelbaren, das heißt in einer an vielfältigen Lebensräumen reichen, sauberen und gesunden Landschaft möglich. Unter diesem Aspekt bekommen allgemeine Schlagworte wie „naturnah", „nachhaltige Nutzung", „Umweltschutz", „schadstofffrei" und „saisonal und regional ist am ökologischsten" plötzlich einen sehr persönlichen Bezug.

Denn das, was mir wichtig geworden ist, mein Lebensraum, die sammelbare Landschaft, die mich umgibt, habe ich als meine unmittelbare Lebensgrundlage erkannt. Ich behandle sie deshalb schonend und dankbar, im Wissen, dass ich das, was ich brauche und liebe, nicht schädigen möchte und darf.

Mit diesem Lebensstil „am Busen der Natur" – wie eine liebe Freundin zu sagen pflegt – habe ich Einfluss auf Wirtschaft und Politik: „Du bist, was du isst", bleibt nicht einfach ein Slogan, sondern ist gelebtes Kulturgut. Durch den Bezug regionaler und saisonaler Rohstoffe aus Bioproduktion stärke und präge ich mein unmittelbares Lebensumfeld, das durch jene, die es bewirtschaften und pflegen, erst zur „sammelbaren Landschaft" geworden ist.

Das Wissen um die Herkunft der selbstgepflückten Pflanzen erscheint mir als ein großer Vorteil des Wildpflanzensammelns, durch Beobachtung und Auswahl der Standorte kann ich jenen Pflanzen den Vorzug geben, die auf für mich passenden, unverschmutzten Standorten wachsen. Je nach Auswahl des Standortes bestimme ich so die Qualität meines Lebensmittels selbst. Ohne Qualitätseinbußen bei Lagerung und Transport landet das frisch gesammelte Pflückgut dann auf dem Tisch, wann ich es für passend befinde. Bei gekauftem Obst und Gemüse ist oft gar nicht mehr nachzuvollziehen, wie lange Lagerung und Transportweg gedauert haben, und entsprechend sind nicht mehr alle ursprünglich vorhandenen Inhaltsstoffe enthalten. Dass optisch attraktive, saubere Ware und große Früchte keine Garantie für Qualität sind, weiß inzwischen jeder.

Im Laufe meiner Arbeit mit den Wildkräutern und -früchten hat sich nicht nur mein persönliches Interessensgebiet markant geweitet und mein Erfahrungsschatz vergrößert, sondern auch mein Betätigungsfeld. Kräuterwanderungen und saisonal abgestimmte Kochkurse darf ich zu meinem „Täglich Brot" zählen, Spezialvorträge, Buffet- und Speisenkreationen zu besonderen Anlässen oder Themen sowie Planungskonzepte für Gemeinden oder Privatiers, die mit Wild- und Kulturkräutern zu tun haben, ergänzen meine Arbeit als „Kräuterfee".

Meine inzwischen größer gewordene Familie und ich verbringen noch immer jede frei Minute in der Natur. Wir durchstreifen gemeinsam Wiesen, Wälder und Weinberge, um zu entdecken und zu sammeln, was die Natur uns bietet. Jede Wanderung ist ein ganz besonderes Erlebnis, das uns miteinander und mit unserer Umgebung verbindet und uns zu den Wurzeln des Jägers und Sammlers zurückführt.

Es macht viel Spaß, die selbst gesammelten Schätze der Natur miteinander zuzubereiten und zu verspeisen, und noch mehr Spaß macht es mir, zu besonderen Anlässen die verschiedensten Speisen zu einem üppig dekorierten Buffet zusammenzustellen.

Für mich ist es sehr berührend, zu solchen Anlässen von den Gästen beigeisterte Rückmeldungen zu bekommen. „So einen geschmackvollen Salat haben ich mein ganzes Leben noch nicht gegessen", sagte eine weitgereiste Frau über eine Kombination aus Löwenzahn, Schafgarbe und Wegerich. Natürlich kommt es auf die Zubereitungsart an, und dieses Wissen möchte ich bei all meinen Lesern mit diesem Buch erweitern.

Besonders schön ist es für mich, „die Folgen" meiner Kurse zu beobachten, wenn die dort vermittelten Impulse die Teilnehmer kreativ und aktiv im Umgang mit den Schätzen der Natur werden lassen.

Und so geschieht es, dass mit jeder neuen Saison einige Begeisterte mehr durch Feld und Flur wandern, um zu suchen, zu sammeln, zu verarbeiten und zu genießen. – Und auch, um die Welt mit „anderen" Augen zu betrachten.

Bleibt mir noch, dieses Buch zu widmen:
All jenen, die um die Schätze, die uns umgeben, wissen, und jenen, die davon ahnen.

Ich wünsche Ihnen viel Freude bei der Reise durch Wälder, Wiesen und ihren eigenen – vielleicht in manchen Teilen unbekannten – Garten.

Im Besonderen danke ich meinen Eltern für deren tatkräftige Unterstützung und meinen beiden wundervollen Töchtern für deren Begeisterung, mit der sie mein Leben als „Kräuterfee" bereichern.

Kritzendorf, im Herbst 2008   *Elisabeth Maria Mayer*

Über die Verwendung dieses Buches

In diesem Buch finden Sie Pflanzen, die in Mitteleuropa häufig vorkommen, wer jedoch offenen Auges reist, wird manche von ihnen vielleicht sogar auf anderen Kontinenten entdecken können.

Ich habe versucht, die Pflanzen zum Erntezeitpunkt im Jahreslauf zu ordnen, wobei viele Pflanzen natürlich während der ganzen Saison beerntbar sind, weiter Informationen dazu finden Sie bei jeder Pflanze unter den Sammeltipps. Der Erntezeitpunkt jener Pflanzenteile, die mir am interessantesten erscheinen, haben in diesem Buch den Ausschlag dafür gegeben, wo die Pflanzen im Jahreslauf stehen. Zum Beispiel möchte ich in diesem Buch bei der Brennnessel die Samen hervorheben, daher ist sie zum Erntezeitpunkt Herbst im Buch gereiht.

Wie auch in meinen anderen Büchern habe ich die Fundstandorte versucht als „Lebensraum" zu charakterisieren und die Pflanzen passend zur Jahreszeit in den entsprechenden Lebensraum einzuordnen. Der Einfachheit halber sind es sechs, die sich natürlich auch überschneiden können:

Lebensraum Wald: Gemeint sind idealerweise natürliche Laub- und Mischwälder mit gemischtaltrigen Bäumen, deren Kronen im Frühjahr noch viel Licht zum Boden dringen lassen.

Lebensraum Hecke: Alle Strauchgruppen, Gebüsche, Hecken, die an Waldrändern, Wegen, Sraßenrändern oder Gewässern zu finden sind. Sie beherbergen nicht nur junge Bäume und Sträucher, sondern auch Gräser und Kräuter.

Lebensraum Acker, Weinberg: Gemeint sind offene Erdflächen, die regelmäßig vom Menschen zu Bewirtschaftungszwecken umgebrochen werden. Es kann auf ihnen auch Schutt oder Erde abgelagert werden, jedenfalls sind sie vom Menschen stark beeinflusst.

Lebensraum Wiese: Mit Gräsern, Blütenpflanzen und Wildkräutern bewachsene Grünflächen mit sehr unterschiedlicher Artenzusammensetzung, je nach Nutzungsart einige Male im Jahr gemäht. Weiden, Grünland und Wiesen gehören dazu.

Lebensraum Rasen: Gemeint ist der typische Garten- oder Parkrasen, der ständig gemäht wird und über eine Höhe von 25 cm nicht hinauswachsen kann.

Lebensraum Ufer: Feuchte und nasse Zonen in der Nähe von Bächen, Seen, nasse Stellen in Wiesen und Weiden.

Dem passenden Lebensraum zugeordnet, finden Sie jene Pflanzen, die zur jeweiligen Saison dort zu beernten sind. Diese Pflanzen habe ich mit ihrem **deutschen und lateinischen Namen** benannt und ein **„Kurzportrait"** in einigen Worten hinzugefügt.

Diesem folgen

„Botanische Merkmale und Standortbeschreibung": Fundort und Beschreibung der Pflanzenerscheinung in prägnanten, kurzen Worten.

„Pflückhinweise und Sammeltipps": Meine Erfahrungen zum Pflücken und Sammeln, nützliche Tipps und Warnungen vor Verwechslungsmöglichkeiten.

„Traditionelle Verwendung und Heilanwendung nach Hildegard": Informationen zur traditionellen Verwendung in der Volksheilkunde und im Hausgebrauch und auch in der Hildegard-Medizin. Manche Pflanzen können auf eine lange Geschichte der Nutzung ihrer Kräfte durch den Menschen zurückblicken. Einfache oder mir besonders wertvoll erscheinende Rezepte, die Heilung und Linderung bringen.

„Zuordnung und Anwendung nach TCM": Menschen, die nach den 5-Elementen kochen, finden hier die Zuordnung der Pflanze zum Element, zu den Körperorganen und die thermische Wirkung. Ich möchte betonen, dass meiner Meinung nach der Duft der Pflanzen eine ganz andere thermische Wirkung haben kann, dies ist jedoch hier nicht das Thema. Die Anwendung in der TCM ist nur stichwortartig umrissen. Ich möchte damit den Anstoß geben, importierte, uns fremde Pflanzen, wo es möglich ist, durch heimische Kräuter zu ersetzen. Es gibt zu diesem Thema bislang auch nur 1 Fachbuch.

„Verwendung in der Wildkräuterküche": Ausführungen darüber, wie die Pflanze früher oder in anderen Kulturen verwendet wird, mir nachahmenswert erscheinende Verwendungsmöglichkeiten zum Zubereiten unserer täglichen Nahrung, vom Frischverzehr bis zur Konservierung.

„Meine Lieblingsrezepte“: Sie garantieren Ihnen ganz besondere Ausflüge in die Welt von Aroma, Geschmack und Duft. Einfach nachzukochen oder aufwändiger für ganz besondere Anlässe. Mit Liebe zusammengestellt und erprobt.

Die mit * versehenen Rezepte sind für Vegetarier geeignet.

Ich wünsche Ihnen viel Freude beim Nachkochen!

Frühling (März, April)

Der Knoblauch des Waldes

Bärlauch, *Allium ursinum*
Wald

Botanische Merkmale und Standortbeschreibung

Wer kennt sie nicht, jene mystisch anmutenden Waldstellen, die im Mai vom weißen Blütenmeer des Bärlauches unter zartgrün belaubten Buchenstämmen überzogen sind? Am liebsten möchte man sich hineinlegen in diese Blütenfülle, doch der knoblauchartige Geruch hält schließlich die meisten davon ab...

Der Bärlauch besitzt eine kleine, längliche Zwiebel, aus der sehr zeitig im Frühjahr etwa 25 cm hohe, längliche Blätter wachsen. Zwischen ihnen entspringen aufrechte, kantige Stiele mit weißen, sternförmigen Blüten, die als Scheindolde angeordnet sind. Die ganze Pflanze riecht und schmeckt stark nach Knoblauch.

Der Bärlauch hat seinen Lebenszyklus Ende Mai nach dem Abblühen beendet und zieht wieder in die Erde ein. Die Zeit, um sämtliche Bärlauchrezepte zu testen, ist also relativ kurz bemessen, da heißt es schon zeitig beginnen, auch wenn die Blättchen noch klein und gerollt sind!

Pflückhinweise und Sammeltipps

Zur selben Zeit wie der Bärlauch sind am selben Standort auch noch andere, für das ungeschulte Auge dem Bärlauchblatt ähnliche, jedoch giftige Blätter vom Maiglöckchen und Aronstab zu finden. Unerfahrene Kräutersammler sollten daher Ihren „ersten" Bärlauch gemeinsam mit jemandem sammeln, der die Blätter gut identifizieren kann, allerdings sind die „giftigen" Blätter anhand weniger Kriterien leicht unterscheidbar: Schon allein der fehlende Knoblauchgeruch fällt auf.

Die länglichen Maiglöckchenblätter sitzen zu zweit an einem Stiel, haben ein dunkleres Blattgrün und sind geruchlos. Die pfeilförmigen Blätter des gefleckten Aronstabes riechen und schmecken brennend-scharf, wenn sie zerdrückt oder zerkaut werden.

Es ist schon des Öfteren passiert, dass beim Ernten größerer Bärlauchmengen mit Schere oder Messer giftige Doppelgänger mitgepflückt wurden.

Aus diesem Grund ist es auch dem geübten Sammler zu raten, Blatt für Blatt einzeln zu ernten. Wer sich an diese Pflückmethode hält, kann in den dichten Kolonien des Bärlauches auch keinen Pflückschaden anrichten.

Traditionelle Verwendung und Heilanwendung nach Hildegard

Bärlauch ist, was seine anregende, harntreibende Wirkung betrifft, dem Knoblauch sehr ähnlich. Er regt die Magensäfte an und hemmt Fäulnis- sowie Gärungsbakterien. Ein gemeinsames Merkmal aller Lauchge- wächse ist ihr Gehalt an ätherischem, schwefelhältigem Öl, dem eine an- regende, entgiftende und blutreinigende Wirkung nachgesagt wird.

Eher unbekannt ist die schwermetallausleitende Wirkung des Bär- lauchs. Besonders Quecksilber kann durch den regelmäßigen Genuss von Bärlauch aus dem Fettgewebe mobilisiert und – bei genügend Flüs- sigkeitszufuhr! – ausgeschwemmt werden. Eine derartige Kur könnte 3 Wochen dauern, dabei sollen täglich 2 Handvoll Bärlauch genossen und 2–3 Liter Wasser getrunken werden. Trinken ist sehr wichtig, damit die Schwermetalle ausgeschwemmt werden, ansonsten werden sie vom Darm resorbiert, was zu Übelkeit und Schwindel führen kann.

Ähnlich wie der Knoblauch soll die Bärlauchtinktur vorbeugend bei Arterienverkalkung und Bluthochdruck wirken.

Nach Hildegard sind alle Lauchgewächse mit hohem Blattstängel heilend.

Zuordnung und Anwendung nach TCM

Thermische Wirkung: scharf;
Organzuordnung: Nieren;
Geschmack: scharf; Element: Metall;
Funktionen: tonisiert das Nieren-Yang, schweißtreibend, wirkt Blut- Stagnation entgegen.

Verwendung in der Wildkräuterküche

Die Bärlauchblätter werden, verglichen mit anderen Wildkräutern, relativ häufig gesammelt und sind manchmal auch auf gut sortierten Märkten zu finden. Die jungen Blätter werden am besten vor der Blüte verwendet und roh in Salaten, Aufstrichen oder Kräuterbutter verarbeitet. Gekocht, ver- liert der Bärlauch sehr viel an Aroma, was seine Verarbeitung zu Spinat, Suppe oder Strudel jedoch keineswegs ausschließt. Die Knospen der Bär- lauchblüten können wie Kapern in Essig eingelegt werden und sind eine schmackhafte Beigabe zu Häppchen, Brötchen oder Antipasti-Tellern.

Auch die weißen, sternförmigen Blüten des Bärlauchs schmecken süß- aromatisch-knoblauchig und sind eine hübsche und schmackhafte Bei- gabe zu Salaten, Brötchen und Suppen. Sie schmecken angenehm süß und im Abgang zart knoblauchig.

Die kleinen, länglichen Zwiebeln können wie Knoblauch verwendet werden. Einige davon im Herbst gegraben und in Olivenöl eingelegt, er- geben ein herrlich aromatisches Gewürzöl.

Bärlauch verliert seine Aromastoffe durch Trocknen. Auch Tiefkühlen erscheint mir als kein passendes Konservierungsverfahren wegen des Aromaverlustes.

Sehr gut lässt sich Bärlauch in Öl, beispielsweise als Pesto oder eingelegt, konservieren.

Meine Lieblingsrezepte

BÄRLAUCHBLÜTEN-WILDKRÄUTER-PESTO AUF ZIEGENFRISCHKÄSE*

2 Handvoll erblühte, saubere Bärlauchblütenstände mit Stängel

1 Handvoll gemischte Frühlings-Wildkräuter nach Wahl, z. B.: Giersch, Schafgarbe, und Vogelmiere

1 Handvoll grob gehackte Walnüsse

etwa 200 ml kaltgepresstes Olivenöl

1 EL Salz

Die Kräuter feinnudelig schneiden, die Bärlauchblüten vorsichtig von den Stängeln zupfen, die Stängel ebenfalls fein schneiden und mit dem Öl, dem Salz und den Nüssen im Mörser zu einer groben Paste verarbeiten. Das Pesto kann nun in kleine Gläser mit Schraubverschluss gefüllt werden, die Oberfläche glatt streichen und mit einer 1 cm hohen Ölschicht bedecken und gut verschlossen dunkel lagern.

Servieren Sie das Bärlauchblüten-Wildkräuter-Pesto am besten zu frischem Schaf- oder Ziegenfrischkäse.

BÄRLAUCH-SCHMALZ*

375 g Butter

6 Handvoll Bärlauchblätter

Salz

Die Butter mit dem Salz in einer Pfanne schmelzen und etwas zum Abkühlen beiseite stellen. Ins noch lauwarme Fett den feingehackten Bärlauch einrühren. Wenn das Bärlauchschmalz fast kalt, aber noch streichbar ist, in eine mit Bärlauchblättern ausgekleidete Butterform füllen und zum Festwerden in den Kühlschrank stellen. Bärlauchschmalz kann gut in Portionsscheiben geschnitten serviert werden.

TOPFENGNOCCHI MIT BÄRLAUCH UND VORARLBERGER BERGKÄSE *

Ei und Eigelb gut verquirlen, Bärlauch-Pesto, Topfen und 40 g geriebenen Bergkäse daruntermischen. Mehl und Grieß vermischen, in die Topfen-Ei-Masse rühren und etwa 30 Minuten stehen lassen. In einem großen Topf etwa 2 l Salzwasser zum Kochen bringen und aus dem Teig mit zwei Kaffeelöffeln kleine Gnocchi formen und ins kochende Wasser einlegen. Die Gnocchi etwa 5 Minuten leicht köcheln lassen, dann mit einem Schaumlöffel herausheben, mit kaltem Wasser abschrecken und gut abtropfen lassen.

In eine bebutterte Auflaufform legen, mit Bärlauch, Käse und den Butterflocken bestreuen und die Topfengnocchi bei 220 °C etwa 15 Minuten überbacken.

160 g Magertopfen
1 Ei, 1 Eigelb
40 g Vorarlberger Bergkäse
1 EL Bärlauch-Pesto
35 g Mehl
35 g Grieß
2 Handvoll Bärlauchblätter, fein geschnitten
100 g Vorarlberger Bergkäse
20 g Butter

KARTOFFELKÄSE MIT BÄRLAUCH UND BÄRLAUCHBLÜTEN *

Die Kartoffeln in der Schale kochen, schälen und durch die Kartoffelpresse drücken, die Butter und den Sauerrahm sowie den feingehackten Bärlauch und die anderen Kräuter unterrühren. Alle Zutaten gut vermischen, bis eine cremige Konsistenz entsteht, und anschließend mit Salz abschmecken. Eine sehr schmackhafte Variante ergibt sich auch, wenn Sie noch 1/8 l Kürbiskernöl untermischen.

1 kg mehligkochende Kartoffeln
2 Handvoll Bärlauchblüten und -blätter
1 Handvoll Giersch, Schafgarbe und Gundelrebe, gemischt
125 g Butter
1–2 Becher Sauerrahm
Salz

BÄRLAUCHTASCHERLN *

Den Topfen, die zimmerwarme Butter und das Vollkornmehl zu einem Teig verkneten, der etwa 3 mm dick auf einem bemehlten Tisch ausgerollt und in Quadrate mit 10 cm Seitenlänge geschnitten wird.

Für die Füllung alle Zutaten mit dem Mixer gut miteinander verrühren und abschmecken.

In die Mitte der Teigquadrate einen Esslöffel der Bärlauchfüllung geben, dann die Teigquadrate zu dreieckigen Tascherln zusammenlegen, wobei die Ränder gut zusammengedrückt werden. Die Tascherln auf einem Backblech bei 180 °C goldbraun backen und mit frischem Blattsalat servieren.

Topfenteig:
250 g Bauerntopfen, „feinbröselig"
250 g Butter
250 g Vollkornmehl (am besten frisch gemahlen)
Füllung:
250 g Bauerntopfen, „feinbröselig"
2 Eier
2 Handvoll Bärlauch, fein geschnitten
Salz
etwas Olivenöl

BÄRLAUCH-PESTO *

**4 Handvoll Bärlauch-
blätter, sauber und
trocken
1 EL geriebener
Hartkäse (Parmesan,
Peccorino o. ä.)
5 EL gehackte Walnüsse
500 ml Olivenöl
1 EL Salz**

Bärlauchblätter feinnudelig schneiden und im Mörser mit dem Olivenöl, dem Salz und den Walnüssen portionsweise zu einer groben Paste vermörsern. Zum Schluss den geriebenen Käse unterrühren und das Pesto in kleine, trockene Gläschen abfüllen. Eine Deckschicht aus Olivenöl verhindert das Verderben.

BÄRLAUCHAUFSTRICH-BRÖTCHEN *

**1 Handvoll ganz weich
gekochtes Getreide
etwa Dinkel
250 g Topfen
(20 % Fett)
etwas Speiseöl und Salz
2 Handvoll Bärlauch**

Das Getreide am besten mit dem Stabmixer pürieren oder mit einer Gabel zerdrücken, mit dem Topfen gut vermischen und mit dem feinnudelig geschnittenen Bärlauch, dem Öl und Salz vermengen.

Lassen Sie den Bärlauchaufstrich ½ Stunde ziehen und servieren Sie ihn auf Vollkornbrot.

Frühlingsplatterbse, *Lathyrus vernus*

Wald

Farbenvielfalt fürs Jausenbrot

Botanische Merkmale und Standortbeschreibung

Die Frühlingsplatterbse ist eine der ersten Frühlingsblumen und schmückt im Mai mit ihren farbenprächtigen, erst rosarot-purpurfarbenen, im Verblühen blau werdenden Schmetterlingsblüten die Laubwälder. Zur Blütezeit ist sie eine sehr auffällige Pflanze, schon wegen der vielfärbigen Blüten, die in kleinen Gruppen zu 5–8 Blüten am aufrecht stehenden Blütenstiel sitzen. Die ganzrandigen, länglich zugespitzten Blättchen sind 2–4 paarig angeordnet und stehen meist horizontal. In ihren Blattachseln entspringen die aufrechten Blütenstiele.

Nach der Blüte ist die Pflanze sehr unauffällig und man muss sich im dichten Grün des Waldbodens schon gemerkt haben, wo sie steht, um später ihre grünen, erbsenartigen Schoten zu finden.

Pflückhinweise und Sammeltipps

Auch im Grünland und in Wiesen entdecken wir im Frühsommer immer wieder Platterbsen mit gelben, rosaroten und dunkelrosa Blüten. Gegen den Genuss einiger Blüten ist keineswegs etwas einzuwenden!

Traditionelle Verwendung und Heilanwendung nach Hildegard

Außer zu Ernährungszwecken keine bekannt.

Verwendung in der Wildkräuterküche

Die jungen Schösslinge können im Frühling zu Kochgemüse verarbeitet werden, was mir fast zu schade erscheint. Ich lasse die Pflanzen wachsen, um später ihre farbenprächtigen Blüten zu ernten und dann die Samenschoten und grünen Samen zu ernten und wie Erbsen zu verkochen.

Auch andere Platterbsen wie beispielsweise die Wiesen-Platterbse (*Lathyrus pratensis*), die Breitblättrige Platterbse (*Lathyrus latifolius*) und die Berg-Platterbse (*Lathyrus linifolius*) können in der Wildkräuterküche verwendet werden. Andere Platterbsen sind naturgeschützt oder wegen der Inhaltsstoffe der Samen keinesfalls über mehrere Wochen zum Genuss zu empfehlen. Trotzdem sollten wir bedenken, dass in dieser Familie auch Kulturpflanzen wie Bohnen und Erbsen zu Hause sind, die entsprechend zu behandeln sind, damit sie genießbar werden (Bohnen müssen eben gekocht werden).

Mein Lieblingsrezept

4 Scheiben gutes Schwarzbrot (zum Beispiel Roggen-Vollkornbrot)
Butter
1 Handvoll Blüten der Frühlingsplatterbse
4 EL Schnittlauch

FRÜHLINGSBUTTERBROT *

Die Brotscheiben dick mit Butter bestreichen, mit dem Schnittlauch bestreuen und in Streifen schneiden. Mit den Brotstreifen ein dekoratives Holzbrett belegen und dann die Platterbsenblüten darüber verteilen. Etwas Salz verfeinert den Geschmack.

Vielleicht können Sie diese herrliche Frühlingsjause ja schon in den ersten warmen Sonnenstrahlen auf der Gartenbank genießen...

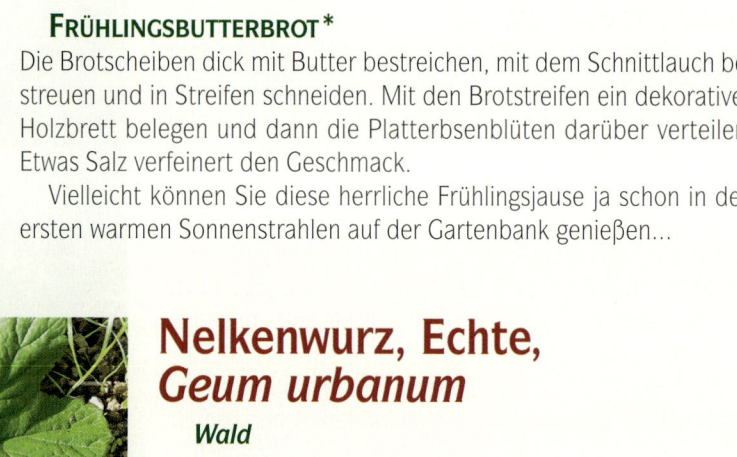

Nelkenwurz, Echte, *Geum urbanum*

Wald

Botanische Merkmale und Standortbeschreibung

Die Nelkenwurz gehört zur Familie der Rosengewächse. Ihr duftender, brauner Wurzelstock ist etwa 7 cm lang und 2 cm dick und durch viele Feinwurzeln gut im Boden verankert. Auf ihm überwintern dunkelgrün-rötliche Blätter als bodennahe Rosette, aus der im Frühjahr ein sparrig verzweigter, mit gestielten, 3–5 geteilten Laubblättern bewachsener Blütenstängel entsprießt. Dort, wo der Blattstiel am Stängel angewachsen ist, sitzen kleine Nebenblättchen. Die ganze Pflanze ist weich behaart. Die Blüten der Nelkenwurz sehen aus wie gelbe Erdbeerblüten, sie sitzen aufrecht am Ende der Blütenstängel. Aus ihnen entwickeln sich harte, grüne Sammelfrüchte, die wie kleine, raue Kügelchen am Stiel sitzen und später zu Einzelfrüchten zerfallen, die am oberen Ende einen Widerhaken haben, um sich durch Anheften an Textilien oder Fell zu verbreiten. Die Echte Nelkenwurz wächst weit verbreitet in frischen, krautreichen Laubmischwäldern, in Gebüschen und an Bachsäumen.

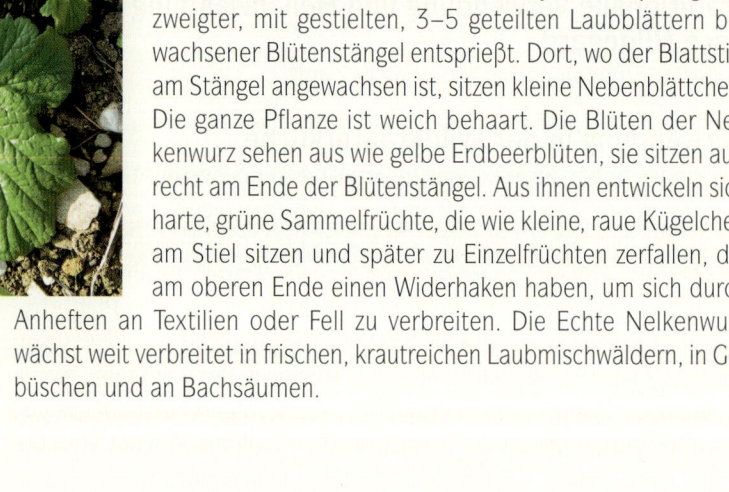

Eine Wurzel mit Gewürznelkenaroma

Pflückhinweise und Sammeltipps

Vorsicht!

Verwechseln Sie die Nelkenwurz nicht mit dem Hahnenfuß, der ebenfalls gelbe Blüten mit fünf gelben Blütenblättern trägt. Allerdings schauen zwischen den Blütenblättchen der Nelkenwurz die spitzen, grünen Kelchblättchen hervor, was den Eindruck macht, dass die Blüte aus fünf runden, gelben und fünf spitzen, grünen Blättchen besteht, die einander abwechseln.

Traditionelle Verwendung und Heilanwendung nach Hildegard

Die Nelkenwurz ist ein altes, leider in der heutigen Zeit zu Unrecht vergessenes Heilkraut, das auf eine lange Geschichte zurückblicken kann. Die vor allem im Wurzelstock enthaltenen ätherischen Öle, Gerb- und Bitterstoffe machen sie zu einem guten Kräftigungsmittel. Hildegard von Bingen schreibt darüber: „Wenn der Mensch von Körperkräften fällt, der koche Nelkenwurz in Wasser und trinke dieses oft, und er wird die Kräfte rasch erhalten." Verwenden Sie zu diesem Zweck Kraut und Wurzelstock kurz vor der Blüte, weichen Sie die geschnittene Wurzel etwa 2 Stunden im Kochwasser ein und kochen Sie dann Kraut und Wurzel 5 Minuten aus. Nelkenwurz-Tonikum darf nur solange angewandt werden, bis die Wirkung eintritt, ansonsten würden die Körpersäfte zu sehr in Wallung geraten, rät Hildegard. Seit jeher wussten die Menschen die zusammenziehende (adstringierende) Wirkung zu nutzen: Bei Schleimhaut- und Zahnfleischentzündungen wird mit dem Tee gegurgelt, bei Frostbeulen und offenen Beinen ein Bad gemacht. Auch bei Magen- und Darmproblemen kommt der Tee zum Einsatz.

Als Gewürz verwendet, wirkt die Nelkenwurz konstitutions-, magen- und leberstärkend, blutreinigend und entschleimend.

Verwendung in der Wildkräuterküche

Als Gewürznelkenersatz wird der Wurzelstock kurz vor der Blüte gegraben und getrocknet, wobei vor allem die Feinwurzeln intensiv duften. Im heutigen Zeitalter der ätherischen Öle ist für unsere verwöhnten Nasen jedoch nur noch ein Hauch „Nelke" zu erhaschen. Die getrockneten Wurzeln wurden als Gewürz in Suppen und Eintöpfen mitgekocht, aber auch gerieben als Pulver eingesetzt. Das Pulver wird aus den getrockneten Wurzeln (Wurzelstock und duftende Feinwurzeln) hergestellt, indem diese fein gemahlen werden. Was die Dosis anlangt, wird es wie Gewürznelke verwendet.

Weit verbreitet war auch die Verwendung der Nelkenwurzwurzel als stärkende Suppenabkochung mit anderen Gemüsewurzeln wie Sellerie oder Karotten.

Mein Lieblingsrezept

KÖSTLICHER NELKENWURZ-MILCHTEE *

1 TL getrocknete oder frische Wurzeln der Nelkenwurz, gut geputzt und zerschnitten
125 ml Milch
250 ml Wasser
eine Prise Zimt und Nelkenpulver
Zucker nach Geschmack

Die Nelkenwurzwurzeln mit den Gewürzen im Wasser aufkochen und etwa 10 Minuten ziehen lassen. Dann den Ansatz abseihen und mit lauwarmer Milch und Zucker abschmecken. Dieser Milchtee ist wunderbar an kalten Herbst- und Wintertagen.

Sauerklee,
Oxalis acetosella

Wald

Botanische Merkmale und Standortbeschreibung

Der Sauerklee gehört zur Familie der Sauerkleegewächse. Der zarte, verästelte Wurzelstock bringt grundständige, langstielige Blättchen hervor, die an langen, rötlichen Stielen sitzen.

Die kleeartigen Blättchen haben jeweils drei Blütenblättchen, die herzförmig und hellgrün sind. Die zarten Blüten bestehen aus fünf weißen, von rötlichen Adern durchzogenen Blättchen, die ihrerseits in einem fünfzipfeligen, grünen Kelch stecken. Sie erscheinen von April bis Mai. Aus ihnen entwickeln sich längliche Früchte.

Sauerklee wächst auf schattigen, feuchten Stellen im Laub- und Nadelwald.

Pflückhinweise und Sammeltipps

Sauerklee kann gut als kleines Sträußchen aus Blüten und Blättern gepflückt werden. Da er sehr leicht welkt, kann er auf diese Weise zu Hause eingewässert werden.

Zarte Blümchen von saurem Geschmack

Traditionelle Verwendung und Heilanwendung nach Hildegard

Sauerklee enthält verhältnismäßig viel Oxalsäure, Calcium- und Kaliumoxalat. Er ist ein wertvoller Vitaminspender, der, in kleinen Mengen genossen, erfrischend und blutreinigend wirkt.

Zuviel Sauerklee sollte nicht verwendet werden, da die in ihm enthaltene Oxalsäure die Nieren belastet. Menschen, die zu Nieren-, Blasen- oder Gallensteinen neigen oder an Gelenksbeschwerden laborieren, sollten seinen Verzehr meiden!

Pfarrer Künzle empfiehlt den Sauerklee als Durststiller und Erfrischer für „Hasen und Kinder".

Ein Tee vom Sauerklee ist ein gutes Heilmittel bei Halsschwellung, Mundhöhlen- und Zahnfleischentzündungen.

Sauerklee-Tee wird in der Volksheilkunde auch als Fiebermittel eingesetzt. Eine Handvoll Blätter wird zu diesem Zweck mit 1 l Wasser aufgegossen, 10 Minuten ziehen gelassen und über den Tag verteilt getrunken.

Frische Verletzungen werden mit zerstoßenen Sauerkleeblättern belegt, was blutstillend und adstringierend wirkt.

Bei Magenbeschwerden und Sodbrennen soll Blattsalat, zu zwei Dritteln, und Sauerklee zu einem Drittel gemischt, über 3 Wochen täglich als „Heilkost" gegessen werden.

Verwendung in der Wildkräuterküche

Sauerklee wurde schon im 15. Jahrhundert als Salatpflanze kultiviert. Das Kraut wurde auch getrocknet und als scharfe Würze für Saucen und Suppen verwendet.

Oxalsäure ist wasserlöslich, unsere Vorfahren wussten, dass sie die Sauerkleeblätter nur kochen und das Kochwasser wegschütten mussten, um ihn auch in größeren Mengen verträglich zu machen und als Gemüse verwenden zu können.

Auch die Wurzeln wurden einst als Kochgemüse verwendet.

Oxalsäure kann, in größeren Mengen eingenommen, zu Krämpfen und Kreislaufschwäche führen, längere Zeit konsumiert, können die Nieren geschädigt werden. (Auch Spinat, Mangold und Rhabarber enthalten in ähnlicher Menge Oxalsäure)

In vernünftigen Mengen genossen, sind die rohen Blättchen eine erfrischende Salatbeigabe, die Blüten eine entzückende Zierde für allerlei Speisen. Die Blätter lassen sich wie jene des Sauerampfers verarbeiten, passen jedoch meiner Meinung nach besonders gut zu Fisch und Sauermilch. Im Aroma sind sie feiner und milder als der Sauerampfer.

Mit Sauerklee aromatisierter Zucker enthält eine interessante Mischung von Säure und Süße und hat eine hellgrüne Farbe.

Die jungen Fruchtstände können, solange sie noch weich sind, in Essig eingelegt werden.

Meine Lieblingsrezepte

SAUERKLEE-BUTTERMILCH *

500 ml Buttermilch, gut gekühlt je 1 Handvoll Sauerkleekraut und -blüten eine Prise Salz

Die Buttermilch mit dem Salz und den vom Stängel gezupften Blättchen des Sauerklees vermixen. Die hellgrüne Milch in bauchige Gläser schütten und mit den Blüten verzieren.

SAIBLINGSRAGOUT MIT SAUERKLEESAUCE

Die in 1,5 cm große Würfel geschnittenen Saiblingsfilets mit Salz, Safran und Pfeffer leicht würzen und mit Zitronensaft beträufeln. Die Frühlingszwiebeln feinnudelig schneiden und in Weißwein und der Brühe zu Sirupdicke einkochen. Den Schlagobers beifügen und alles zu einer cremigen Sauce verkochen. Die Saiblingstückchen im heißen Olivenöl in einer Pfanne schnell gar braten, auf Küchenpapier abtropfen lassen und in die Sauce geben.

In einer vorgewärmten Schüssel anrichten und die Schlagsahne darüber verteilen. Den gewaschenen, von den Stängeln gezupften Sauerklee darüber streuen.

Der Sauerklee darf nicht mit der warmen Sauce in Berührung kommen, sonst fällt er zusammen und wird braun! Servieren Sie dazu Basmati- oder Dinkelreis.

800 g Saiblingsfilets, ohne Haut

Salz und Pfeffer

eine Prise Safranfäden

Saft und abgeriebene Schale von 1 unbehandelten Zitrone

200 ml kräftige Gemüsebrühe oder Fischfond

50 ml trockener Weißwein

2 Frühlingszwiebeln

300 ml Schlagobers

2 EL Olivenöl

1 EL Schlagsahne

1 kleine Handvoll Sauerkleeblättchen

Fichte, *Picea abies*

Wald

Botanische Merkmale und Standortbeschreibung

Die Fichte ist ein Nadelbaum aus der Familie der Kieferngewächse. Sie ist auch unter dem Namen Rottanne oder Rotfichte bekannt.

Der Baum kann bis zu 50 m hoch werden, ist schlank, hat eine pyramidenförmige Krone, schuppige, braunrote Rinde und herabhängende Äste. Im Frühling erscheinen an den Enden der Äste und Ästchen junge, hellgrüne Triebe, die zuerst noch in einer braunen Schuppenhülle stecken. Die Blüten der Fichte erscheinen im Mai, es sind rötlichgrüne Zäpfchen, die stark stauben. Die Fichtenzapfen entwickeln sich aus kleinen, karminroten, aufrecht stehenden Zäpfchen, die sich erst mit zunehmender Größe herabdrehen und dann an den Ästen hängen. Sie reifen im Herbst und fallen im folgenden Frühjahr ab.

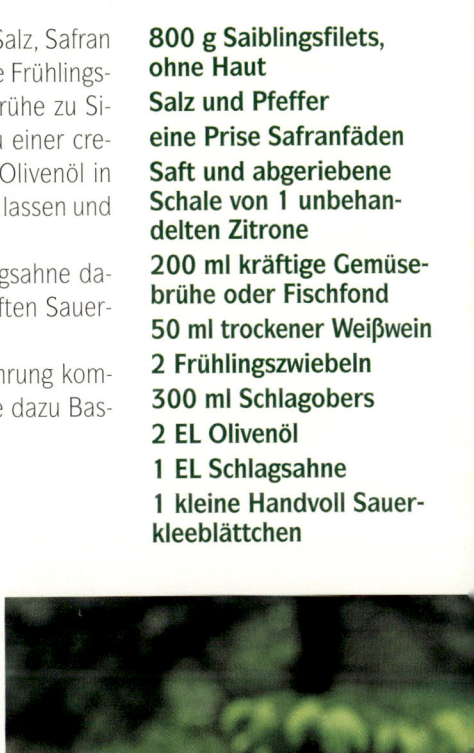

Ein Nadelbaum mit Zitronengeschmack

Pflückhinweise und Sammeltipps

Fichten kommen natürlich verbreitet in der subalpinen Stufe der Vorgebirgswälder in Nord- und Mitteleuropa vor. Auch in niedrigeren Lagen sind sie zu finden, da sie häufig wegen ihres Holzes aufgeforstet werden.

Die jungen, hellgrünen Frühlingstriebe sind sehr auffällig und können, bis sie hart und zäh werden, einfach geerntet werden, indem sie mit Daumen und Zeigefinger abgezwickt werden.

Fichtenwipfel können mit den Jungtrieben anderer, essbarer Bäume kombiniert werden, zum Beispiel mit Weißtannen-, Lärchen-, Wacholder- oder Kiefernschösslingen.

Vorsicht ist geboten, dass der unerfahrene Sammler diese Nadelbäume nicht mit der giftigen Eibe verwechselt!!!

Traditionelle Verwendung und Heilanwendung nach Hildegard

Fichtenwipfelsirup ist ein hervorragendes Heilmittel bei Husten, Grippe, Heiserkeit und Erkältungen, da er schleimlösend, antiseptisch und durchblutungsfördernd wirkt. Er wird als Brotaufstrich oder löffelweise verabreicht.

Fichtenwipfel enthalten viel Vitamin C und ätherisches Öl, welches auch in Zitronen enthalten ist.

Als Teezusatz, der sich durch ein besonderes Aroma und durch seine Inhaltsstoffe bestens als Grippetee eignet, werden Fichtennadeln traditionell im Alpengebiet eingesetzt. Bei Keuchhusten, Bronchitis, Katharren, Grippe, aber auch bei Frühjahrsmüdigkeit und Zahnfleischbluten – oft Zeichen von Vitamin C-Mangel – wird der warme Tee getrunken.

Für den Tee aus Fichtenwipfeln werden etwa 2 EL mit 1 l heißen Wasser übergossen, 5 Minuten ziehen gelassen und mit Honig gesüßt.

In gesüßtem, gewässertem Most oder Wein gekocht, ergeben die Fichtenwipfel ein ebenso heilendes wie aromatisches Getränk und sind ein guter Vitamin C-Lieferant.

Zuordnung und Anwendung nach TCM

Thermische Wirkung: warm;
Organzuordnung: Lunge, Blase, Nieren;
Geschmack: bitter, scharf; Element: Feuer, Metall;
Funktionen: tonisiert das Nieren-Yang, wirkt Feuchte – Kälte und Schleim in der Lunge entgegen, wirkt toxischer Hitze entgegen.

Verwendung in der Wildkräuterküche

Die jungen, hellgrünen Triebe der Fichte schmecken zart und angenehm säuerlich nach Zitrone, aber auch nach Harz. Sie duften balsamisch.

Als kleine Nascherei können sie direkt vom Baum in den Mund gepflückt werden. Ihr sauer-harzig-zitroniger Geschmack verleiht dem bekannten Fichtenwipfelsirup sein charakteristisches Aroma.

Einen grünen, aromatischen Fichtenwipfelsirup stellt man her, indem die Wipfel abwechselnd mit Zucker in Gläser geschichtet werden. Einen dunkelbraunen, sehr viel herberen Sirup erhält man durch Kochen der Zutaten. Der Sirup kann zu Heilzwecken verwendet werden oder wird in der Wildkräuterküche zum Würzen und Aromatisieren eingesetzt.

Frisch und roh können die Würfel zum Würzen von Salaten (als Essigersatz) und Saucen dienen.

Getrocknet, ergeben sie eine säuerlich-harzig schmeckende Teezutat, die gemischt mit anderen Kräutern oder pur genossen werden kann.

Die ersten Frühjahrstriebe wurden und werden, solange sie noch in die braunen Schuppen eingehüllt sind, als Gemüse genutzt, indem sie zuvor in Salzwasser blanchiert werden.

Meine Lieblingsrezepte

LÖWENZAHN-FICHTENWIPFEL-HONIG*

Alle Zutaten in einem großen Topf unter ständigem Rühren miteinander verkochen.

Den Sirup zugedeckt zum Auskühlen beiseite stellen und einige Stunden oder über Nacht ziehen lassen. Dann die Flüssigkeit durch ein Sieb abgießen und die Pflanzenteile gut auspressen. Nun den Sirup bei kleiner Flamme und ohne Deckel einkochen, bis er zähflüssig ist. Jetzt kann der fast schwarze Löwenzahn-Fichtenwipfel-Honig in kleine, saubere Gläschen gefüllt werden.

Löwenzahn-Fichtenwipfel-Honig ist ein sehr gesunder und delikater Brotaufstrich. Er kann aber auch zum Aromatisieren von Joghurt und anderen Desserts sowie von Getränken verwendet werden.

4 Handvoll frischer, erblühter Löwenzahnblüten

4 Handvoll junge Fichtenwipfel

1 kg brauner Zucker

1 l Wasser

FICHTENWIPFEL-MOUSSE*

Ein Viertel des Fichtenwipfelsirups mit dem Zucker aufkochen und in den aus den Eiklar geschlagenen Schnee unter stetigem Weiterschlagen langsam einrühren. Solange schlagen, bis die Mischung kalt ist. Nun die Äpfel fein reiben und mit dem Zitronensaft, der Zitronenschale und dem restlichen Fichtenwipfelsirup vermischen. Die Gelatine in kaltem Wasser einweichen, gut auspressen und in 1 EL Wasser verflüssigen!

Die flüssige Gelatine und den Topfen unter die Apfelmasse mischen. Zum Schluss die kalte Eiweißmasse und die Schlagsahne vorsichtig unterheben.

Das Mousse in eine große, flache Schüssel füllen und im Kühlschrank etwa 6 Stunden gut durchkühlen lassen.

Zum Servieren können aus dem Mousse mit einem Löffel Portionskugeln ausgestochen werden, die auf einen Saucenspiegel aus Fichtenwipfelsirup gesetzt und mit frischen Früchten oder Beeren serviert werden.

200 ml Fichtenwipfelsirup

50 g Zucker

5 Eiweiß

3 Äpfel, geschält und entkernt

Saft und abgeriebene Schale von 1 ½ unbehandelten Zitronen

5 Blatt Gelatine

100 g Topfen

400 ml Schlagobers, geschlagen

FICHTENWIPFELSIRUP, GEKOCHT *

500 g Fichtenwipfeln
500 g Zucker

Die frischen Triebspitzen von Fichte, Tanne, Lärche und/oder Kiefer in ein Gefäß füllen und für 3–4 Tage im Warmen zugedeckt stehen lassen. Dann den Ansatz erhitzen und die Triebe abfiltern. Nun die gleiche Gewichtsmenge Zucker einrühren und noch einmal aufkochen, bis sich der Zucker aufgelöst hat. Bei geöffnetem Deckel die Flüssigkeit dann so lange bei kleiner Hitze einkochen, bis der Sirup dickflüssig geworden ist.

Den zähflüssigen Sirup nun in kleine Gläschen füllen und kühl lagern. Nach einigen Monaten beginnt der Sirup zu kristallisieren.

Dem Sirup kann vor dem letzten Aufkochen auch noch Spitzwegerich, Thymian oder Huflattich beigemischt werden. Diese Zutaten werden nach einer halben Stunde Ziehen ebenfalls herausgefiltert.

FICHTENWIPFELSIRUP, ANGESETZT *

500 g Fichtenwipfeln
500 g Zucker oder
Honig

Ein Glasgefäß mit Schraubverschluss mit etwa 1 cm hohen Schichten von Zucker und Fichtenwipfeln füllen, bis es voll ist. Die oberste Schicht bildet der Zucker.

Das Gefäß nun 3–4 Wochen an einen warmen Platz im Haus oder in die Sonne stellen, bis sich der Zucker vollständig aufgelöst hat.

Den Sirup dann durch ein Sieb filtern und die verbliebenen Triebe gut ausdrücken und den Sirup in Fläschchen abfüllen.

HIRSCHFILET IN FEINER SAUCE AUS FICHTENWIPFELSIRUP

Das gewürzte Hirschfilet rundherum in heißem Öl anbraten. Im vorgeheizten Backofen bei 150 °C innen rosa durchgaren. Das Filet auf ein Gitter legen und an der Wärme ruhen lassen. Nun das Bratöl abgießen. Die Butter in der Pfanne zerlassen, den Fichtenwipfelsirup beifügen und die beiden Zutaten miteinander verkochen lassen. Mit dem Bratsaft, dem Portwein und dem Fichtenwipfelessig aufgießen und die Sauce weiter einkochen lassen, bis sie dickflüssig wird. Dann durch ein Spitzsieb passieren.

Kurz vor dem Servieren die Butterflöckchen in die heiße Sauce einrühren und mit Salz und Pfeffer abschmecken. Das Hirschfilet in Scheiben schneiden und mit der Fichtenwipfelsauce servieren.

Gut dazu passen Kartoffelkroketten oder Püree bzw. Reis.

600 g Hirschfilet
Salz oder Schwammerlsalz
schwarzer Pfeffer
30 g gutes Speiseöl
1 EL Butter
2 EL Fichtenwipfelsirup
200 ml Portwein oder Schlehenlikör
200 ml Bratensauce
1 TL Fichtenwipfelessig
10 g Butterflöckchen

FICHTENWIPFEL-ESSIG *

Aus den ausgepressten Fichtenwipfeln, die von der Sirupherstellung übriggeblieben sind und die ja noch immer viel Zucker und Aroma enthalten, können Sie einen hervorragenden Essig herstellen, indem Sie sie mit Apfelessig ansetzen und wiederum etwa 4 Wochen in der Sonne ziehen lassen.

Meine vielgeliebte wilde Petersilie

Giersch,
Aegopodium podagraria
Wald, Hecke

Botanische Merkmale und Standortbeschreibung

Der Giersch oder Geißfuß ist eine ausdauernde Pflanze und hat einen kriechenden, stark wuchernden Wurzelstock, der mit langen Erdsprossen große Kolonien bildet. Die dreiteiligen Fiederblätter kommen einzeln aus der Erde und sind wiederum – manchmal auch nicht vollständig – dreifach eingeschnitten. Ihr Blattrand ist gezähnt, die Blattform lanzettartig. Der Blattstiel ist im Querschnitt dreieckig, ein untrügliches Erkennungsmerkmal! Die Blätter riechen appetitlich nach Petersilie, die ebenfalls wie Karotte und Sellerie zur Familie der Doldenblütler gehört. Die Doldenblüte des Gierschs erscheint im Frühsommer auf einem bis zu 1 m hohen Stiel und ist weiß bis rosa.

Wie schon erwähnt, gilt der Giersch als „kaum ausrottbares Unkraut" in Gärten und Parks. Er wächst aber auch an Zäunen, unter Hecken, in schattigen Wäldern, an Bach- und Fluss-läufen. Sein natürlicher Standort ist der Wald.

Pflückhinweise und Sammeltipps

Achten Sie beim Pflücken der Pflanze unbedingt darauf, dass der Blatt-stengel im Querschnitt dreieckig ist! Dies ist ein untrügliches Erken-nungsmerkmal, was in der Familie der Doldenblütler unerlässlich ist, da neben vielen Gemüsepflanzen auch viele Giftpflanzen aus dieser Familie stammen, beispielsweise der Schierling und die Hundspetersilie. Weitere Erkennungsmerkmale sind der petersilienartigen Geruch und die teil-weise unvollständig eingeschnittenen, im Vergleich zu den anderen Dol-denblütlern wenig geteilten Fiederblättchen. Anhand all dieser Merk-male ist es unverfänglich, den Giersch zu identifizieren. Wenn Sie sich nicht ganz sicher sind, verzichten Sie vorerst lieber auf den Genuss!

Traditionelle Verwendung und Heilanwendung nach Hildegard

Fast jeder Hobbygärtner und Gartenbesitzer erkennt ihn sofort als das „Unkraut" wieder, über das er sich oft so ärgert. Der Giersch ist jedoch ein hochwertiges und äußerst wohlschmeckendes Wildgemüse, das seit der Antike nachweislich zur Heilung von Gicht, besonders Fußgicht, ver-wendet wurde. Daher sein Beiname „podagraria", denn Fußgicht wurde damals Podagra genannt. Nicht nur wegen seiner schmerzstillenden Wir-kung bei Fußgicht, sondern auch wegen seiner entgiftenden Eigenschaf-ten verspricht der Einsatz bei Entzündungen im Körper gute und rasche Beschwerdelinderung. Auch noch im Mittelalter wurde der Giersch in Klostergärten als Heil- und Gemüsepflanze kultiviert.

Besonders bei gicht- und rheumageplagten Menschen soll er auch heute nicht am Speiseplan fehlen, und auch moderne Heilkräuterbücher verweisen auf seine entgiftende Wirkung.

Aus den Blättern des Gierschs kann ein alkoholischer Auszug genauso wie ein Apfelessig-Ansatz hergestellt werden, welcher zur Kuranwendung bei Hauterkrankungen, zur Blutreinigung und Entgiftung, aber auch bei Gicht und Rheuma eingenommen werden kann.

Verwendung in der Wildkräuterküche

Die jungen, noch kaum entfalteten Blätter und Schösslinge werden roh in Frühlingssalate, Aufstriche und Suppen gegeben. Sie haben einen peter-silienartigen Geruch und Geschmack und ein sehr feines Aroma. Die ent-wickelten Blätter sollten besser gekocht werden, da sie etwas hart sind. Sie eignen sich für Aufläufe, Omeletts mit Kräuterfüllungen, Spinat, Brat-linge und ähnlichem. Mit zunehmendem Alter wird der Geschmack der

Pflanze intensiver. Dann werden einige Blättchen als Gewürz verwendet, wie etwa in Suppen, Aufstrichen, Kräuterbutter, Eintöpfen und Aufläufen. Die Verwendungsmöglichkeiten sind so mannigfaltig wie die der Allerweltspflanze Petersilie. In Öl oder Essig eingelegt, verleiht der Giersch diesem sein zart-würziges Aroma und auch seine entgiftenden Stoffe.

Giersch ergibt getrocknet ein wertvolles Gewürz für Fleisch und Suppen. Auch die Blüten sind essbar und aromatisch und können für essbare Verzierungen verwendet werden.

Meine Lieblingsrezepte

RÖSTI VON HEURIGEN KARTOFFELN UND GIERSCH*

Die gewaschenen Kartoffeln in 5 mm dünne Scheiben schneiden. Den gewaschenen Giersch feinnudelig schneiden. Nun das Öl in einer Pfanne erhitzen und darin die Kartoffelscheiben goldbraun braten. Nach Geschmack würzen und zum Schluss den Giersch und den geriebenen Käse unterheben.

Nun die Mischung so zusammenschieben, dass sich eine knusprige Kruste anbraten kann. Die Rösti wenden, indem sie auf einen Teller gestürzt werden, und auch die zweite Seite knusprig anbraten. Die fertigen Rösti auf eine Anrichteplatte stürzen und wie einen Kuchen schneiden und servieren.

600 g heurige Kartoffeln
3 Handvoll Geißfuß-blättchen
50 g Butter
50 ml Olivenöl
1 EL Bärlauchpesto oder 1 Handvoll frischer Bärlauch
Salz, Pfeffer
200 g geriebener Bergkäse

KRÄUTER-HIRSE-LAIBCHEN*

300 g Hirse, gekocht
und gequollen
3 Frühlingszwiebeln oder
1 Handvoll Bärlauch
4 Karotten
2 Handvoll junge Giersch-
blättchen mit Stiel
2 EL Öl
Salz
3 EL Mehl und etwas
Wasser

Alle Zutaten gut miteinander mischen, so dass eine formbare Masse ent-steht. Auch die fein geschnittenen Giersch- und Bärlauchblätter in die Masse kneten. Nun handtellergroße Laibchen formen, die im heißen Öl beidseitig goldbraun gebraten werden.

Die Laibchen mit Käse (Mozzarella) überbacken oder mit Tomaten-sauce servieren.

AROMATISCHE GIERSCH-TOMATENSAUCE*

1 kg frische Tomaten
2 mittelgroße Zwiebeln
4 Handvoll
Gierschblätter
125 ml Olivenöl
Salz

Die Zwiebeln fein hacken und im heißen Öl goldbraun anbraten. Dann die gewaschenen, vom Stielansatz gesäuberten und würfelig geschnittenen Tomaten beifügen und einmal aufkochen. Nun den gehackten Giersch beifügen und nach Geschmack salzen. Sobald die Kräuter zusammen-gefallen sind, ist die Sauce fertig!

ERDÄPFEL-GIERSCH-BROTAUFSTRICH*

1 Becher Crème fraîche
1 Becher Sauerrahm
1 kg weichkochende
Kartoffeln
je 1 Handvoll Bärlauch,
Giersch, Schafgarbe
und Vogelmiere
125 g weiche Butter
Salz nach Geschmack

Die weich gekochten Kartoffeln zerstampfen und mit der Crème fraîche, dem Sauerrahm und den feinudelig geschnittenen Kräutern gut vermi-schen. Dann mit Salz abschmecken. Am besten schmeckt der Erdäpfel-Giersch-Brotaufstrich, wenn er noch lauwarm ist.

KARTOFFELGRATIN MIT WILDKRÄUTERN*

1,5 kg Kartoffeln
2 Handvoll Mehl
2 Handvoll Grieß
3 Eier
1 Becher Sauerrahm
je 1 Handvoll Triebe und
Blätter von Giersch,
Brennnessel und
Wegerich

Die geschälten Kartoffeln grob reiben und gut ausdrücken. In einer gro-ßen Schüssel nun mit den übrigen Zutaten mischen und mit den ge-hackten Wildkräutern und dem Salz abschmecken. Die Mischung auf einem geölten Backblech verteilen und bei 180 °C etwa 20 Minuten goldbraun backen.

In den letzten 5 Minuten der Backzeit kann auch für alle, die das gerne mögen, würfelig geschnittener Speck über den Kartoffelgratin gestreut werden.

Taubnessel, *Lamium* sp.
Wald, Hecke

Botanische Merkmale und Standortbeschreibung

Die Taubnessel hat aufrechte, vierkantige Stängel, die sich leicht abbrechen lassen. An ihnen sitzen gegenständige (zwei Blättchen sitzen einander gegenüber) längliche, herzförmige Blättchen mit stark gesägten Blatträndern. Wer nicht genau hinsieht, könnte die Pflanze außerhalb der Blütezeit mit der Brennnessel verwechseln. Im Gegensatz zu dieser besitzen die Taubnesseln allerdings keine Brennhaare; sie haben lediglich weiche Härchen. Von April bis Mai entspringen den Blattachseln je nach Sorte wunderschöne goldgelbe, rosarote oder weiße Lippenblüten Der kahle Pflanzenstängel ist dann etagenweise von diesen Blütenquirlen bedeckt, die scheinbar auf jeweils zwei Blättern sitzen. Die ganze Pflanze duftet bei Berührung wunderbar süß.

Am auffälligsten ist die goldgelbe Taubnessel im Laub- und Mischwald, wo sie in großen, schön anzusehenden Gruppen vorkommt. Geschmacklich ist sie die unattraktivste aller Taubnesseln, da sie fast kein ätherisches Öl enthält.

Die rosa- wie auch die weißblühende Taubnessel wächst in unseren Breiten häufig in Hecken und an Wegrändern. Beide lieben Sonne und Licht, aber auch nährstoffreiche, etwas feuchte Böden. Aber auch die Ackertaubnessel ist weit verbreitet, sie ist kleinwüchsiger, hat aber wunderhübsche rote Triebspitzen und verströmt einen wunderbaren Duft.

Hübsches Antlitz – süßer Duft

Pflückhinweise und Sammeltipps

Die Triebspitzen und Blätter der Taubnesseln werden am bequemsten geerntet, indem man sie zwischen zwei Fingern hält und mit dem Daumen abzwickt. Die Blätter der Taubnesseln –besonders der Weißen – sehen Brennnesselblättern täuschend ähnlich. Beim Berühren merkt man dann sofort, ob man es mit einer brennenden Nessel oder mit einen Tauben zu tun hat! Während der Blütezeit sind die farbigen Lippenblüten so auffällig, dass jeder die Taubnesseln leicht von den „nur grünen" Brennnesseln unterscheiden kann.

Pflücken Sie blühende Taubnesseln als Blumenstrauß, so können Sie mehrere Tage frische Blüten zu Dekorationszwecken davon abzupfen.

Traditionelle Verwendung und Heilanwendung nach Hildegard

Von den Taubnesseln gibt es verschiedene Arten, die sich durch den Gehalt an ätherischen Ölen und die Blütenfarbe unterscheiden: Die Weiße Taubnessel gilt als die heilkräftigste, sie kommt in der Frauenheilkunde zur Anwendung. Die Weiße Taubnessel wird als Tee bei allen Frauenleiden verwendet. Von Regelkrämpfen bis Wechselbeschwerden soll diese Pflanze helfen, lindern und heilen. Manche Kräuterkundige verwenden ausschließlich die Blüten, andere die ganze Pflanze. Ich persönlich ziehe es vor, alle oberirdischen Teile einer Pflanze zu sammeln, damit ich sie in ihrer Gesamtheit erfasse.

Im Mittelalter waren die Menschen der Meinung, dass Taubnesseln und Brennnesseln wegen ihres ähnlichen Aussehens miteinander verwandt seien. Die Taubnessel, so sagte man, gut duftend und mit Blüten geschmückt hübsch anzusehen, wäre das „Weiberl", die agressive, brennende und eher unattraktive Brennnessel das „Mannderl". Dementsprechend wurden die Pflanzen auch zu Heilzwecken eingesetzt: Die Taubnessel zum Beruhigen und Harmonisieren, dem weiblichen Prinzip entsprechend, und die Brennnessel, um zu aktivieren und anzuregen, dem männlichen Prinzip entsprechend. Heute wissen wir, dass die beiden Pflanzen zwar nicht miteinander verwandt sind, aber tatsächlich in diesem Sinne wirken.

Der Duft der Taubnesseln ist mild-balsamisch und sehr süß. Er wirkt beruhigend und schlaffördernd und lässt sich gut konservieren, indem die Pflanzen getrocknet und in einem Kräuterkissen verarbeitet werden.

Kühler Tee aus Taubnesselblüten ist ein gutes Reinigungsmittel für fette Haut.

In der Volksheilkunde werden Kompressen aus gekochten Taubnesseln zur Heilung von Verbrennungen angewandt.

Verwendung in der Wildkräuterküche

Taubnesseln enthalten Gerbstoffe, Pflanzenschleime, Glykoside, Proteine, Vitamine und Mineralsalze.

Alle Taubnesselpflanzen können wie Brennnesseln als Gemüse verwendet werden. Obwohl das ganze Kraut sehr aromatisch und süß duftet, eignet es sich gut als Gemüse. Ich persönlich mische es immer mit anderen Wildgemüsen, wie etwa Brennnesseln, Bärlauch, Giersch oder mit Blattgemüse. Gekocht, ist sie zarter als die Brennnessel im Aroma, vor allem als Suppe ein Gedicht. Die jungen zarten Triebe und die blühenden Triebspitzen sind eine aromatische und hübsche Salatbeigabe.

Mein persönlicher Liebling ist die Gefleckte Taubnessel, die fast immergrün ist und an geschützten Standorten den ganzen kalten Winter über grünt und sogar blüht. Ihr Duft begeistert mich immer wieder aufs Neue, und so sammle ich gerne das blühende Kraut zu jeder Saison, um einen harmonisierenden Tee oder eine Duftmilch zuzubereiten. Traditionellerweise wurden Pflanzen, die reich an ätherischen Ölen sind, wie eben Taubnessel, Gundelrebe oder Minzen, gerne in fetter Milch gekocht – meist in Ziegenmilch – um Inhaltsstoffe und Aroma festzuhalten.

Die bunten Blüten der Taubnesseln eignen sich zur Dekoration von Salaten, Suppen und Desserts. Besonders schön sieht es aus, wenn ich Kräuterbutter darin rolle, so dass die Butterrolle ganz in Blüten gehüllt ist. Die in Scheiben servierte Kräuter-Blüten-Butter ergibt so eine bunte Verzierung aus grün-gesprenkelter Butter innen und einem rosafarbenen Blütenrand. Allerdings hält sich die Farbe der Blüten im Kühlschrank nur einige Tage, dann werden sie – wie auch beim Tiefkühlen – braun.

Meine Lieblingsrezepte

DUFTMILCH *

Die Milch erwärmen, Schlagobers und Honig beifügen und in die warme, aber keinesfalls kochende Milch das Taubnesselsträußchen einlegen. Nach etwa 15 Minuten die Kräuter entfernen und die Duftmilch in kleinen Schlucken genießen.

Besonders gut schmeckt die Duftmilch auch in einer Kombination aus Taubnesseln und Thymian.

500 ml naturbelassene Ziegen-, Schaf- oder Kuhmilch
125 ml Schlagobers
2 EL Blütenhonig
1 Sträußchen Taubnesseln
(Bei Verwendung von Ziegenmilch kann auf Schlagobers verzichtet werden.)

NESSELPALATSCHINKEN *

Aus den Zutaten einen sämigen Teig bereiten, in den die kurz überbrühten, ausgedrückten und gehackten Nesseltriebe eingerührt werden. In dem in der Pfanne erhitzten Fett mitteldicke Palatschinken ausbacken, die sehr gut zu Blattsalat passen.

3 Eier
125 ml Milch
eischwer Dinkelvollkornmehl
2 Handvoll Taubnessel- und 2 Handvoll Brennnesseltriebe
Salz
Öl oder Butter zum Ausbacken

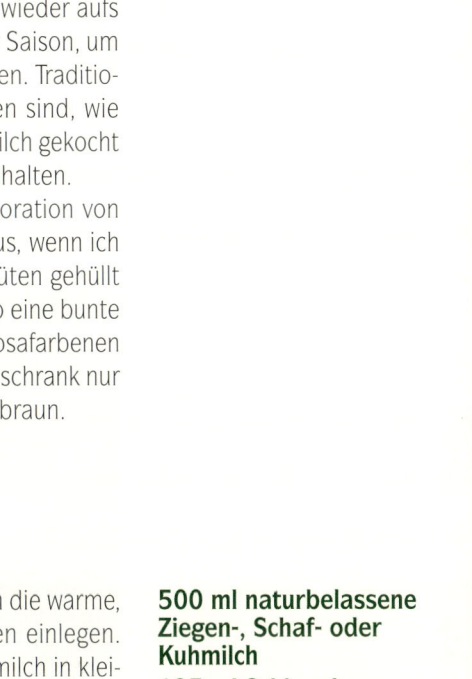

FRÜHLINGSTEE*

Frische, auch blühende Frühlings-Wildkräuter wie Spitzwegerich, Taubnessel, Veilchenblüten, Gänseblümchen, Gundelrebe und die Blättchen von Linde, Birke, Weißdorn oder Fichtenwipfel sammeln, mischen und entweder frisch als Tee aufbrühen (1 Handvoll/1 Liter Wasser) oder trocknen und in Gläsern mit Schraubverschluss dunkel lagern.

Der Frühlingstee zeichnet sich durch seinen feinen, leichten, etwas süßlichen Geschmack aus und hat eine hellgrüne Farbe.

GRÜNE LASAGNE*

2 Packungen Lasagneblätter, vorgekocht; oder für den Nudelteig: 250 g Mehl 2 Eier 1 EL Wasser 1 TL Olivenöl 1 Prise Salz Füllung: 500 g Blätter und Triebe von Taubnessel und Brennnessel sowie anderen Wildgemüsen 3 EL Olivenöl 150 g geriebener Käse 500 ml Tomatensauce nach dem Tomatensaucenrezept im Kapitel „Giersch" zubereiten

Aus den Zutaten für den Nudelteig einen glatten Teig herstellen, indem die Zutaten miteinander verknetet werden. Den Teig auf einer bemehlten Unterlage möglichst dünn ausrollen und daraus in der Größe passende Teigstücke für die Auflaufform ausschneiden.

Die Blätter und Triebe der Wildkräuter waschen, grob schneiden und in heißem Olivenöl unter ständigem Rühren dünsten, bis sie zusammenfallen.

Die Tomatensauce laut Rezept fertigstellen und nun alle 3 Zwischenprodukte nacheinander in eine geölte Auflaufform schichten: Zuunterst kommt eine Lage Nudelblätter, darauf eine dünne Schicht Tomatensauce, dann ein Drittel der Gemüsefüllung und Käse. Die Schichtung wiederholen, bis alle Zutaten aufgebraucht sind, mit einer dünnen Schicht Tomatensauce abschließen. Im vorgeheizten Backrohr die Grüne Lasagne bei 180 °C etwa 30 Minuten backen. In den letzten 5 Minuten Backzeit eine Lage Käse obenauf streuen.

Die Grüne Lasagne kann für alle Fleischliebhaber auch mit einer Tomaten-Fleischsauce gekocht werden. Dazu den Zutaten zur Tomatensauce 500 g Faschiertes beifügen.

TAUBNESSELGEMÜSE*

Je 1 Handvoll Taubnesseltriebe, Brennnessel, Vogelmiere und Giersch in zerlassener Butter zusammenfallen lassen und kurz dünsten. Mit Salz, etwas Schlagobers oder Crème fraîche abschmecken und zu Nudeln, Getreidebratlingen oder als Palatschinkenfüllung servieren.

VERZUCKERTE TAUBNESSELN*

Die Pflanzenteile sorgfältig mit einem weichen Pinsel mit Eiklar bestreichen und anschließend lückenlos mit dem Zucker bestreuen. Auf ein mit Backpapier belegtes Backblech legen und bei etwa 50 °C im vorgeheizten Backrohr trocknen. Dabei muss die Türe des Backrohres unbedingt einen Spalt breit geöffnet bleiben!

Verzuckerte Taubnesseln zeichnen sich durch ein ganz besonderes Aroma und ihr wunderschönes Aussehen – als ob Raureif drauf läge – aus. Sie können für Dekorationszwecke auf Desserts, Konfekt, Torten und Törtchen oder als süße Nascherei verwendet werden.

2 Handvoll junge Taubnesselspitzen mit reichlich Blüten
1 Eiklar
feiner Kristallzucker zum Bestreuen

Linde, *Tilia* sp.

Wald, Hecke

Botanische Merkmale und Standortbeschreibung

Linden sind bis zu 30 m hohe Bäume mit herzförmigen Blättern und rissiger, hellgrauer Rinde. Auf ihren lieblich duftenden Blüten lassen sich im Frühsommer mit Vorliebe Bienen und Hummeln nieder. Die einzelnen Blüten sitzen zu mehreren an einer Art blattartig verbreitertem Stiel, der dem Samen beim Herabfallen als Propeller dient. Dieses Blatt samt den Blüten wird als Lindenblüte gesammelt.

Vorwiegend wachsen Lindenbäume in lichten Laubwäldern. Als Parkbäume gepflanzt, lassen sie ihre Äste oft weit herabhängen, so dass die Blüten leicht geerntet werden können.

Der verführerische Duft des Sommers

Pflückhinweise und Sammeltipps

Es gibt in unseren Breiten verschiedene Lindenarten, die sich in Blattgröße und -behaarung, Blütenstand und Blütezeitpunkt unterscheiden. Für den Wildpflanzensammler ist der Unterschied jedoch nicht maßgeblich, da alle heilkräftig sind.

Die jungen Lindenblätter werden im zeitigen Frühjahr geerntet, wenn sie sich gerade entfalten, dann sind sie fast durchscheinend und außergewöhnlich zart. An den Wurzeltrieben kann man bis spät in den Sommer hinein noch junge, zarte Blätter finden. Mit den Fingernägeln abzwicken, ist am bequemsten.

Beim Pflücken der Lindenblüten ist darauf zu achten, dass sie nicht von Blattläusen befallen sind. Wie schon erwähnt, gehört zur Lindenblüte auch das hellgrüne, längliche Zeigeblatt, an dem die Einzelblüten in Büscheln sitzen. Es wird daher mitgepflückt und verarbeitet.

Traditionelle Verwendung und Heilanwendung nach Hildegard

Die Linde ist nachgewiesenerweise seit der Steinzeit ein vom Menschen genutzter Baum. Damals waren vor allem die Fasern, welche aus dem unter der Rinde liegenden Bast hergestellt wurden, begehrt. Aus ihnen wurde Flechtwerk für Siebe, Körbe, Matten, aber auch für Kleider hergestellt, indem die Rinde des Baumes im Frühling abgeschält und in Wasser eingeweicht wurde. Dadurch lösten sich nach einiger Zeit die Fasern des Bastes und konnten herausgesammelt und getrocknet werden. Im Mittelalter dienten die Fasern der Linde immer der Herstellung von Seilen und Stricken.

Lindenblüten enthalten ätherische Öle, Gerbstoffe, Glykoside und Saponine. Der Tee wird in der Volksheilkunde als schweißtreibend, schleimlösend, stimmungsaufhellend, herzstärkend und fiebersenkend eingesetzt. Lindenblütentee wird bei Grippe und Erkältungen erst dann eingenommen, wenn der Patient fiebrig ist. Dabei ist es wichtig, den Tee heiß zu trinken und sich gut zuzudecken, damit man so richtig ins Schwitzen kommt...

Wird der Tee zu lange ziehen gelassen, verkehrt sich seine Wirkung, er wirkt dann anregend und kann Schlafstörungen hervorrufen.

Als Badezusatz wirken Lindenblüten und -blätter heilend bei Ausschlägen und Entzündungen. Auch zur Schönheitspflege werden Lindenblüten wegen ihrer entspannenden und beruhigenden Wirkung auf Haut und Augen eingesetzt.

In der ländlichen Hausapotheke durfte auch das Kohlepulver aus Lindenholz nicht fehlen. Es ist ein unglaublich wirksames Mittel bei Vergiftungen und starker Übelkeit. Lindenkohle hilft auch bei Durchfall und Blähungen. Sie wird in Messerspitzen-Mengen konsumiert und mit Birkenblätter- oder Brennnesseltee ausgeschwemmt. Auf eiternde Wunden gestreut, soll Lindenkohle heilend wirken.

Zuordnung und Anwendung nach TCM
Thermische Wirkung: kühl;
Organzuordnung: Lunge, Herz, Nieren;
Geschmack: scharf, süß; Element: Metall, Erde;
Funktionen: Wirkt mild schweißtreibend, beruhigend, entgegen Qi-Stagnation, entgegen aufsteigendem Leber-Yang und innerem Wind, entgegen Stagnationen auf Grund von Blut-Hitze, kühlt Hitze, vertreibt äußere Windhitze, leitet Schleim aus der Lunge aus.

Verwendung in der Wildkräuterküche
Traditionell wird das junge Laub im Frühling als Salat zubereitet. Wenn sich die Blätter gerade entfalten, sind sie hellgrün, fast durchscheinend und außergewöhnlich zart.

Lindenblätter enthalten hochwertigste Eiweiße, Pflanzenschleime, Vitamin C und Mineralsalze. Das wussten schon die Menschen in der Steinzeit zu nutzen. Die Blätter haben einen milden Geschmack, frisch verwendet, ergeben sie geschmackvolle Salate, aber auch gekocht können sie verarbeitet werden. Suppen bekommen durch die Verwendung von Lindenblättern eine sämige Konsistenz.

Die Pflanzenschleime der Linde sind heilend und wirken beruhigend auf Magen und Darm.

Getrocknet wurden die Blätter der Linde, um als hellgrünes Pulver dem Getreidemehl beigefügt zu werden. Aus dem Mehl können geschmacklich hervorragende Kuchen und nährstoffreiche Brote hergestellt werden. Um Lindenblätterpulver herzustellen, können auch ältere, voll entwickelte Blätter verwendet werden.

Die Verwendung von Lindenblüten in der Wildkräuterküche ist eher ungewöhnlich. Lediglich der Tee ist bekannt und wird zu Heilzwecken eingesetzt.

Aus den duftenden Blüten kann man natürlich auch Sirup, Blütenzucker und Ähnliches herstellen.

Mit diesen Produkten lassen sich Desserts und Süßspeisen auf das Feinste aromatisieren. Lindenblütensirup ist ebenso aromatisch wie jener aus Holunderblüten, er schmeckt aber lieblicher und zarter. Selbstgemachte Limonade aus Lindenblüten ist ein erfrischendes und wohltuendes Sommergetränk.

Aus den harten Samen der Linde wurde Speiseöl hergestellt.

Meine Lieblingsrezepte

LINDENBLÜTEN-KÜCHERLN *

2 Eier
4 EL Dinkelmehl
5 EL Milch
1 Prise Salz
1 Handvoll Lindenblüten ohne Zeigeblatt
Butter zum Ausbacken

Aus den Eidottern, dem Mehl, der Milch und dem Salz einen Teig rühren, das zu Eischnee geschlagene Eiklar unterheben und schließlich die gehackten Lindenblüten unterrühren. Nun reichlich Butter in einer Pfanne erhitzen und löffelweise den Teig einlegen, der beidseitig goldbraun gebacken wird. Servieren Sie die Lindenblüten-Kücherln mit Lindenblütenzucker bestreut.

LINDENBLÜTENZUCKER *

Zu zwei Volumsteilen Lindenblüten einen Teil Zucker geben und diese mit dem Stabmixer oder der Küchenmaschine so zerkleinern, dass sie nicht mehr sichtbar sind. Es entsteht eine hellgrüne Zuckermasse, die noch mit einer Spur geriebener Orangenschale (Schale unbehandelt!!!) verfeinert wird. Nun die feuchte Masse bei 50 °C im leicht geöffneten Backrohr in einer etwa 3 cm dicken Schicht trocknen. Der hellgrüne Zucker eignet sich zum Aromatisieren von Tee, Palatschinken und Desserts, aber auch zum Verkochen in Marmeladen und Torten.

LINDENBLÜTEN-TOPFENKUCHEN MIT FRISCHEN HIMBEEREN *

500 g Mehl
4 Eier
100 g Butter
2–3 EL Öl
Salz
200 g Topfen
2 EL süßer Rahm (Obers)
1 Orange (Schale unbehandelt)
100 g Zucker oder Lindenblütenzucker
1 Handvoll Lindenblüten
300 g Himbeeren
¼ l Schlagsahne
3 EL Lindenblütenzucker oder Zucker

Das Mehl mit 2 Eiern, der Butter und dem Salz zu einem Mürbteig verkneten; diesen zum Rasten 2 Stunden in den Kühlschrank geben. Dann mit dem ausgerollten Teig eine Kuchenform so auskleiden, dass er etwas über den Rand hängt. Topfen, Rahm und die beiden restlichen Eier mit der abgeriebenen Orangenschale, dem Zucker und den fein gehackten Lindenblüten gut vermischen und auf dem Teig verteilen. Nun den überstehenden Teig nicht zu knapp abschneiden und den Kuchen bei 200 °C 50 Minuten backen. Auf den noch warmen Kuchen etwa 3 EL Lindenblütenzucker verteilen und die Himbeeren darüberstreuen. Den Kuchen mit Schlagsahne servieren.

LINDENBLÜTEN-WEINSCHAUMCREME *

Den Wein mit den Lindenblüten aufkochen und zugedeckt etwa 10 Minuten ziehen lassen, dann abgießen und die Blüten gut auspressen. Eigelb, Eier, Zucker, Honig und Zitronensaft mit dem aromatisierten Wein in einer Schüssel, die im Wasserbad steht, schaumig schlagen. Die zuvor in kaltem Wasser eingeweichten Gelatineblätter unter die noch warme Schaumcreme mischen und diese so lange schlagen, bis sie kalt ist. Dann in Portionsförmchen füllen und kalt stellen. Die Creme kann auch mit Früchten garniert werden.

300 ml Weißwein
1 Handvoll Lindenblüten oder 5 EL Blütenzucker
4 Eigelb
2 Eier
150 g Zucker (besser Blütenzucker)
3 EL Honig
Saft von 2 Zitronen
3 Blatt pflanzliche Gelatine
500 ml steifgeschlagener, süßer Rahm (Obers)

LINDENBLÜTENGELEE *

Das Agar-Agar wird in kaltem Wasser eingeweicht. Das restliche Wasser zum Kochen bringen und unter ständigem Rühren erst das flüssige Agar-Agar zugeben. Wenn dieses vollständig aufgelöst ist, den Honig unterrühren. Nun die (ungewaschenen!!!) Lindenblüten beifügen und die Masse mit dem Stabmixer feinst pürieren. Es entsteht eine sämige, glatte Masse. Die hellgrüne Masse auf ein mit Backpapier ausgelegtes Backblech etwa 1 cm dick aufstreichen und über Nacht in den Kühlschrank stellen. Dann kann das Gelee in Streifen geschnitten werden. Wickeln Sie es in hauchdünn gebackene Palatschinken oder überziehen Sie es mit Bitterschokolade als exquisites Konfekt!

10 g Agar-Agar
250 ml Wasser
75 g Lindenblütenhonig
100 g frische Lindenblüten, vom Vorblättchen befreit

EINGELEGTE MARILLEN MIT LINDENBLÜTEN *

Die Marillenkerne hacken, das mandelartige Innere entnehmen, blanchieren und grob hacken. Die zuvor blanchierten, geschälten Marillenhälften in Einweckgläser füllen, darüber pro ½ l Glas 1 Gewürznelke, 6 Lindenblüten und 3 EL Zucker verteilen. Die gehackten Marillenkerne gleichmäßig auf alle Gläser verteilen, dann so viel Wasser einfüllen, dass vom Glasrand etwa 3 cm frei bleiben. Ich persönlich verwende immer Joghurtgläser mit Schraubverschluss von 0,5 l Fassungsvermögen.

Die Gläser im kalten Backrohr auf ein wassergefülltes Backblech stellen und bei 95 °C etwa 30 Minuten sterilisieren, bis im Glas Bläschen aufsteigen. Die Gläser dann bei geöffneter Türe im Backrohr abkühlen lassen.

2 kg Marillen blanchiert und die Haut abgezogen
1 Handvoll schön erblühte Lindenblüten
3 Marillenkerne
1,5 l Wasser
1,2 kg brauner Zucker pro Glas
1 Gewürznelke

SCHNELLE LINDENBLÜTENLIMONADE *
2 Handvoll Lindenblüten über Nacht in 1 l Wasser mit Zitronenscheiben (Schale unbehandelt) und, je nach Geschmack, mit 1 Portion Zucker oder Honig ziehen lassen. Vor dem Trinken die Limonade abseihen, die Blüten gut auspressen und das Getränk mit frischen Zitronenscheiben und Blüteneiswürfeln servieren.

Weidenröschen, Schmalblättriges, *Epilobium angustifolium*
Wald, Acker

Wurzeln für Kaffee und Tee

Botanische Merkmale und Standortbeschreibung

Aus einem kräftigen Wurzelstock entwickelt sich aus der wintergrünen Blattrosette ein aufrechter, runder, abstehend behaarter Stängel, der bis zu 60 cm hoch wird. Die Blättchen sind länglich bis lanzettlich, am Rand schwach gezähnt und weichhaarig-filzig. Sie wachsen auch am Stängel. An dessen Ende wächst aus jeder Blattachsel eine Einzelblüte, die in der Gesamtansicht wie eine Blütentraube aussieht.

Das Kleinblütige Weidenröschen ist in unseren Breiten weit verbreitet und fällt wegen seiner eher unscheinbaren, kleinen Blüten wenig auf. Wer die Blütchen jedoch genau betrachtet, wird erkennen, wie hübsch sie sind. An langen, millimeterdünnen, rot überhauchten Fruchtknoten stehen wunderhübsche kleine altrosa Blütchen mit vier herzförmigen Blütenblättchen, die wirklich an Rosen erinnern. Die Samenstände platzen später der Länge nach auf und entlassen tausende wattegleiche Flughärchen in die Luft.

Das Kleinblütige Weidenröschen liebt feuchte Böden und wächst entlang von Gräben, Bächen, Teichen und Seen, aber auch auf feuchten Waldlichtungen und Kahlschlägen und kommt in Gärten ebenso vor wie auf Schuttplätzen und entlang von Hecken und Zäunen.

Pflückhinweise und Sammeltipps

Die zarten, hellgrünen Rosetten können wie Vogerlsalat über der Wurzel abgeschnitten werden, Blütenstängel und Triebe werden einfach händisch ausgebrochen, dabei merkt man gleich, ob sie auch wirklich zart sind.

Traditionelle Verwendung und Heilanwendung nach Hildegard

Das heilkräftige, Kleinblütige Weidenröschen enthält Flavonoide, Tannine und wenig Bitterstoffe. Seine Heilkraft wird im Volksgebrauch als Prostatamittel, Blasen- und Nierenheilmittel und zur postoperativen Behandlung von Blase, Nieren und Prostata eingesetzt.

Weidenröschen-Tee wird aus dem blühenden Kraut zubereitet: 2 gehäufte TL kommen auf ¼ l heißes Wasser, der Tee wird 15 Minuten ziehen gelassen. 2 Tassen pro Tag genügen.

Verwendung in der Wildkräuterküche

Die knospigen Blüten oder Blütenstände werden im Sommer gepflückt und roh zu Salaten oder gegart zu Spargelgemüse und Kochgemüse verwendet.

Die Wurzeln können im Frühling als Wurzelgemüse gekocht oder roh zu Saucen und Salaten verarbeitet werden; getrocknet und vermahlen, wurden sie von unseren Vorfahren als Mehl verwendet und zum Getreidemehl gemischt. Sie schmecken angenehm süßlich.

Auch können die getrockneten, gerösteten Wurzeln als Kaffeegetränk zubereitet werden. Aus den fermentierten Blättern wurde Schwarztee-Ersatz hergestellt.

Junge Blättchen und zarte Triebspitzen sollten unbedingt roh als Salat oder Brotaufstrich oder Kräutertatar zubereitet werden.

Später im Jahr können sie natürlich gekocht oder gebraten werden. Auch in Teig gebacken, sind Weidenröschentriebe köstlich.

Meine Lieblingsrezepte

WURZELKAFFEE *

Die Wurzeln gut säubern, abbürsten und in kleine Würfel schneiden. Im vorgeheizten Backrohr bei maximal 50 °C auf einem Backblech trocknen. Dann mit wenig Speiseöl in einer Eisenpfanne rösten und anschließend in der Küchenmaschine oder Kaffeemühle zu Pulver vermahlen.

Die Hagebuttenkerne und die Kornelkirschenkerne ebenfalls mit wenig Öl in der heißen Pfanne rösten, bis sie hellbraun sind, anschließend in der Küchenmaschine oder in der Getreidemühle zu grobem Pulver vermahlen. Dies dauert relativ lange, denn die Kornelkirschenkerne sind sehr hart, verleihen mit ihrem charakteristischen Aroma dem Kaffee aber das „gewisse Etwas". Vermischen Sie die Pulver miteinander und lagern Sie die Mischung etwa 2 Wochen in einer Metalldose kühl und dunkel. Dann kann der Wurzelkaffee mit heißem Wasser aufgebrüht und gefil-

Nach Verfügbarkeit insgesamt etwa 500 g Wurzeln vom Löwenzahn, Weidenröschen und Wegwarte

200 g Hagebutten- und Kornelkirschenkerne, die von der Marmeladenzubereitung übriggeblieben sind

1 EL Speiseöl

tert werden. Eine andere Zubereitungsart ist die des Türkischen Kaffees, indem das Pulver mit Wasser in der türkischen Kaffeepfanne aufgekocht und heiß mit dem Satz in Tassen geschüttet wird.

Bereiten Sie mit dem Pulver keinesfalls Espresso zu, das feine Sieb der Maschine würde durch das Pulver verstopfen!

Übrigens kann dieses Pulver auch Kaffee aus Kaffeebohnen beigemischt werden.

WEIDENRÖSCHEN-TATAR *

2 Handvoll frische Rosetten vom Weideröschen

eventuell 1 Handvoll Brunnenkresse

1 Becher Crème fraîche

½ Becher Sauerrahm

Salz

Die Kräuter fein schneiden und mit den übrigen Zutaten gut vermischen.

Dieses Tatar passt sehr gut zu gebratenem Fleisch, Kartoffeln und Getreidebratlingen.

Hier wird das Weidenröschentartar als Beigabe zu Osterlamm im Brotteig gereicht

KRÄUTER-TATAR *

Je 1 Handvoll zarte Blättchen von Weideröschen, Löwenzahn, Giersch, Vogerlsalat, Taubnessel und Leontondon

1 Becher Sauerrahm

1 Becher Crème fraîche

5 EL kaltgepresstes Olivenöl

Salz nach Geschmack

5 große Essiggurken

Die gewaschenen Wildkräuter feinnudelig schneiden, mit den feingewürfelten Gurken und den übrigen Zutaten in einer großen Schüssel gut vermischen und salzen. Mit der Mischung eine Schüssel befüllen, die so groß ist, dass sie mit der Menge randvoll gefüllt ist, und das Tatar kühl stellen. Zum Servieren können aus dem Tatar mit einem nassen Esslöffel „Nockerln" gestochen werden. Das Kräuter-Tatar zu gegrilltem Fleisch oder Folienkartoffeln servieren.

Vogelmiere, *Stellaria media*
Acker, Weinberg

Botanische Merkmale und Standortbeschreibung

Die Vogelmiere ist eine sehr kleine, zarte, unscheinbare Pflanze, die den Boden mancherorts als dichter, grüner Teppich überzieht. Die ganze Pflanze bildet so stark verzweigte Rasen, und wer sie kennt, trifft sie buchstäblich überall. Daher gilt die Vogelmiere als weitverbreitetes „Unkraut".

Je nach dem, ob sie auf nährstoffreichem Gartenboden oder in trockenen Mauerritzen wächst, variiert sie sehr stark in ihrer Wuchsgröße und in der Üppigkeit der Rasen, die sie bildet.

Wer sie genauer betrachten will, muss sich schon ein Stängelchen abbrechen, um es in Augenschein nehmen zu können.

Die kleinfingernagelgroßen Blättchen sind oval und zugespitzt und am sehr dünnen, runden Pflanzenstängel gegenständig angeordnet. Der Stängel selbst ist auch eine genauere Betrachtung wert: Er ist fast nackt, doch ein klar abgegrenzter Streifen weißer Härchen zieht sich der Länge nach bis zur Triebspitze hinauf. Das sieht lustig aus, wie ein Irokesen-Haarschnitt!

An der Triebspitze sitzen Büschel aus winzigen, sternförmigen, gerade 4 mm großen, weißen Blüten.

Die Kleine aus der Steinzeit

Pflückhinweise und Sammeltipps

Besonders als Garten- und Ackerunkraut ist die Vogelmiere allerorts zu finden.

Am üppigsten und saftigsten sind jene Exemplare, die auf feuchten, schattigen Stellen gedeihen. Dort ist sie gleich doppelt so groß, was beim Pflücken natürlich sehr angenehm ist. Prüfen Sie die Vogelmiere vor der Ernte auf ihren Geschmack, der von Standort zu Standort stark variiert. An manchen Standorten übertönt nämlich ein eher unangenehmer, „modriger" Geschmack das sonst so wohlschmeckend süße Aroma.

Am besten wird die Pflanze mit der Schere wie Kresse abgeschnitten.

Die Vogelmiere bringt innerhalb eines Jahres etwa sechs Generationen hervor, was für den aufmerksamen Kräutersammler bedeutet, dass das ganze Jahr hindurch junge Pflanzen zu finden sind. Am kräftigsten erscheinen mir die Generationen des Frühjahrs und des Herbstes. Die

Herbstpflanzen überdauern den Winter grün und können an geschützten, schneefreien Stellen sogar im Winter geerntet werden.

Der unerfahrene Kräutersammler könnte die Vogelmiere vor der Blüte unter Umständen mit dem leicht giftigen Acker-Gauchheil (*Anagallis arvensis*) verwechseln, der im Unterschied kantige, gänzlich behaarte Stängel und orangerote Blüten hat.

Traditionelle Verwendung und Heilanwendung nach Hildegard

Die Vogelmiere war bei unseren Vorfahren ein sehr geschätztes und wertvolles Wintergemüse, da sie auch bei Minusgraden wächst und an schneefreien Stellen auch in der kargen Jahreszeit geerntet werden kann. Seit der Steinzeit wurde sie nachweislich zu Ernährungszwecken genutzt.

Die zierliche Vogelmiere enthält reichlich Vitamin C und Karotin, des weiteren seltene Mineralsalze, besonders Kalzium und Magnesium, aber auch Phosphor, Kupfer und Kalium sowie Saponine und Kieselsäure.

Die frische Pflanze ist kräftigend und immunsystemstärkend, und ihr Genuss empfiehlt sich besonders während der Rekonvaleszenz. Wegen ihres geringen Saponingehaltes wirkt sie auch leicht abführend und harntreibend.

Pfarrer Kneipp hat sie wegen ihrer schleimlösenden, verdauungsfördernden Wirkung in die moderne Heilkunde eingeführt.

Hildegard von Bingen empfiehlt Vogelmierenkompressen bei Blutergüssen.

Zuordnung und Anwendung nach TCM

Thermische Wirkung: kühl;
Organzuordnung: Magen, Dickdarm, Herz, Lunge;
Geschmack: leicht süß, salzig; Element: Erde, Wasser;
Funktionen: tonisiert das Magen-, Herz- und Lungen-Yin, klärt Hitze und tonisiert das Blut, leitet Feuchtigkeit und Feuchte – Hitze (speziell im Bereich Haut) aus, wirkt trockener Hitze im Dickdarm entgegen.

Verwendung in der Wildkräuterküche

Die Vogelmiere ist ein überaus vitaminreiches Wildgemüse. Sie stellt wegen ihres nussigen Aromas und ihrer saftigen Stängel eine besonders gute Grundlage für Salate dar. Mit anderen Zutaten wie Joghurt, Crème fraîche, anderem Gemüse, Obst, Walnüssen und Speck- oder Käsestückchen abgeschmeckt, ergeben sich vielfältigste Kombinationen. Auch Topfenaufstriche können sehr gut hergestellt werden.

Besonders die Blättchen schmecken zart und haben ein Maisaroma, aus diesem Grund wird sie von Kindern gerne gegessen. Wegen der

Fäden in den Stängeln sollte die Pflanze in mundgerechte Stücke geschnitten werden.

Große Mengen Vogelmiere können natürlich auch zu Cremesuppen
oder Kochgemüse (Spinatersatz) verarbeitet werden. Da die Vogelmiere
viele wertvolle Vitamine enthält, sollte sie nicht gekocht bzw. sollte ein Teil
der Pflanze zum Schluss ungekocht in die Speise gegeben werden.

Besonders geeignet erscheint mir die Vogelmiere auch als mildernde
Beigabe zu anderen, kräftiger schmeckenden Wildgemüsen, beispielsweise als Wildkräuter-Spinat mit Giersch, Brennnessel und Bärlauch.

Meine Lieblingsrezepte

VOGELMIEREN-TATAR MIT GEDÜNSTETEM LACHS UND PETERSILKARTOFFELN

Die Kräuter gut waschen, abtropfen und wie die Frühlinszwiebel fein hacken. Den Sauerrahm und das Joghurt in einer Schüssel mit dem Olivenöl am besten mit dem Mixer cremig schlagen. Nach dem Beifügen der
Kräuter das Tatar mit Salz abschmecken. In der Zwischenzeit den Lachs
portionieren, mit etwas Salz und Zitrone beträufeln und im heißen Dampf
garen. Die Kartoffeln schälen, in Stücke schneiden und gar kochen, mit
Butter, Salz und der fein geschnittenen Petersilie abschmecken.

Die Petersilkartoffeln mit dem fertig gedünsteten Lachs und einer Portion Vogelmieren-Tatar anrichten.

Vogelmieren-Tatar:
2 Handvoll Vogelmiere
½ Bund Petersilie
1 Becher Sauerrahm
1 Becher Joghurt
3 EL kaltgepresstes Olivenöl
3 Frühlingszwiebeln mit Grün
Salz nach Geschmack
Lachs:
Vier Portionsstücke frischer Lachs
etwas Salz und Zitronen-saft
Petersilkartoffeln:
8 festkochende Kartoffeln
Salz
Butter
½ Bund Petersilie

Das milde Vogelmieren-Tatar passt gut zu Fisch

Vogelmierencremesuppe mit Knoblauchcroûtons *

Suppe:
4 Handvoll Vogelmiere
1 große Zwiebel
3 mittelgroße, gekochte Kartoffeln
3 EL Olivenöl
¼ l Wasser
250 ml Milch
Salz
Croûtons:
1 Knoblauchzehe
reichlich Butter
Weißbrotwürfel (pro Person 1 Handvoll)

Die Zwiebel fein hacken und im Olivenöl glasig anbraten. Die Kartoffeln schälen, zerteilen und dazugeben, mit der Milch und dem Wasser löschen und die gewaschene, gehackte Vogelmiere zufügen. Mit einem Stabmixer pürieren und vorsichtig erhitzen, jedoch keinesfalls aufkochen. Mit Salz abschmecken und mit den in der Knoblauchbutter gerösteten Weißbrotwürfeln und Sauerrahmhäubchen servieren.

Energiesalat mit Kräutern *

5 große Handvoll Vogelmiere
1 Becher Kresse
3 Karotten
1 Orange
1 saftiger Apfel
1 Frühlingszwiebel mit Grün oder ½ Bund Schnittlauch
4 EL Olivenöl
2 EL Zitronensaft
etwas brauner Zucker
Salz
1 gekochtes Ei
4 EL Sauerrahm

Die Kräuter gut waschen, essgerecht schneiden und mit den grob geraspelten Karotten, den Apfelstückchen und der geschälten, in Scheiben geschnittenen Orange mischen. Die feingehackte Frühlingszwiebel bzw. den Schnittlauch unterheben. Aus dem gekochten Ei, dem Joghurt, dem Öl und dem Zitronensaft eine Marinade bereiten, die mit Salz und Zucker abgeschmeckt wird; die Marinade über den Salat träufeln, der bis zum Verzehr etwa 10 Minuten marinieren sollte.

Vogelmieren-Getreidesuppe *

2 Handvoll klein geschnittene Vogelmiere,
4 EL Dinkelmehl
4 EL Butter
500 ml Wasser
1 Becher Sauerrahm
Salz, Muskat und Pfeffer nach Geschmack

Das Dinkelmehl in der zerlassenen Butter goldbraun anrösten, mit dem Wasser aufgießen und einmal mit den Gewürzen aufkochen. Mit dem Schneebesen gut umrühren, damit sich keine Klümpchen bilden! Nun die Suppe mit dem Sauerrahm versetzen und schließlich die Vogelmiere beifügen. Wer will, kann die fertige Suppe noch mit dem Stabmixer pürieren.

VOGELMIERENSUPPE *

Die nudelig geschnittenen Frühlingszwiebeln in heißem Öl anrösten, mit dem Wasser aufgießen und die gewürzte Suppe kochen lassen, bis die Zwiebeln gar sind. Nun die geschälten, in Würfel geschnittenen Kartoffeln beifügen und die Suppe mit dem Stabmixer mixen, bis sie sämig ist. In die heiße Suppe die feingehackte Vogelmiere streuen. Die Suppe darf nun nicht mehr aufkochen, sonst verfärbt sich die appetitlich grüne Vogelmiere in ein welkes Braun!

Servieren Sie die Suppe mit Bauernbrot-Croûtons!

3 Handvoll zarte, nicht fasrige Vogelmiere

150 g gekochte Püree-Kartoffeln

3 EL Olivenöl

1 Bund Frühlingszwiebeln

1 TL Salz

250 ml Wasser

250 ml Milch oder 125 ml Schlagobers und etwas mehr Wasser

Ehrenpreis (Bachbungen u. a.)
Veronica beccabunga und *officinalis*

Acker, Weinberg

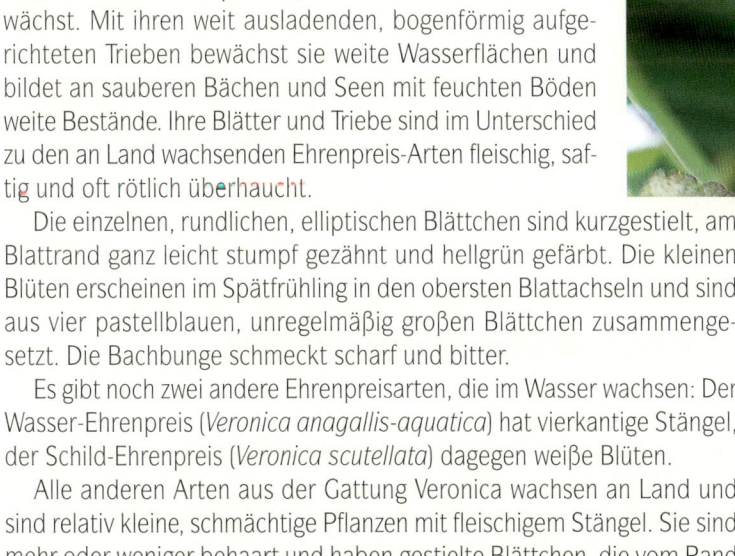

„Gottesäuglein" nannte sie meine Großmutter

Botanische Merkmale und Standortbeschreibung

Der Bachbungen-Ehrenpreis oder die Bachbunge ist eine ausdauernde Wasserpflanze, die an Bachufern und Seen wächst. Mit ihren weit ausladenden, bogenförmig aufgerichteten Trieben bewächst sie weite Wasserflächen und bildet an sauberen Bächen und Seen mit feuchten Böden weite Bestände. Ihre Blätter und Triebe sind im Unterschied zu den an Land wachsenden Ehrenpreis-Arten fleischig, saftig und oft rötlich überhaucht.

Die einzelnen, rundlichen, elliptischen Blättchen sind kurzgestielt, am Blattrand ganz leicht stumpf gezähnt und hellgrün gefärbt. Die kleinen Blüten erscheinen im Spätfrühling in den obersten Blattachseln und sind aus vier pastellblauen, unregelmäßig großen Blättchen zusammengesetzt. Die Bachbunge schmeckt scharf und bitter.

Es gibt noch zwei andere Ehrenpreisarten, die im Wasser wachsen: Der Wasser-Ehrenpreis (*Veronica anagallis-aquatica*) hat vierkantige Stängel, der Schild-Ehrenpreis (*Veronica scutellata*) dagegen weiße Blüten.

Alle anderen Arten aus der Gattung Veronica wachsen an Land und sind relativ kleine, schmächtige Pflanzen mit fleischigem Stängel. Sie sind mehr oder weniger behaart und haben gestielte Blättchen, die vom Rand her eingeschnitten sind. Ihre leuchtendblauen Ehrenpreisblüten sind in der ganzen Gattung vierteilig mit unterschiedlich großen Blütenblättchen und leuchten aus Frühlingswiesen und von Äckern neben dottergelbem Löwenzahn. Ehrenpreis hat einen weit verzweigten Wurzelstock.

Pflückhinweise und Sammeltipps

Besondere Vorsicht ist wie bei allen Wasserpflanzen bei der Wahl des Sammelortes gegeben. Der Wasserlauf, an dem die Pflanzen gesammelt werden, sollte im Oberlauf keine Viehweiden durchfließen, da ansonsten eine Verseuchung mit dem Großen Leberegel (*Fasciola hepatica*) gegeben sein könnte. Dieser ist ein für den Menschen gefährlicher Parasit, der Leberzysten verursacht.

Besser ist es, die Pflanzen in einem Gartenteich zu ernten, wo eine derartige Gefährdung ausgeschlossen werden kann. Ernten Sie den Bachbungen-Ehrenpreis mit einer Schere, denn die langen Triebe sind schnell mit den Wurzeln ausgerissen.

Jene Arten des Ehrenpreis (*Veronica off.*), die auf trockenen Ackerstandorten wachsen, sind sehr robust und schon zeitig im Frühjahr meist gemeinsam mit der Vogelmiere zu sammeln.

Alle Mitglieder der Gattung Veronica sind ungiftig und genießbar.

Traditionelle Verwendung und Heilanwendung nach Hildegard

Im Volksgebrauch wird Ehrenpreis – vor allem Veronica officinalis – als Universalheilmittel eingesetzt. Von Leberschwäche, Gallenstau, Exzemen bis zu Bronchialleiden und Problemen der ableitenden Harnwege reicht das Einsatzgebiet. Besonders wird Ehrenpreis jedoch zur Stärkung der Manneskraft, aber auch zur Heilung von Männerleiden eingesetzt.

Hildegard von Bingen empfiehlt den Bachbungen-Ehrenpreis frisch oder getrocknet als Nahrungsergänzungsmittel, um Darmblutungen und Hämorrhoidalleiden zu heilen.

Besonders der magenstärkende, kräftigende Tee aus Ehrenpreis wird in der Volksheilkunde gerne angewandt. In Frankreich wird er "Thé d`Europe" genannt.

Zuordnung und Anwendung nach TCM

Thermische Wirkung: kühl;
Organzuordnung: Leber, Blase, Nieren;
Geschmack: bitter, adstringierend; Element: Feuer;
Funktionen: wirkt toxischer Hitze (speziell in der Haut) und Schleim-Kälte (in der Lunge) entgegen, klärt Hitze, stoppt innere und äußere Blutungen, leitet Feuchte – Hitze in Blase und Dickdarm aus.

Verwendung in der Wildkräuterküche

Der Bachbungen-Ehrenpreis ist eines der wenigen Mitglieder seiner großen Gattung, das im Wasser wächst. Ein Großteil dieser Familie besiedelt offene Erdflächen wie etwa Ackerflächen. Alle Arten können in der Wildkräuterküche gleich verwendet und auch gemischt werden. Als gewürzartige Beimengung zum täglichen Essen wirkt Ehrenpreis stärkend und blutreinigend.

Die Bachbunge schmeckt wie die Brunnenkresse scharf und bitter und kann nur in Kombination mit anderen Pflanzen verwendet werden. Gerichte auf Mehl-, Eier- oder Schlagobersbasis (Palatschinken, Weiße Saucen und gebundene Suppen) ergeben gelungene Kombinationen, welche Bitterstoffe harmonisieren. Bitterer Salat kann ganz leicht mit einem Löffel Honig harmonisiert werden.

Der an Land wachsende Ehrenpreis ist im traditionellen Volksgebrauch ein typisches „Beikraut". Als „Beikräuter" werden schnell keimende Pflanzen bezeichnet, die offene Ackerflächen bewachsen. Von unseren Vorfahren wurden die „Beikräuter" als lebensnotwendige Vor- und Zwischenernte vom Feld mitgebracht. Schon lange, bevor die Feldfrüchte reif wurden, konnten Beikräuter gesammelt werden, die zu nahrhaften Suppen und Kochgemüse verarbeitet wurden. Das ganz leicht zusammenziehende, eher neutrale Aroma des Ehrenpreis macht ihn für allerlei rohe und gekochte Speisen verwendbar.

Getrocknet und als Kräuter-Kraft-Pulver verwendet, ist er geschmacklos.

Später, als die Landwirtschaft industriell produzierte, wurden aus den „Beikräutern" die „Unkräuter": Ungenutzt und ungebraucht, werden die ehemals „Allerweltsheil" genannten Pflanzen heute vernichtet.

Meine Lieblingsrezepte

KRÄUTER-KRAFT-PULVER *

Die Kräuter in einer Schüssel gut miteinander vermischen und portionsweise im Mörser oder in der Küchenmaschine zu einem feinen Pulver vermahlen.

Das Kräuter-Kraft-Pulver kann als Gewürz zu allen erdenklichen Speisen gegeben, aber auch zu Brot- oder Keks- und Kuchenteig gemischt werden. Wer es lieber flüssig mag, mischt es in Sauermilch oder Joghurt. Auch aufs Butterbrot gestreut, verfehlt es nicht seine kräftigende Wirkung.

1 Handvoll getrocknetes Ehrenpreiskraut

1 Handvoll getrocknete Brennnesselblätter

1 EL getrockneter Rosmarin

1 EL getrockneter Thymian

2 Handvoll schöne, etwa 10 cm lange Triebe der Bachbunge
Öl zum Ausbacken
Ausbackteig:
125 g Mehl
½ TL Salz
60 g zerlassene Butter
150 ml helles Bier
1 Eiweiß

Das Mehl in eine Schüssel geben, eine Vertiefung in die Mitte drücken und die zerlassene Butter hineingießen. Das Mehl vom Rand her mit dem Mixer mit der Butter vermischen und nach und nach das Bier hinzugießen. Den relativ flüssigen Teig für eine Stunde ruhen lassen.

Nun die Triebe der Bachbunge in den Teig tauchen und im heißen Öl rundum kross und knusprig herausbacken. Auf einem Küchenpapier etwas abtropfen lassen und die Triebe warm mit Sojasauce servieren.

Scharfe Blätter, scharfe Blüten

Pfeilkresse, *Cardaria draba*

Acker, Weinberg

Botanische Merkmale und Standortbeschreibung

Die Pfeilkresse besiedelt in großen Gruppen trockene Böden und fällt mit weißlich-silbrigen Blättern zwischen den anderen „normal-grünen" Pflanzen auf. Spätestens wenn sie blüht, hat mich noch keine Wanderung an ihr vorbeigeführt, ohne dass sie meinen Kursteilnehmern auffiel.

Aus einer überwinternden Blattrosette wächst ein etwa 30 cm hoher Blütenstängel, der von länglichen, zugespitzten Blättchen dicht bewachsen ist, die unregelmäßig gezahnte Blattränder aufweisen und den Stängel mit pfeilförmigen Läppchen umfassen. Im oberen Bereich des Stängels entsprießt jeder Blattachsel ein weiterer, kurzer Stängel, an dessen Ende sich viele kleine, weiße Einzelblüten befinden, die, zusammen betrachtet, wie eine weißliche Blütenwolke aussehen. Der Familie der Kreuzblütler zugehörig, zeichnet sie sich durch eher unscheinbare, relativ kleine Einzelblüten mit nur 4 kreuzförmig angeordneten Blütenblättchen und einem scharfen Kressearoma in der gesamten Pflanze aus. Besonders scharf sind die grünen Samen, die als rundliche Schötchen ausgebildet sind. Die Pfeilkresse vermehrt sich trotz unzähliger Samenschötchen, die sich bilden, durch Wurzelausläufer.

Pflückhinweise und Sammeltipps

Mein Sammelplatz ist der Weinberg, wo sie auf den umgebrochenen Erdschollen schon im Winter zu finden ist.

Wer auf ihre silbrig-mattgrünen Blättchen und ihren scharfen Duft achtet, kann sie nicht verfehlen. Ein naher Verwandter mit ähnlicher Verbreitung ist die Feldkresse (*Lepidium campestre*), sie hat größere Schötchen, die mit einem harten Zeigeblättchen verwachsen sind, und kleinere Blättchen, die grün sind. Ein Verwechslung wäre dennoch nicht weiter schlimm.

Traditionelle Verwendung und Heilanwendung nach Hildegard

Durch den hohen Gehalt an Senfölen wirken alle Kressearten verdauungsfördernd und anregend auf den Gallenfluss.

Senföle wirken auch antiseptisch und desinfizierend auf den Verdauungstrakt.

Verwendung in der Wildkräuterküche

Aus der Familie der Kreuzblütler sind uns ja viele Mitglieder als Gewürz- und Gemüsepflanzen bestens bekannt. Kren, Gartenkresse, Senf, Raps, Radieschen und Rettich sind die bekanntesten. Alle zeichnen sich durch ihr mehr oder weniger scharfes Aroma aus.

Die Blättchen und weichen Triebe der Pfeilkresse werden schon im Vorfrühling an sonnig exponierten Stellen gesammelt und als scharfe Würze für allerlei Salate, Aufstriche oder Suppen verwendet. Auch Kräuterkäse (aus Frischkäse) und Kräuterbutter können damit aromatisiert werden. Die Samen können von Juli bis zum Herbst gesammelt werden und finden als Pfefferersatz für allerlei Würzzwecke Verwendung.

Ich persönlich verwende die Pfeilkresse als selbstgesammelten Rucola- oder Gartenkresse-Ersatz.

Meine Lieblingsrezepte

SCHARFER FRISCHKÄSE*

Den Frischkäse in einer Schüssel mit dem Sauerrahm und Salz abschmecken, dann vorsichtig die feingehackten Kräuter und die ungewaschenen, in Einzelblüten geteilten, jedoch keinesfalls zerschnittenen Senfblüten einrühren.

Servieren Sie diesen köstlichen Aufstrich möglichst schnell nach der Fertigstellung zu verschiedenen Brotsorten.

250 g Frischkäse von Kuh, Schaf oder Ziege
3 EL Sauerrahm
je 1 Handvoll Pfeilkresse, Gartenkresse und Blüten vom Senf oder Raps (stattdessen können auch feingehackte Rettiche oder Radieschen verwendet werden)
Salz nach Geschmack

CARPACCIO VOM HIRSCHBRATEN AUF RADIESCHEN-PFEILKRESSE-SALAT

6 Radieschen, in feine Scheiben geschnitten

250 g Hirschschlögel oder Schulter als Braten oder als Tafelspitz gekocht

Saft und Schale von 1 unbehandelten Zitrone

30 g geröstete Walnüsse

2 Handvoll frisch gepflückte Blättchen von der Pfeilkresse

4 EL Blütenkapern

Salatsauce:
2 EL Salbeiessig
3 EL Kürbiskernöl
1 Prise Salz

Die sauber gewaschenen, gut abgetropften und feinnudelig geschnittenen Blättchen der Pfeilkresse mit den in dünne Scheiben geschnittenen Radieschen mischen und mit der Salatsauce vermengen.

Das Hirschfleisch in hauchdünne Scheiben schneiden und auf vier Portionsteller gleichmäßig in Rosettenform verteilen. Über das Fleisch die Zitronenschale reiben und etwas Salz darauf streuen. Darauf ein Nest der gut abgetropften Radieschen-Kresse-Mischung setzen und den Vorspeisenteller mit den gerösteten Walnüssen und den Blütenkapern verzieren.

Die gerösteten Nüsse werden ganz einfach hergestellt, indem sie in einer Pfanne am heißen Ofen mit Salz so lange hin und hergewendet werden, bis sie duften. Das Zubereiten von gerösteten Walnüssen ist eine Lieblings-Winterbeschäftigung meiner achtjährigen Tochter. Sie macht es mit ihrer Spielzeugpfanne am geheizten Holzofen und ermöglicht mir so einen Zugriff auf diese von ihr erfundene Köstlichkeit.

Kleine Blättchen von erstaunlich nussigem Aroma

Feldsalat, Wilder, (Vogerl-salat), *Valerianella* sp.

Acker, Weinberg

Botanische Merkmale und Standortbeschreibung

Der Wilde Feldsalat bildet am richtigen Standort und zur richtigen Zeit dichte Rasen von kleinen Rosetten, die meistens zwischen Vogelmiere, Löwenzahn, Hirtentäschel und all den anderen Kräutern wachsen, die offene Erdflächen zum Keimen benötigen. Mein bester Fundstandort ist der Weinberg. Der Wilde Feldsalat gehört zur Familie der Baldriangewächse.

Die kleine Rosette wird meist nicht größer als 3 cm im Durchmesser und 10 cm hoch mit der Blüte. Die hellgrünen Blättchen sind zungenartig und unsymmetrisch, aber ganzrandig, mit deutlichen Adern am Blatt. Aus der dicht mit Blättchen gefüllten Rosette entspringt ein Blütenstiel, der von gegenständig angeordneten Blättchen bewachsen ist und der sich nach oben hin noch weiter teilt, um in kleinen, weißen, unscheinbaren Blütchen zu enden. Die Samen sind kleine, rundliche Nüsschen mit Klebhaaren.

Pflückhinweise und Sammeltipps

Am besten sichtbar ist der Wilde Feldsalat im zeitigen Frühjahr, oft schon im Februar, wenn der Bewuchs der offenen Erdflächen noch nicht so dicht entwickelt ist. Später, im April, wenn er in Blüte steht, wird er von den anderen Wildpflanzen überwuchert.

Schneiden Sie die kleinen Rosetten mit einem scharfen Messer knapp über der Wurzel ab.

Feldsalat ist bekannt als wertvoller und vitaminreicher Wintersalat.

Verwendung in der Wildkräuterküche

Ein ebenso erstaunlicher wie erfreulicher Fund waren für mich die ersten Rosetten vom Wilden Feldsalat auf einer meiner Wanderungen über die Wiener Weinberge. Zuerst blieb ich skeptisch: Konnte es sein, dass Feldsalat wild vorkommt? Vorsichtig erntete ich einige der kleinen Polster, die exakt wie ihre großen Verwandten aus dem Garten aussehen, um sie zu bestimmen und zu verkosten. Erfreulicherweise war es so, wie ich geahnt hatte: Der Wilde Vogerlsalat kommt gerne in Hackkulturen vor und ist gleich verwendbar wie die kultivierten Vogerlsalate vom Markt oder Garten. Diesem ersten Fund folgten viele weitere, und mittlerweile finde ich den Wilden Feldsalat schon im Rasen hinter meinem Haus und im Rosenbeet, wo er sich offenbar vom Weinberg her angesiedelt hat.

Sein Aroma ist viel nussiger und intensiver als das der Kulturformen. Im Volksmund wird er auch „Rapunzel" genannt, ein Sammelbegriff für alle Pflanzen, deren Rosetten als Salat geerntet und verwendet wurden (siehe auch Kapitel „Glockenblumen"). Gemischt mit anderen Salaten oder sortenrein, ist Vogerlsalat ein wunderbar zarter, und doch geschmackvoller Salat, der in verschiedensten Kombinationen verarbeitet werden kann. Charakteristisch ist sein nussiges, vollmundiges Aroma.

Meine Lieblingsrezepte

SCHAFKÄSE IM FELDSALAT*

Honig, Essig, Öl und Kräutersalz mischen, indem die Zutaten in einem Shaker oder einem Glas mit Schraubverschluss gut durchgeschüttelt werden. Den Vogerlsalat mit dem würfelig geschnittenem Schafkäse vermischen, mit den feingehackten Kräutern bestreuen und der Marinade begießen. Lassen Sie den Salat nun etwa 5 Minuten reifen und mischen Sie ihn vor dem Servieren gut durch.

Schafkäse im Feldsalat ist eine vollwertige Hauptspeise, wenn Sie dazu knuspriges Brot servieren.

4 Handvoll Vogerlsalat, gut gewaschen, etwas **Vogelmiere und Schafgarbe**
2 EL Bienenhonig
5 EL Balsamico-Essig
5 EL kaltgepresstes Sonnenblumenöl
etwas **Kräutersalz**
250 g Schafkäse.

MEDITERANER FRÜHLINGSBLÜMCHEN-RAPUNZELSALAT*

4 Handvoll Vogerlsalat
3 EL Apfelessig
5 EL Olivenöl
kaltgepresst
8 EL Sauerrahm
1 Orange
1 kleiner Apfel
10 Walnüsse
Salz nach Geschmack

Die sauber gewaschenen Büschel des Vogerlsalates auf Portionstellern verteilen, mit den Orangenfilets belegen. Die Zutaten zur Salatsauce gut verrühren und damit den vorbereiteten Vogerlsalatteller beträufeln. Zum Schluss die gerösteten Walnüsse und die Blüten (die keinesfalls gewaschen werden sollten!) darüber streuen und der Mediterrane Frühlingsblümchen-Rapunzel-Salat ist servierfertig. Gut dazu passen Kartoffelscheiben aus dem Rohr.

WILDER VOGERLSALAT MIT KRÄUTERRAHM*

300 g gemischte Wildkräuter: Vogerlsalat (²/₃ der Menge), Taubnessel, Brennnessel, Giersch
150 ml Sauerrahm
4 EL Sonnenblumenöl
80 g Saiblingskaviar
Salz und weißer Pfeffer nach Geschmack

Aus Olivenöl, Essig, Sauerrahm und Salz eine sämige Marinade rühren. Auf dem gut gewaschenen, zerpflückten Vogerlsalat nun die Würfel aus Äpfeln und Orangen verteilen, anschließend die ausgelösten Nüsse darüberstreuen. Die Marinade nun mit einem Löffel portionsweise auf dem Salat verteilen.

Servieren Sie den Wilden Vogerlsalat mit Kräuterrahm zu Folienkartoffeln oder gegrilltem Fleisch.

KURZ GEBRATENES WILDGEMÜSE MIT SAUERRAHM UND SAIBLINGSKAVIAR

Die Wildkräuter waschen, in mundgerechte Stücke teilen und auf ein Tuch zum Trocknen legen. Das Öl in einer Pfanne erhitzen, die Kräuter einlegen und unter ständigem Wenden etwa 30 Sekunden braten. Wenn die Kräuter halb zusammengefallen sind, sofort salzen und pfeffern und rasch von der Hitze nehmen. Den Sauerrahm etwas salzen und am Herdrand lauwarm erwärmen.

Das gebratene Wildgemüse sofort auf Portionsteller legen, den lauwarmen Sauerrahm darüber verteilen und die Speise mit einem Häubchen Kaviar schmücken.

2 Tassen Frühlingsblümchen wie Gänseblümchen, Primeln, Veilchen, Kirschblüten u.a.

2–3 Handvoll Wilder Vogerlsalat

3 Orangen, in Filets geteilt

3 EL geröstete Walnusskerne (siehe Kapitel „Pfeilkresse")

Salatsauce:

250 ml Sauerrahm

etwas Zitronensaft

Salz und Pfeffer oder Galgant

Nachtkerze, *Oenothera biennis*

Acker, Weinberg

Botanische Merkmale und Standortbeschreibung

Die Nachtkerze ist eine 2-jährige Pflanze, die sowohl an Straßen- und Waldrändern, auf Schutthalden und Brachland als auch in Gärten zu finden ist. Es gibt von ihr auch viele Gartenzüchtungen.

Im ersten Standjahr bildet sich aus dem gekeimten Samen eine dichte, eng am Boden anliegende Rosette aus länglichen, hellgrünen Blättern, deren Rand ganz unterschiedlich ausgeprägt sein kann: Von buchtig gezähnt bis fast ganzrandig sind alle Übergänge möglich.

Im zweiten Standjahr bildet die Nachtkerze ihren Blütenstängel aus, der der Rosette entspringt. Die Blätter am Stängel sind kleiner, in ihren Blattachseln wachsen die über 2 cm großen, schwefelgelben Blüten. Sehr auffallend ist der unterständige Fruchtknoten, aus dem sich die bis zu 3 cm lang werdende, 4-kantige Frucht entwickelt und in der viele dunkelbraune Samen sitzen.

Im Volksmund wird die Nachtkerze auch Abendblume, Nacht-stern, Rapontika, Süßwurzel genannt, aber auch Schinkenwurz oder Rote Sellerie, was schon viel über ihre Eigenschaften aussagt: Die wie ein Kerzenständer ausgebildete, bis zu 1,5 m hoch werdende Pflanze trägt an

Wurzeln von ungeheurer Kraft

jedem ihrer hoch in den Himmel zeigenden Triebe viele leuchtend gelbe, fast gelb-fluoreszierende Blüten, die sich erst abends öffnen, die Nacht über in voller Blüte stehen und noch am nächsten Vormittag geöffnet bleiben. Dann verblühen sie rasch, bis sich am Abend wieder neue Blüten öffnen. Sie werden von Nachtfaltern besucht und verströmen einen lieblichen Duft.

Die Nachtkerze ist ein Tiefwurzler und bekommt stattliche Wurzeln von bis zu 50 cm Länge und 5 cm Dicke. Diese Wurzeln ergeben ein gutes, süßliches Gemüse.

Pflückhinweise und Sammeltipps

Sammeln Sie die jungen Blätter der einjährigen Pflanzen im Frühling, indem Sie sie aus der Rosette schneiden, vor allem aber die frisch aufgeblühten Blüten am frühen Abend.

Ebenso zur Blütezeit werden die Blätter zum Trocknen gesammelt.

Die Samen der Nachtkerze werden vom Spätsommer bis zum Herbst nach völliger Ausreifung gesammelt, indem die Triebe kopfabwärts in ein Papiersackerl ausgeschüttelt werden.

Die bis zu 5 cm dicke und sehr lange, fleischige Wurzel wird vom Herbst/Winter des ersten Lebensjahres bis zum darauffolgenden Frühjahr geerntet. Mit einem Distelstecher ist sie leicht auszustechen. Wenn sie im Mai den Blütentrieb bildet, wird die Wurzel zäh.

Traditionelle Verwendung und Heilanwendung nach Hildegard

Bis vor wenigen Jahren führte die Nachtkerze in der Schulmedizin – wie so viele Heilpflanzen – ein Schattendasein. Lediglich in der Volksmedizin wurde der gerbstoffhaltige Tee bei Durchfallerkrankungen und Husten eingesetzt. Traditionell wurde die Wurzel der Nachtkerze als Wildgemüse genutzt, bis der hohe Anteil an Gamma-Linolensäure im fetten Öl der Samen entdeckt wurde. Von heute auf morgen wurde die Nachtkerze eine begehrte Heilpflanze. Bisher ist keine Pflanze bekannt, die ähnlich große Mengen dieses begehrten Stoffes enthält. Gamma-Linolensäure ist eine ungesättigte Fettsäure, die unterstützend auf viele Organfunktionen wirkt. Nachtkerzenöl wird bei Entzündungen der Haut angewandt, wie etwa bei Neurodermitis, aber auch bei Nervenerkrankungen und Wechselbeschwerden. Da es schwer herzustellen ist, wird es industriell erzeugt und im Verkauf angeboten.

Auch enthalten manche Cremen das für seine hautpflegende Wirkung bekannte Nachtkerzenöl. Zum täglichen Hausgebrauch würde ich persönlich empfehlen, die wunderbaren Blüten zur Bereicherung der täglichen Ernährung einzusetzen.

Verwendung in der Wildkräuterküche

„Ein Pfund der Nachtkerzenwurzel gibt mehr Kraft als ein Zentner Ochsenfleisch."

Diese alte Weisheit ist sicherlich übertrieben, enthält jedoch interessante Informationen über die Wertigkeit der Nachtkerze, die seit dem 16. Jahrhundert als Wurzelgemüse verwendet wurde.

Es ist ein gutes Gefühl, etwas so Geschmackvolles zu essen und dabei zu wissen, wie hochwertig es von unseren Vorfahren betrachtet wurde. Man sagt ihr nach, in ihr stecke eine ungeheure Kraft, die Kranke schnell wieder auf die Beine bringt.

Etwa seit 1600 gibt es die Nachtkerze in unseren Gemüsebeeten. Sie wurde als Nahrungsmittel aus Nordamerika eingeführt und fand schnell in ganz Mitteleuropa Verbreitung. Die fleischige Wurzel ergibt roh, oder gekocht, ein nahrhaftes Gemüse. Durch das Kochen kann sich die Wurzel rötlich oder gelblich verfärben.

Schneiden Sie die geschälte Wurzel in Scheiben oder Würfel und kochen Sie sie in Salzwasser oder Fleischbrühe. Ihr Geschmack ist süßer als der der Schwarzwurzel und zeichnet sich vor allem durch die krenartige Schärfe aus. In der Konsistenz sind sich die beiden jedoch sehr ähnlich.

Mit einer Sauce oder in brauner Butter serviert, ergibt sich eine wohlschmeckende und nahrhafte Gemüsebeilage. Püriert, gemischt mit Sellerie oder Pastinaken, entsteht ein fein-süßliches Gemüsepüree.

Mariniert in Essig und Öl, werden die gekochten Wurzeln wie Salat verwendet.

Auch die Blätter eignen sich als Kochgemüse, die jungen, zarten Blättchen finden für Salate und Rohkost Verwendung.

Die gelben, kurzlebigen Blüten sind eine wahre Pracht in Salaten und Desserts oder auf Brötchen.

Meine Lieblingsrezepte

SIRUP VON NACHTKERZENBLÜTEN *

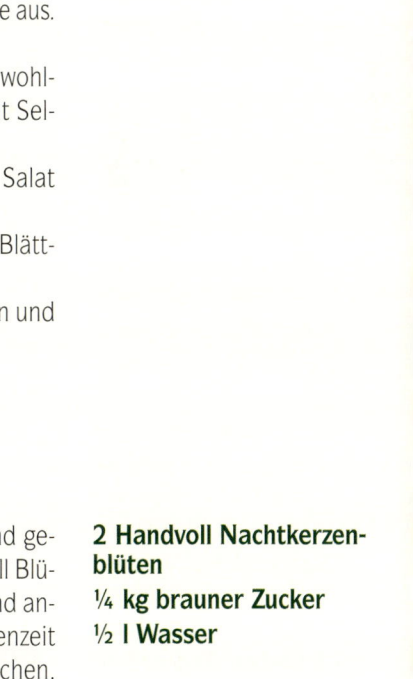

2 Handvoll Nachtkerzenblüten
¼ kg brauner Zucker
½ l Wasser

Die geöffneten, gelben Blüten werden besonders am frühen Abend gepflückt. Die kleinen, schwarzen Käfer werden abgeklopft. 2 Handvoll Blüten in ¼ l Wasser zum Sieden erhitzen, aber nicht kochen lassen und anschließend für 15 Minuten zum Ziehen abdecken. In der Zwischenzeit den braunen Zucker und das Wasser zu einem dicken Sirup verkochen, beide Flüssigkeiten miteinander verrühren und in kleine Flaschen füllen. Sirup von Nachtkerzenblüten ist ein wohlschmeckendes und heilkräftiges Mittel, das bei Husten und entzündlichen Erkrankungen der Atemwege teelöffelweise und mehrmals täglich verwendet wird.

NACHTKERZENGRATIN MIT SPINAT*

500 g Wurzeln der Nachtkerze

300 g Winterspinat, gewaschen, entstielt und in 1cm breite Streifen geschnitten

40 g Butter

4 gehackte Frühlingszwiebeln oder Schalotten

2 Knoblauchzehen, fein gehackt

Salz

Pfeffer oder Galgant

Muskat, frisch gerieben, 250 ml Schlagobers

1 Eigelb

6 EL geriebener Parmesan

Die Nachtkerzenwurzeln schälen, in 3 cm lange Stücke schneiden und in leicht gesalzenem Wasser bissfest kochen. Dem Salzwasser nach Geschmack auch einen Schuss Weißwein beifügen. Dann in einem passenden Topf die Butter zergehen lassen, darin die Frühlingszwiebeln etwa 5 Minuten andünsten, ohne dass sie Farbe bekommen.

Spinat und Nachtkerzenwurzeln mischen, den gepressten Knoblauch beifügen und das Gemüse weitere 10 Minuten dünsten. Nach Geschmack würzen und das Gemüse in eine bebutterte Auflaufform füllen. Anschließend Schlagobers und Eigelb verquirlen, mit etwas Kräutersalz abschmecken und die Mischung über das Gemüse gießen. Zum Schluss mit dem geriebenen Käse bestreuen und das Gratin im vorgeheizten Rohr bei 180 °C etwa 40 Minuten backen, bis es schön goldbraun ist.

Das Nachtkerzengratin heiß mit Salzkartoffeln servieren.

NACHTKERZEN-SCHAUMSUPPE*

250 g vorgekochte, geschälte Nachtkerzenwurzeln, in 2 cm langen Stücken

50 g Butter

150 g Champignons in feinen Scheiben

1 mittelgroße Zwiebel

1 EL Dinkel- oder Weizenmehl

1 l Gemüsebrühe oder Wasser

150 ml Schlagobers

6 EL Eiswein

Salz und Pfeffer nach Geschmack

Croûtons:

3 Scheiben Bauernbrot kleinwürfelig geschnitten

4 EL Butter

Die Butter in einem Topf zergehen lassen und die fein gehackte Zwiebel sowie die Champignons darin dünsten lassen, ohne sie bräunen. Die Nachtkerzenwurzeln beifügen, mit Mehl stauben und mit der Gemüsebrühe aufgießen. Die Suppe nun 30 Minuten auf kleiner Flamme köcheln lassen und mit den Gewürzen abschmecken. Anschließend Wein und Schlagobers beifügen und die Suppe mit dem Schneebesen schaumig rühren.

In der Zwischenzeit die Brotwürfel in der zerlassenen Butter goldbraun rösten.

Die Nachtkerzen-Schaumsuppe mit den Croûtons bestreut in vorgewärmten Tellern servieren.

Frühsommer (Mai, Juni)

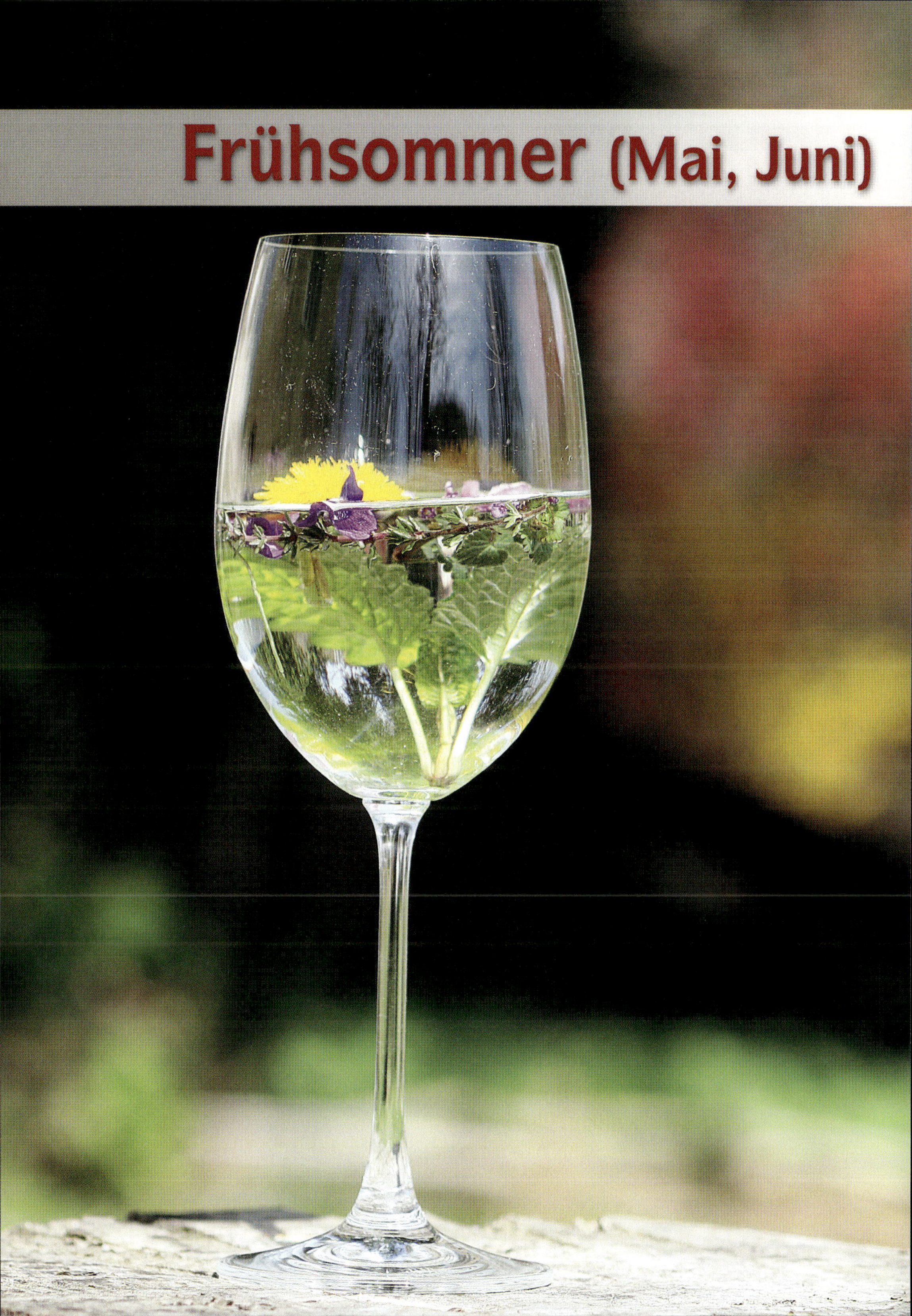

*Eine unscheinbare
Pflanze mit ganz
besonderem Geschmack*

Gemüseportulak,
Portulaca oleracea
Acker

Botanische Merkmale und Standortbeschreibung

In diesem Kapitel möchte ich Ihnen den Gemüseportulak (*Portulaca oleracea*) vorstellen, und zwar den, der unbemerkt und ungesehen in Rosenbeeten, zwischen Weinreben oder gar Gemüsepflänzchen auf der nackten Erde dahinwächst und äußerst selten entdeckt wird.

Die einjährige Pflanze hat keine Grundblätter und bildet eine niederliegende bis etwas aufsteigene, selten aufrecht wachsene Erscheinung mit runden, oft rot überlaufenen, fleischigen, weit verzweigten Stängeln, die fast nur an den Triebenden und um die Verzweigungen des Stieles mit fast gegenständigen, ungeteilten, fleischigen Blättchen bewachsen sind. Im Zentrum dieser „grünen Quirle" sitzen die Blüten. Sie sind relativ klein und gelb und erinnern mich in ihrer Fleischigkeit an die Blüten der Mittagsblumen im Mittelmeergebiet. Sie entwickeln sich zu eigenartig aussehenden, fleischigen, grünen, „nüsschenartigen" Samenkapseln. Eine kurze, weit verzweigte Wurzel erschließt selbst sandige Böden und versorgt die Pflanze, bis sie im Herbst erfriert.

Gemüseportulak besiedelt trockene, sandige Ruderalflächen (Wegränder, Pflasterfugen) und nährstoffreiche Hackkulturen (Gärten, Weinberge).

Pflückhinweise und Sammeltipps

Suchen Sie den Gemüseportulak auf offenen Erdflächen, die trocken sind und von der Sonne aufgeheizt werden, also an den Rändern von Weinbergen, in Rosenkulturen. Die Verbreitung des Gemüseportulaks ist auch in Südeuropa gegeben, das heißt für uns Wildkräutersammler, dass wir unter Umständen auch im Urlaub einen leckeren und nahrhaften Salat aus Selbstgesammeltem servieren können.

Traditionelle Verwendung und Heilanwendung nach Hildegard

Auch für mich war diese Pflanze eine absolute Neuentdeckung, als ich an einem schönen Frühsommertag mit meiner Tochter die blühenden Rosenbeete im Wiener Donaupark bewunderte. Dabei fielen mir türkische Frauen auf, die zwischen den Beeten unscheinbare, am Boden kriechende Pflanzen pflückten, um sie sodann in große Plastiktaschen zu stopfen. Aus meiner Erfahrung weiß ich, dass eine solche Begegnung immer sehr lehrreich sein kann, denn gerade unsere türkischen Mitmenschen sammeln und verarbeiten noch sehr viele Wildkräuter. Also erkundigte ich mich bei den Frauen nach dem Namen und der Verwendbarkeit der Pflänzchen: „Semizotu", sagten sie mir.

Mit dem türkischen Namen konnte ich zwar nichts anfangen, aber die Verwendbarkeit von Semizotu schien mir interessant: Frisch und roh als Salat mit Joghurt und Zitronensaft, gekocht wie Spinat, allerdings statt der Einbrenn mit Joghurt versetzt. Meine Tochter kaute bereits begeistert an den dickfleischigen, länglichen Blättchen und lobte deren sauren und saftigen Geschmack. Nun denn. Mit einem Armvoll Gemüseportulak machten wir uns auf den Heimweg, bereit zu experimentieren und vor allem die Pflanze einmal genau zu bestimmen. Und siehe da: Meine Recherchen ergaben, dass dieses von mir als exotisch und selten betrachtete Pflänzchen noch vor hundert Jahren bei uns als wichtige „Spinatpflanze" kutiviert und verwendet wurde. Erst seit Einzug der Tiefkühlkost ist „Spinat" aus „Spinat". Die großen Blätter können bequem maschinell verarbeitet werden. Vorher war „Spinat" eigentlich Kochgemüse, das aus den verschiedensten Blättchen bestehen konnte. Nicht nur die Familie der Gänsefußgewächse (aus der „Spinat", aber auch die „Weiße Melde" und der „Gänsefuß" kommen), sondern auch die Familie der Amarantgewächse („Fuchsschwanz" und Co.), die Knöterichgewächse (Ampfer, Sauerampfer, aber auch Wiesenknöterich und Co.) und nicht zuletzt die Portulakgewächse wurden zu diesem Zweck kultiviert und auch in Wildsammlung beerntet.

Also hatte ich mit dem Gemüseportulak „Kulturgut" wiederentdeckt.

Seit diesen Tagen entdecken meine − noch immer von ihm begeisterte − Tochter und ich des öfteren schöne Bestände des Gemüseportulaks, die wir gene beernten. Ihn durch Pflänzchen oder vor Ort gesammelten Samen in unseren Garten einzubürgern, ist uns bisher noch nicht gelungen.

Unsere türkischen Freunde haben mir noch ein ganz besonderes Portulakrezept zukommen lassen, das Sie im Folgenden nachlesen können.

Als Saatgut zu kaufen, gibt es ein zu unrecht „Portulak" benanntes Wintergemüse, botanisch richtig benannt wäre diese Pflanze eigentlich mit „Tellerkraut" (*Claytónia perfoliáta*), zwar zur Familie der Portulakgewächse gehörig, doch eine andere Gattung und trotz vieler gemeinsamer Merkmale ein völlig anderes Erscheinungsbild.

Zuordnung und Anwendung nach TCM
Thermische Wirkung: kühl;
Organzuordnung: Magen, Dickdarm;
Geschmack: leicht sauer, süß, salzig; Element: Holz, Erde, Wasser;
Funktionen: tonisiert das Yin, beruhigt Leber- und Magen-Feuer, klärt
Hitze in der Blut- und Qi-Schicht, leitet Feuchte – Hitze aus der Blase aus.

Verwendung in der Wildkräuterküche
Wie schon erwähnt, ist der Gemüseportulak ein traditionell verwendetes
und auch in südlichen Ländern weit verbreitetes Wildgemüse.

Sein Geschmack ist leicht säuerlich, und die saftig-fleischigen, etwas
schleimigen Triebe ergeben ein ganz besonderes Essgefühl.

Die Schösslinge, Blätter und Stängel werden vor der Blüte roh zu Salaten und Kräutertatars verwendet, sie würzen angenehm säuerlich. Gegart, eignen sie sich als Gemüse, Spinat oder als Beigabe zu Suppen, die
mit Gemüseportulak leicht eingedickt werden können.

Die getrockneten Samen, welche die Pflanze schon im Juli reichlich
produziert, werden traditionell als Beigabe zu Mehl verwendet. Die Blättchen lassen sich zu eingelegtem Gemüse verarbeiten, indem sie in Salz-
lake oder Essig eingelegt werden. Auch die Blütenknospen finden eine
derartige Verwendung als falsche Kapern.

Meiner Meinung nach ist der Gemüseportulak ein geschmacklich sehr interessantes Pflänzchen, das die Mühe des Suchens und Kennenlernens lohnt.

Meine Lieblingsrezepte

GEMÜSEPORTULAK-SUPPE *

2 EL Butter
4 EL Weizenmehl
500 ml Wasser
250 ml Schlagobers
Salz und Muskat
evtl. Galgant

Aus der zerlassenen Butter und dem Mehl eine lichte Einbrenn bereiten,
die mit Wasser gelöscht und zu einer glatten Suppe verrührt wird. Die Gewürze beifügen, die Suppe einige Minuten köcheln lassen und dann zum
Abkühlen für einige Minuten beiseite stellen. In die esswarme Suppe den
feingehackten Portulak einrühren und diesen ohne neuerliches Aufkochen mit Croûtons servieren. (Vorsicht! Bei zu heißen Temperaturen wird
der Portulak unappetitlich braun!)

RÄUCHERLACHS MIT MOUSSE AUS PORTULAKBLÄTTERN

250 ml süßer Rahm
3 Handvoll Portulaktriebe
1 TL Kren (Meerrettich)
Salz und Pfeffer
Räucherlachs

Den gekühlten Rahm steif schlagen und mit den gewaschenen, fein gehackten Portulaktrieben und dem Kren mischen. Mit Salz und Pfeffer
abschmecken. Die Masse anschließend in eine kleine Schüssel füllen und
kühl stellen. Nach dem Festwerden mit einem im heißen Wasserbad er-
wärmten Löffel Kugeln ausstechen, die auf den auf Portionstellern an-

gerichteten Räucherlachs gesetzt werden. Die Teller zuletzt mit Portulaktrieben garnieren.

Das Mousse passt auch gut zu Roastbeef.

TÜRKISCHES „PÜRPÜRÜM" *

Gemüseportulak waschen, klein hacken und in einen Topf mit kochendem Wasser einlegen. Nach einer Kochzeit von etwa 10 Minuten vom Herd nehmen und abseihen. Den Portulak sofort mit kaltem Wasser waschen und zum Abtropfen beiseite stellen.

In den Topf noch einmal so viel Wasser füllen, dass der Boden bedeckt ist, und aufkochen, den Portulak nochmals einlegen, etwa 5 Minuten kochen lassen, die Weizengrütze einrühren und den Topf von der Hitze nehmen. Dann in einer Pfanne die klein geschnittene Zwiebel in der zerlassenen Butter glasig anlaufen lassen, die Portulak-Weizengrütze-Mischung beifügen und alles zusammen nochmals 5 Minuten köcheln lassen. Nach Geschmack salzen und mit Joghurt und Knoblauch abschmecken.

8 große Handvoll Gemüseportulak
4 EL Butter
2 EL Weizengrütze
1 kleine Zwiebel
150 ml Joghurt
2 Knoblauchzehen, fein gehackt
Salz

FEINER SALAT AUS FRÜCHTEN UND PORTULAK*

Die Birnen und den Apfel schälen, achteln, die Kerngehäuse entfernen und mit Zitronensaft beträufeln. Den Honig in einer Pfanne erhitzen, die Spalten einlegen und auf jeder Seite etwa 2 Minuten ziehen lassen. Die Birnen dann aus dem Honigsirup herausnehmen und die Walnüsse einlegen, die solange darin gekocht werden, bis sie vom eingedickten Sirup umhüllt sind. Den Chicoréesalat als unterste Lage auf einem großen Teller anrichten und mit der fertig gemischten Salatsauce beträufeln.

Nun die mundgerecht geteilten und gewaschenen Portulaktriebe darauf verteilen, mit der Salatsauce beträufeln und zum Schluss folgen die Obstspalten und die Käsescheiben. Zuletzt die glasierten Nüsse über den Salat streuen.

Lassen Sie sich von dieser sauer-süßen Kreation überraschen, vielleicht wird es ja Ihr Lieblingssalat.

3 aromatische Birnen
3 EL Zitronensaft
1 Apfel
2 Chicorée, in etwa 1 cm breite Streifen geschnitten
6 EL Honig
1 Handvoll Walnusshälften
1–2 Handvoll Blättchen und Triebe vom Gemüseportulak
2 EL Weißweinessig
3 EL kaltgepresstes Sonnenblumenöl
1 Prise Salz
200 g Ziegenkäse, in dünne Scheiben geschnitten

PRINZESSKARTOFFELN MIT PESTOHÄUBCHEN VOM PORTULAK*

Die geschälten und geviertelten Kartoffeln in Salzwasser kernig kochen, abschütten und auf einem Backblech verteilen, dass sie im heißen Backrohr etwa 15 Minuten „trocknen" können. Anschließend werden sie durch die Flotte Lotte püriert und in die sehr heiße Masse die Eidotter, Butter, Salz und Muskat zügig einarbeiten. Nun die Masse zum Abküh-

600 g mehlige Kartoffeln
2 Eidotter
20 g Butter, Salz
Muskat

len beiseite stellen. Wenn sie ausgekühlt ist, die Masse in einen Spritz-sack (mit Sterntülle) füllen und auf das mit Backpapier belegte Blech portionsweise aufspritzen, mit Eiklar bestreichen und bei 180 °C im Rohr goldbraun backen.

Aus den frisch gezupften Portulaktrieben in der Zwischenzeit ein Pesto zubereiten, indem die Triebe feinnudelig geschnitten und vorsichtig mit etwas Salz und Speiseöl vermischt werden.

Achtung!

Bei der Verarbeitung von Portulak ist keine Mörserverarbeitung zu empfehlen, da die Pflanze sonst schleimig wird! Das Schneiden genügt und erhält den knackig-frischen Biss.

Die frisch gebackenen Prinzesskartoffeln werden mit einem Pes-tohäubchen versehen und serviert. Gut dazu passt Räucherfisch.

Ein duftendes Wunder

Gundelrebe,
Glechoma hederacea
Wiese, Rasen

Botanische Merkmale und Standortbeschreibung

Die Gundelrebe gehört zu den Lippenblütengewächsen. Ihr vierkantiger, behaarter Stängel kriecht am Boden und steigt am Blütenende aufrecht in die Höhe. Die Blätter sind kahl, gestielt, nierenförmig und am Blattrand gekerbt. Sie sind sehr stark mit Blattadern durchzogen, und die Blatt-flächen zwischen den Adern wölben sich stark. In den Blatt-achseln stehen im Frühsommer hellblau-violette Lippen-blüten in Scheinquirlen. Ganz charakteristisch ist der stark balsamisch-aromatische Geruch, der beim Drücken der Blätter frei wird und sehr ungewöhnlich ist.

Die Gundelrebe liebt feuchte, nährstoffreiche Böden. Man findet sie oft als einzige Pflanze im Rasen unter schattigen Bäu-men. Sie ist aber auch in Wäldern und Auwäldern anzutreffen.

Pflückhinweise und Sammeltipps

Beim Pflücken der Gundelrebe ist sehr auf die gute Qualität des Stand-ortes zu achten; sie ist nährstoffliebend und bevorzugt und wächst – wie auch die Brennnessel – oft an Stellen, die zum Ernten, da verunreinigt

oder anderweitig belastet, ungeeignet sind. Suchen Sie sich am besten
eine schattige Stelle im Garten oder auf einer Waldwiese unter Bäumen.

Traditionelle Verwendung und Heilanwendung nach Hildegard

Als immergrüne Pflanze kann die Gundelrebe als appetitanregendes,
blutreinigendes und verdauungsstärkendes Gewürzkraut für Suppen, Salate, Gebratenes und Fettes ganzjährig gesammelt werden.

Ähnlich wie ihre nahen Verwandten, die Minzen, Zitronenmelisse, der
Thymian und der Salbei, enthält auch die Gundelrebe viel ätherisches
Öl, welches ihren stark balsamischen, sehr ungewöhnlichen Duft bedingt.

Die ätherischen Öle lösen sich am besten in Fett, daher empfiehlt es
sich für Heilzwecke, die Blättchen in heißer Milch ziehen zu lassen. Gun-
delrebenmilch wirkt schleimlösend und ist bei Bronchitis, Schnupfen und
Schleimhautentzündungen sehr heilsam.

Die Germanen betrachteten die Gundelrebe als wertvolle Heilpflanze,
wo sie vorkam, wusste man, dass gute Hausgeister und positive Aus-
strahlungen vorhanden waren.

Die Gundelrebe galt im Mittelalter als mächtige Heilpflanze: Hildegard von Bingen empfiehlt sie als Kompresse bei Ohrensausen, Schild-
drüsenvergrößerung und bei Katharren.

Auch wird ihr eine blutreinigende und bluttreibende Wirkung zugeschrieben. In der Frauenheilkunde wird sie wegen ihrer bluttreibenden
Wirkung zum Anregen der Monatsblutung oder zum Nachgeburtsanre-
gen, aber auch zur Hormonregulierung eingesetzt. Vorsicht im Gebrauch
ist daher bei Schwangeren angebracht.

Ein weiteres wichtiges Einsatzgebiet zur damaligen Zeit waren eiternde
Wunden und Geschwüre, daher ist auch ihr Name begründet: „Gund"
bedeutet im Althochdeutschen „Eiter".

Auch heute noch können Krankheiten, die mit Eiterbildung im Körper zu tun haben, mit der Gundelrebe behandelt werden. Am besten
verwenden wir dazu die Pflanze frisch!

In der Volksheilkunde wurde die Gundelrebe als stärkendes Gewürz
verwendet, aber auch zur Behandlung von Müdigkeit, Gicht und Rheuma
sowie zur Blutreinigung, Entsäuerung und zur Förderung der Blutbildung
wurde sie gemeinsam mit der Schafgarbe als Frühjahrskur eingesetzt.

In überlieferten Rezepten für Frühlingssuppen, die entschlackend und
kräftigend wirken, ist die Gundelrebe immer dabei. So beispielsweise in
der „Sieben Kräutersuppe" aus Tirol: Schafgarbe, Scharbockskraut, Vogelmiere, Beifuß, Knoblauchrauke und Giersch werden mit Gundelrebe
verkocht. Ebenso in der „Gründonnerstagssuppe" aus Gutem Heinrich,
Sauerampfer, Gänseblümchen, Brennnessel, Spitzwegerich und Vogel-

miere. In „Alexander von Humboldts 9-Kräutersuppe" sind es Löwenzahn, Wegerich, Sauerampfer, Schafgarbe, Vogelmiere, Giersch, Knoblauchrauke und Brennnessel, die zusammen mit der Gundelrebe eine kräftigende und heilende Frühjahrssuppe ergeben.

Zu unrecht ist ihre Verwendung in der heutigen Zeit völlig in Vergessenheit geraten. Lediglich ältere Menschen erinnern sich noch an die umfassende Heilwirkung der kleinen, duftenden Blättchen.

Die Bitterstoffe und Saponine regen die Verdauung an und stärken Herz und Leber.

Gundelrebe als Tee oder Salatbeigabe soll die Bleiausschwemmung aus dem Körper fördern.

Heilöl, aus den Blättchen der Gundelrebe hergestellt, indem diese mit wenig Weizenkeimöl in einem Glas mit Schraubverschluss über einige Wochen in die Sonne gestellt werden, lässt harte und hartnäckige Narben weich und geschmeidig werden und verblassen. Auch zur Behandlung von Hautkrankheiten kann es verwendet werden.

Als Badekraut hat die Gundelrebe lange Tradition, vor allem zur Kräftigung von Nerven, Muskeln und Gelenken. Auch bei Blasen- und Nierenkrankheiten, bei Gicht und Rheuma ist die Gundelrebe, innerlich und äußerlich als Bad angewendet, empfehlenswert.

Gundelrebenbad: 5 Handvoll Gundelrebenkraut werden in etwa 5 l Wasser gekocht und dem Badewasser beigefügt.

Gundelrebenbad nach Art der Kräuterfee: 3 Handvoll Gundelrebe werden in 250 ml Schlagobers und 2 l Wasser aufgekocht, abgeseiht und dem Badewasser beigefügt.

Übrigens: Eine Überlieferung besagt, dass derjenige, der die ersten drei Gundelrebenblätter, die er im Frühling findet, pflückt und an Ort und Stelle verspeist, ein ganzes Jahr lang gesund bleibt.

Zuordnung und Anwendung nach TCM
Thermische Wirkung: warm;
Organzuordnung: Lunge, Dickdarm, Blase;
Geschmack: scharf, leicht bitter; Element: Metall, Feuer;
Funktionen: tonisiert das Lungen-Qi, wirkt Feuchtigkeit in der Lunge und im Unteren Erwärmer entgegen.

Verwendung in der Wildkräuterküche
Die Gundelrebe eignet sich besonders gut als Gewürzkraut; als Wildgemüse ergibt sie wegen ihrer relativ kleinen Blättchen zu wenig Masse, sie kann jedoch als Beikraut mitgesammelt werden.

Zur Verbesserung von Suppen, Eintöpfen und Fleischspeisen ist die Gundelrebe wie geschaffen. In großen Mengen wurde sie Speisen aus

Lamm- und Ziegenfleisch beigefügt, um den schöpsernen Geschmack zu harmonisieren.

Die frischen, jungen Blättchen können in Salate gemischt und in Suppen gestreut werden. Wegen der Fettlöslichkeit der ätherischen Öle fixiert sich das Aroma der Gundelrebe besonders gut in Butter, Topfen oder Sauerrahm. Blättchen und Blüten werden deshalb zum Würzen von Kräuterbutter, Aufstrichen aus Topfen oder Sauerrahm, Frischkäse oder Kräutersaucen verwendet.

In Tirol wird sie traditionell zum Würzen der berühmten Tiroler Knödel verwendet. Bis ins 17. Jahrhundert fand die Gundelrebe regen Verbrauch als Biergewürz.

Ich persönlich liebe die Gundelrebe zum Würzen von gedünstetem Gemüse und stelle aus ihr oft eine würzige Kräuterbutter her. Im Frühling ist sie eine der ersten Pflanzen, die von uns gesammelt wird und mit ihrem wunderbaren Aroma unsere Frühlingsgerichte bereichert.

Meine Lieblingsrezepte

BLÜTENWASSER *

Ein köstliches kalorienfreies Getränk ergibt sich, wenn frische Kräuter, besonders Blüten für einige Stunden, besser über Nacht, in Trinkwasser oder Mineralwasser gelegt werden. Viele Aromastoffe lösen sich im Wasser und bringen erstaunlichen Geschmack mit.

GUNDELREBEN-GEWÜRZSALZ *

Einige Handvoll Gundel-
rebenblättchen und
-triebe, gut getrocknet
250 g Meersalz

Zum Trocknen geerntet werden die Pflanzenteile am besten während der Blühphase.

Die Gundelrebe mit dem Salz in einer großen Schüssel händisch oder maschinell (Stabmixer) zerkleinern und anschließend in gut schließende Gläser mit Schraubverschluss füllen.

Gundelrebensalz eignet sich hervorragend zum Würzen von fettem Fleisch, Kartoffelgerichten und Kräuterbutter.

GUNDELREBEN-SPÄTZLE *

300 g Vollkornmehl
4 Eier
125 ml Wasser
Salz
10 EL Blättchen und
junge Triebe der
Gundelrebe
6 EL Butter oder Öl

Die Gundelrebe grob hacken, in der zerlassenen Butter dünsten, abseihen und zum Abkühlen beiseite stellen. In der Zwischenzeit aus Mehl, Eiern, Wasser und Salz einen glatten, relativ festen Teig herstellen und nun die abgekühlten, feinst gehackten und gut ausgedrückten Gundelreben beifügen. Den Teig mit Salz abschmecken und in einen großen Topf mit wallend kochendem, leicht gesalzenem Wasser spätzeln. Wer keinen Spätzler hat, kann die Spätzle auch mit einem Löffel ausstechen.

Nach einer Kochzeit von 3–5 Minuten die Spätzle abgießen und mit Butterflocken servieren.

Sie passen gut zu kurz angebratenem Fleisch oder gedünstetem Gemüse, sind aber auch eine vollwertige Hauptspeise.

GUNDELREBEN-GUACAMOLE *

(in Anlehnung an das südamerikanische Rezept)

2 weiche Avocados
1 Handvoll feingehackte
Gundelrebe
Salz und Zitronensaft
nach Geschmack

Das Avocadofleisch aus den Schalen lösen und in einer Schüssel mit der Gabel zerdrücken. Die feingehackte Gundelrebe beifügen und nach Geschmack würzen, es kann auch noch Chili beigefügt werden.

Gundelreben-Guacamole passt gut zu kaltem Fleisch, Ofenkartoffeln oder in Sandwiches.

Löwenzahn, *Taraxacum officinale*

Wiese, Rasen

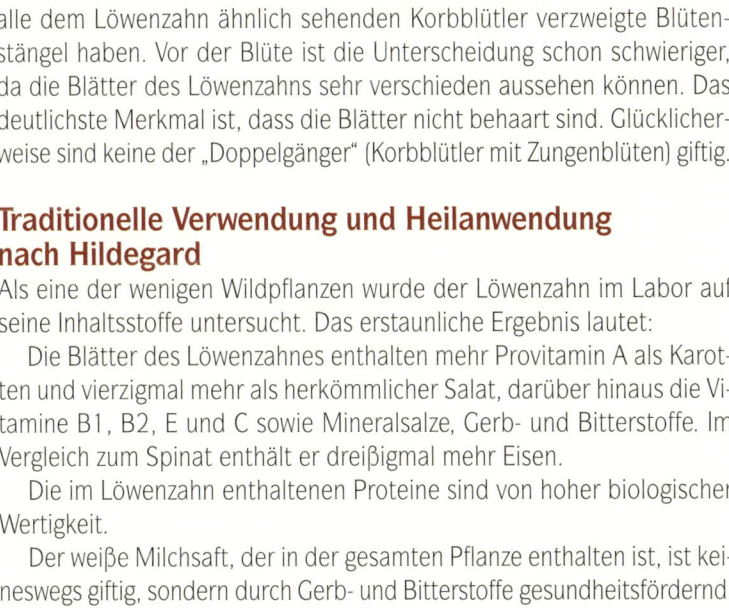

Salat vom Feinsten

Botanische Merkmale und Standortbeschreibung

Besonders in den Weinbergen und auf den Wiesen leuchten im Mai die gelben Löwenzahnblüten mit der Sonne um die Wette und laden zur Löwenzahnernte ein.

Der Löwenzahn hat eine pfahlförmige Wurzel, aus der lanzettförmige, mehr oder weniger tief eingekerbte Blätter wachsen, die eine bodennahe Rosette bilden. Die ganze Pflanze enthält einen weißen Milchsaft. Die gelben Korbblüten, die auf einem unverzweigten, hohlen Stängel sitzen, verwandeln sich alsbald in graue Kugeln (Pusteblumen), deren Samen vom Wind verweht werden.

Pflückhinweise und Sammeltipps

Seit mehreren Jahrtausenden wird diese Pflanze vom Menschen gesammelt und dies hat sich bis heute nicht geändert. Die Rosetten des Löwenzahns werden am bequemsten mit einem scharfen Messer knapp über der Wurzel abgeschnitten.

Während der Blütezeit ist eine Verwechslung nahezu unmöglich, da alle dem Löwenzahn ähnlich sehenden Korbblütler verzweigte Blütenstängel haben. Vor der Blüte ist die Unterscheidung schon schwieriger, da die Blätter des Löwenzahns sehr verschieden aussehen können. Das deutlichste Merkmal ist, dass die Blätter nicht behaart sind. Glücklicherweise sind keine der „Doppelgänger" (Korbblütler mit Zungenblüten) giftig.

Traditionelle Verwendung und Heilanwendung nach Hildegard

Als eine der wenigen Wildpflanzen wurde der Löwenzahn im Labor auf seine Inhaltsstoffe untersucht. Das erstaunliche Ergebnis lautet:

Die Blätter des Löwenzahnes enthalten mehr Provitamin A als Karotten und vierzigmal mehr als herkömmlicher Salat, darüber hinaus die Vitamine B1, B2, E und C sowie Mineralsalze, Gerb- und Bitterstoffe. Im Vergleich zum Spinat enthält er dreißigmal mehr Eisen.

Die im Löwenzahn enthaltenen Proteine sind von hoher biologischer Wertigkeit.

Der weiße Milchsaft, der in der gesamten Pflanze enthalten ist, ist keineswegs giftig, sondern durch Gerb- und Bitterstoffe gesundheitsfördernd.

Der im Frühjahr noch angenehm bittere Geschmack regt den gesamten Verdauungsapparat an; Leber, Galle, Milz, Bauchspeicheldrüse und auch die Nieren werden gestärkt. Löwenzahnsalat ist daher bestens als Frühjahrskur geeignet, da er blutreinigend und harntreibend wirkt, die Leber aktiviert und den gesamten Organismus kräftigt.

Der Blütenstaub des Löwenzahnes enthält besonders viele Spurenelemente, die als Sirup konserviert werden können und ein hervorragendes Stärkungsmittel bei Erkältungen und geschwächtem Immunsystem ergeben. Aus den Blütenköpfen lässt sich auch ein Tee von dunkelgelber Färbung herstellen.

Die Löwenzahnwurzel ist besonders im Herbst reich an Inulin, ein von Zuckerkranken gut verträgliches Kohlenhydrat. In unserer Heimat gilt der Löwenzahn als zähe und widerstandsfähige Pflanze und wird in der Heilkunde zur Unterstützung dieser Eigenschaften beim Menschen angewandt! Kein Wunder, wächst er doch tapfer und ungebrochen aus jeder Ritze und Fuge!

Zuordnung und Anwendung nach TCM

Thermische Wirkung: kalt;
Organzuordnung: Leber, Magen;
Geschmack: bitter, süß; Element: Metall, Erde;
Funktionen: tonisiert das Milz-Qi, wirkt Qi-Stagnationen und aufsteigendem Leber-Yang entgegen, kühlt Leber-Feuer, leitet Feuchte – Hitze aus.

Verwendung in der Wildkräuterküche

Löwenzahn ist in unseren Breiten mit Sicherheit der bekannteste unter den Wildpflanzensalaten – und einer der besten!

Jene, die den in der Steiermark traditionell zur Osterzeit aufgetischten „Röhrlsalat mit Kernöl" kennen, wissen, von welchen kulinarischen Köstlichkeiten wir hier sprechen.

Die vitaminreichen Blätter schmecken umso milder und zarter, je jünger sie gepflückt werden, und lassen sich zu wunderbaren Salaten verarbeiten.

Sie können aber durchaus das ganze Jahr über verzehrt werden. Zarte junge Blätter finden sich auch im Sommer in der Mitte der Blattrosette und werden in kleinen Mengen als Salatbeigabe verwendet. Ältere Blätter sind, wie Spinat gegart, besser verdaulich.

Die Blüten, aus denen sich ein vom Bienenhonig kaum unterscheidbarer Sirup und andere Süßigkeiten herstellen lassen, werden je nach Höhenlage zwischen Mai und Juli gesammelt.

Der Blütenstaub des Löwenzahnes ist ein hochwertiges Nahrungsmittel, das verlorengeht, wenn die Blüten gewaschen werden!! Verwenden Sie daher saubere, aber ungewaschene Blüten!

Aus den gelben Blütenköpfen lässt sich auch ein Tee von dunkelgelber Färbung herstellen.

Die Blütenknospen des Löwenzahns gelten bei erfahrenen Wildkräutergenießern als besondere Delikatesse. Sie werden, in Butter geröstet, als Suppeneinlage bzw. Salatverzierung genossen. In Essig eingelegt, können sie wie Kapern verwendet werden.

Die Löwenzahnwurzel wird besonders im asiatischen Raum als Wurzelgemüse geschätzt und angebaut. In Japan werden die Wurzeln roh, gekocht oder ausgebacken gegessen.

Die rohen Wurzeln können auch gerieben und mit Olivenöl und Topfen als Brotaufstrich zubereitet werden. Tradition hat in Mitteleuropa der Kaffee aus den getrockneten, gerösteten Wurzeln.

Meine Lieblingsrezepte

EINGELEGTE LÖWENZAHN-BLÜTENKNOSPEN *

Aus den Gewürzen und dem Essig eine Mischung herstellen, die etwa 10 Minuten köcheln sollte. Die frisch gepflückten Blütenknospen mit dem heißen Gewürzessig übergießen und zum Abkühlen beiseite stellen. Dann das Salz hinzugeben und alles in gut verschließbare Gläser füllen. Eine Woche lang die „Kapern" zum Ziehen in der Küche stehen lassen, dann sind sie zum Verzehr bereit.

200 g Blütenknospen
300 ml Weinessig
5 Gewürznelken
1 TL Senfkörner
1 Prise Salz

Zur Herstellung von Blütenkapern eignen sich alle essbaren Blütenknospen. Besonders schmackhaft sind Kapern aus Gänseblümchen-, Löwenzahn- und Bärlauchknospen. Selbstverständlich können Sie auch Blütenknospen von Gartenpflanzen dazu heranziehen, beispielsweise Schnittlauchblüten- oder Kapuzinerkresseknospen. Um die jeweils charakteristischen Geschmacksnuancen zu erhalten, würde ich Ihnen empfehlen, die Knospen der verschiedenen Pflanzenarten nicht zu mischen.

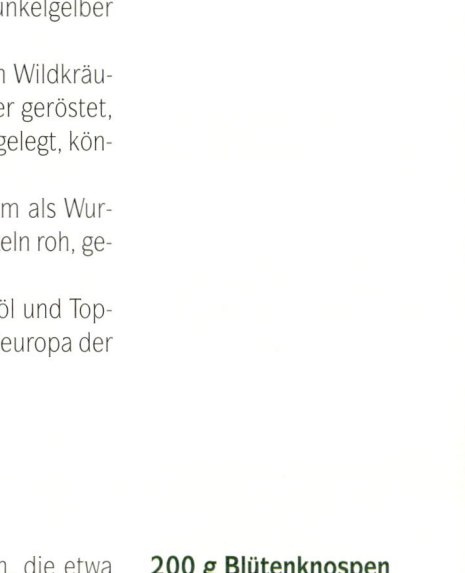

FRITTIERTE LÖWENZAHNBLÜTEN*

Teig:
2 Eier
5 EL Vollkornmehl
etwas Wasser
eine Prise Salz
5 EL Honig
Butter oder Öl zum Ausbacken, eine Handvoll schön erblühter Löwenzahnblüten

Aus Eidottern, Mehl, Wasser, Salz und Honig einen Rührteig bereiten, den Eischnee beifügen. Zum Schluss die (ungewaschenen!!!) Blüten in den Teig mischen.

Die Butter in der Pfanne erhitzen und löffelweise die Teig-Blüten-Mischung ins heiße Fett geben

Die Kücherln goldbraun backen und mit Löwenzahnhonig beträufelt servieren!

TIRAMISU MIT LÖWENZAHN-KARAMELL UND LÖWENZAHNCREME*

Löwenzahn-Karamell:
500 g Löwenzahnwurzeln
100 g brauner Zucker
250 ml Wasser
etwas abgeriebene Orangenschale (unbehandelt)
Löwenzahncreme:
3 Eigelb
80 g Löwenzahnhonig
1 EL Zitronensaft
100 g frische, ausgezupfte Löwenzahnblüten
400 g Mascarpone
Biskuitteig:
4 Eier
125 g Zucker
125 g Dinkelmehl

Löwenzahn-Karamell: Die geernteten Löwenzahnwurzeln gründlich abbürsten, 2–3 Tage trocknen lassen und dann in Stücke schneiden. In einer Pfanne mit dem Zucker karamellisieren. Mit dem Wasser bedecken und zugedeckt etwa 30 Minuten ziehen lassen. Anschließend durchseihen und abkühlen lassen.

Löwenzahncreme: Eigelb, Zitronensaft und Löwenzahnhonig im heißen Wasserbad etwa 10 Minuten zu einem dicken Schaum schlagen. Die ausgezupften Löwenzahnblüten unterrühren und den vorher durchgemischten Mascarpone unterheben.

Biskuitteig: Eier und Zucker in einer Schüssel schaumig schlagen. Nach und nach das Mehl unterrühren, bei Bedarf etwas Wasser beifügen. Den Teig in ein gebuttertes Backblech gießen und im vorgeheizten Backrohr bei 180 °C etwa 20 Minuten backen. Auskühlen lassen und in der benötigten Größe schneiden.

Nun eine Auflaufform mit einer Lage Biskuit auslegen, gleichmäßig mit dem Löwenzahn-Karamell beträufeln. Eine Schicht Löwenzahncreme darüber verteilen, so dass alles gut bedeckt ist. Nun folgt wieder eine Schicht Biskuit. Auf diese Weise fortfahren, bis die Zutaten aufgebraucht sind. Die Abschlussschicht bildet die Löwenzahncreme. Das Tiramisu über Nacht gut gekühlt ziehen lassen und mit Löwenzahnhonig beträufelt servieren.

STEIRISCHER RÖHRLSALAT MIT KERNÖL*

300 g Löwenzahnblätter
1 kg Kartoffeln
Most- oder Apfelessig
Salz
Pfeffer
3 EL Kürbiskernöl

Die gewaschenen Löwenzahnblätter klein schneiden, abtropfen lassen und in eine Schüssel geben. Die gekochten Kartoffeln schälen, blättrig schneiden und noch heiß über den Löwenzahn schichten. 10 Minuten ziehen lassen. Nach Geschmack die Marinade bereiten, diese mit dem Kernöl über den Salat geben, durchmischen und nochmals kurz ziehen lassen. Der Salat kommt noch warm auf den Tisch und wird mit gekochten Eiern garniert.

LÖWENZAHNBLÜTENSIRUP*

Die Löwenzahnblüten nach der Ernte etwa eine Stunde in die Sonne legen und anschließend mit den in Scheiben geschnittenen Zitrusfrüchten, dem Zucker und dem Wasser 20 Minuten kochen. Den Sirup abseihen und die Blütenreste gut auspressen. Den noch warmen Löwenzahnsirup in saubere Flaschen füllen und, gut verschlossen, lichtgeschützt aufbewahren. Zur Geschmacksabrundung kann jeder Flasche ein blühender Thymianzweig beigefügt werden.

365 schön erblühte Löwenzahnblüten (für jeden Tag des Jahres eine)
3 Orangen und 2 Zitronen mit unbehandelter Schale
1 ½ l Wasser
1 kg Zucker

DEFTIGER LÖWENZAHNSALAT

Die Löwenzahnblätter waschen und abtropfen lassen. Den würfelig geschnittenen Speck auslassen, das Fett abschöpfen. Die Kartoffeln kochen, schälen, heiß in Scheiben schneiden. In einer Salatschüssel Essig, Öl und Salz gut verrühren und die Kartoffelscheiben hineingeben und bis zum Abkühlen ziehen lassen.

Dann die Löwenzahnblätter grob rupfen, mit der gehackten Zwiebel zu den Kartoffeln geben und vorsichtig unterheben. Mit den hartgekochten Eiern und den Tomatenscheiben garnieren und zuletzt mit den Speckwürfeln bestreuen.

Servieren Sie dazu Butterbrot.

200 g Löwenzahnblätter
2 mittelgroße Kartoffeln
50 g Speck
2 hartgekochte Eier, in Scheiben geschnitten
2 Tomaten, in Scheiben geschnitten
1 feingehackte Zwiebel
Salatsauce:
2 EL Weinessig
5 EL Olivenöl, kaltgepresst
Kräutersalz nach Geschmack

LÖWENZAHNBLÜTENHONIG*

1 l Löwenzahnblüten, im Sonnenschein geerntet
1 l Wasser
3 Zitronenscheiben
1 kg brauner Zucker
¼ Vanillestange, der Länge nach aufgeschnitten
3–4 Kumquats, in Scheiben geschnitten

Diese Kreation aus Löwenzahnblüten und Zucker zeichnet sich durch ein fabelhaftes Aroma aus und ist von echtem Bienenhonig nicht zu unterscheiden. Deshalb wird er im Volksmund als Honig bezeichnet.

Die (keinesfalls gewaschenen!!!) Blütenköpfchen grob hacken und mit den Gewürzen, den Früchten, dem Wasser und 0,5 kg Zucker aufkochen und etwa 15 Minuten leicht köchelnd am Herd stehen lassen. Anschließend den entstandenen Saft abseihen, die Blütenreste gut auspressen und mit dem restlichen Zucker etwa 2,5 Stunden einkochen. Eine Gelierprobe machen, indem Sie einen Tropfen des Honigs auf ein Tellerchen geben und beobachten, ob er fest wird. Ist er noch zu dünn, muss weiter eingekocht werden. Den fertig gekochten Honig in saubere Gläser füllen und diese verschließen. Bei kühler, dunkler Lagerung ist der Löwenzahnhonig ein Jahr haltbar.

Wegerich, Breit-, Spitz-, Mittlerer-, *Plantago* sp.

Wiese, Rasen

Botanische Merkmale und Standortbeschreibung

Die Blätter des Breitwegerichs (*Plantago major*) bilden eine dicht am Boden anliegende Rosette. Sie sind breit, eiförmig und haben grobe, parallele Blattnerven. Der Mitte der Rosette entspringen auch die unauffälligen Blüten, die sich im Juni als lange, glatte, „würstelartige", grüne Stängel präsentieren. Der Breitwegerich wächst als typische „Tritt-pflanze" praktisch in jedem Rasen, aber auch häufig auf Wegen und an Wegrändern, der Spitzwegerich auf Wiesen. Im Herzen der Rosette finden sich praktisch das ganze Jahr über junge, zarte Blättchen.

Schwammerlgeschmack vom Wegesrand

Der Spitzwegerich (*Plantago lanceolata*) bildet mit seinen länglichen, grasartigen Blättern dichte Büschel, die in Wiesen wachsen. Auch seine Blätter haben die wegerichtypischen, groben, parallelen Blattnerven, die sich wie dicke Adern von der Basis bis zur Spitze des Blattes ziehen. Die Blüten des Spitzwegerichs sind auffälliger, sie haben lange grüne Stiele mit einem braunen, etwa 1 cm langen Kügelchen an der Spitze und sind in der grünen Wiese gut sichtbar.

Der Mittlere Wegerich (*Plantago media*) hat sehr breite und trotzdem lange Blätter, die eine eng am Boden anliegende Rosette bilden. Die Blättchen im Inneren der Rosette sind weich behaart und ganz zart. Er bildet die schönste Blüte aus: Auf einem langen, grünen Stängel sitzt eine lange „Walze", die lilafarbene, zarte Staubgefäße ausbildet. Die Blüte sieht wie einen längliche, lila Wolke aus.

Es gibt noch viele andere Wegerich-Arten in Europa, die jedoch eher harte und zähe Blätter haben und sich zum Gebrauch in der feinen Wild-kräuterküche schlecht eignen.

Spitzwegerich

Pflückhinweise und Sammeltipps

Als Wildgemüse am ergiebigsten ist der Mittlere Wegerich, da selbst die jungen Blätter doppelt so groß als die des Breitwegerichs sind. Sammeln Sie immer die jungen Blättchen aus der Mitte der Pflanze zum Rohver-zehr, die älteren Blättchen stechen außen. Die Blattchen können leicht abgezwickt oder geschnitten werden.

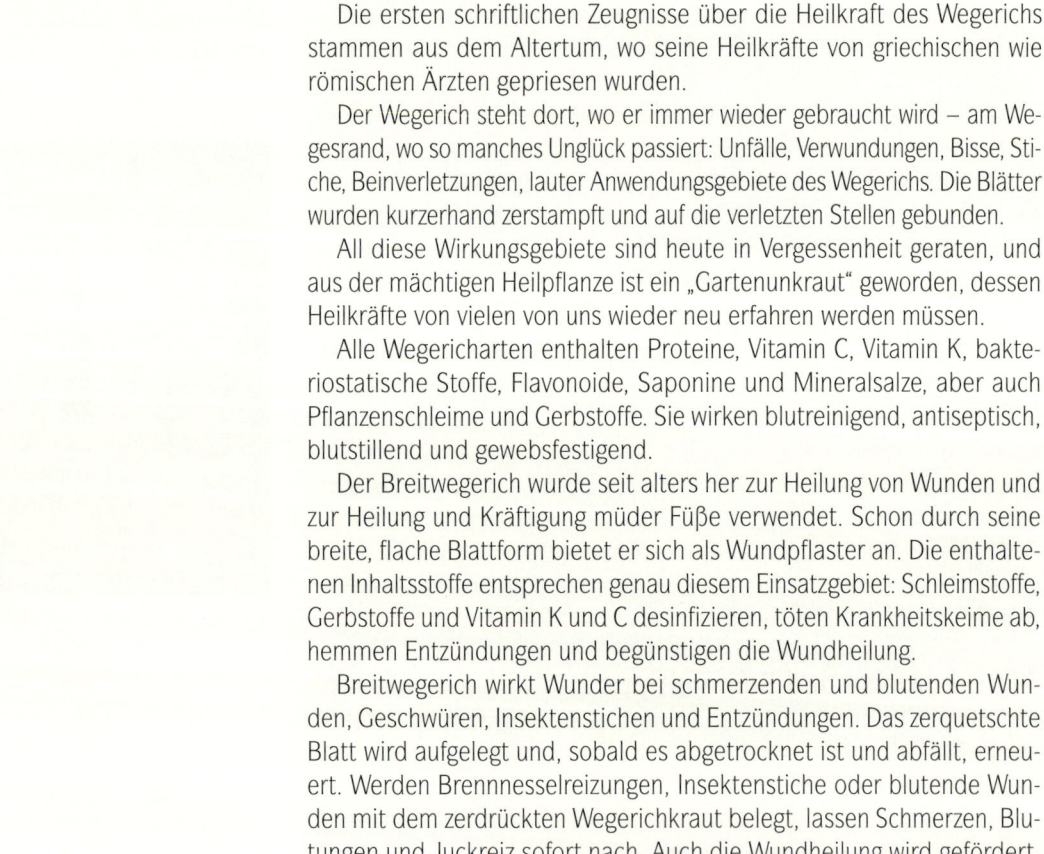

Breitwegerich

Traditionelle Verwendung und Heilanwendung nach Hildegard

Die Geschichte des Wegeriches ist eine lange, mythen- und sagenbehaftete. Für viele Naturvölker ist er ein mächtige Pflanze. Für die Germanen war dieser kleine, überall präsente Wegbegleiter des Menschen die Verkörperung der wieder ans Licht getretenen Seelen, denn sie bestatteten ihre Toten auf grasigen Wegen, dort, wo auch der Wegerich gerne wächst.

Auch die alten Griechen und die Römer glaubten, dass der Wegerich mit den Kräften der Unterwelt verbunden sei. Die magische Wegerichwurzel wurde zum Heilen gebraucht, und der „Wurzelstecher" (ein im Mittelalter üblicher Beruf) musste viele bestimmte Regeln beachten und Beschwörungssprüche wissen, um ihre übernatürlichen Kräfte zu erschließen. Lebensgefährliche Krankheiten, ja sogar die Pest sollte ein Amulett aus Wegerich heilen, die Frauen sollte er vor dem Verbluten bewahren.

Die ersten schriftlichen Zeugnisse über die Heilkraft des Wegerichs stammen aus dem Altertum, wo seine Heilkräfte von griechischen wie römischen Ärzten gepriesen wurden.

Der Wegerich steht dort, wo er immer wieder gebraucht wird – am Wegesrand, wo so manches Unglück passiert: Unfälle, Verwundungen, Bisse, Stiche, Beinverletzungen, lauter Anwendungsgebiete des Wegerichs. Die Blätter wurden kurzerhand zerstampft und auf die verletzten Stellen gebunden.

All diese Wirkungsgebiete sind heute in Vergessenheit geraten, und aus der mächtigen Heilpflanze ist ein „Gartenunkraut" geworden, dessen Heilkräfte von vielen von uns wieder neu erfahren werden müssen.

Alle Wegericharten enthalten Proteine, Vitamin C, Vitamin K, bakteriostatische Stoffe, Flavonoide, Saponine und Mineralsalze, aber auch Pflanzenschleime und Gerbstoffe. Sie wirken blutreinigend, antiseptisch, blutstillend und gewebsfestigend.

Der Breitwegerich wurde seit alters her zur Heilung von Wunden und zur Heilung und Kräftigung müder Füße verwendet. Schon durch seine breite, flache Blattform bietet er sich als Wundpflaster an. Die enthaltenen Inhaltsstoffe entsprechen genau diesem Einsatzgebiet: Schleimstoffe, Gerbstoffe und Vitamin K und C desinfizieren, töten Krankheitskeime ab, hemmen Entzündungen und begünstigen die Wundheilung.

Breitwegerich wirkt Wunder bei schmerzenden und blutenden Wunden, Geschwüren, Insektenstichen und Entzündungen. Das zerquetschte Blatt wird aufgelegt und, sobald es abgetrocknet ist und abfällt, erneuert. Werden Brennnesselreizungen, Insektenstiche oder blutende Wunden mit dem zerdrückten Wegerichkraut belegt, lassen Schmerzen, Blutungen und Juckreiz sofort nach. Auch die Wundheilung wird gefördert.

Der Spitzwegerich ist als Lungenheilpflanze noch immer bekannt, enthält er doch Stoffe, die auf unsere Lunge in komplexer Weise wirken: Schleimstoffe legen sich schützend auf die Schleimhäute und wirken reizlindernd bei Entzündungen, Vitamin K mildert Schmerzen, antibakterielle Stoffe töten schädliche Bakterien, und die Gerbstoffe festigen das Gewebe. Das im Spitzwegerich enthaltene Vitamin C wirkt stärkend, und darüber hinaus sind sicherlich noch etliche Stoffe in ihm enthalten, die die Wissenschaftler noch nicht einmal entdeckt haben. Jedenfalls ist der Spitzwegerich ein Lungen- und Bronchialheilmittel der Extraklasse. Im Spitzwegerich-Hustensaft sind alle diese Kräfte vereint und können auf genussvolle Weise heilend eingesetzt werden. Auch für Raucher und jene, die sich das Rauchen abgewöhnt haben, ist der Saft zu empfehlen, da er die Lungen reinigt und stärkt.

Um auf den im Mittelalter magisch verehrten Wurzelstock des Spitzwegerichs zurückzukommen: Auch in Wildkräuterbüchern aus dem 20. Jahrhundert ist einiges Interessantes über seine Verwendung zu finden. So empfiehlt Maria Findeis, die in der kargen Nachkriegszeit die Schätze der Natur als Nahrungsmittel zu nutzen wusste, im Winter den kräftigen, nährstoffreichen Wurzelstock des Spitzwegerichs als Suppe zu kochen.

Hildegard von Bingen empfiehlt, einen Ansatz aus Wegerichwurzel und Honig täglich auf nüchternen Magen zu essen, um Osteoporose und Knochenbrüche zu heilen.

In der Volksheilkunde wird Spitzwegerichtee bei Hautgeschwüren, zur Blutreinigung und Schleimförderung bei Husten eingesetzt. Hildegard von Bingen empfiehlt, den Frischsaft auf Tierbisse und Insektenstiche aufzubringen.

Wegen seiner blutreinigenden, entschlackenden Eigenschaften wirkt der Wegerich, als Frühjahrskur eingesetzt, wahre Wunder.

Wegerichsamen finden in der Volksmedizin als leichtes Abführmittel Verwendung, da sie sehr schleimig sind.

Zuordnung und Anwendung nach TCM

Blätter

Thermische Wirkung: kühl;
Organzuordnung: Lunge, Dickdarm, Blase Niere;
Geschmack: adstringierend, salzig, bitter; Element: Feuer, Wasser;
Funktionen: wirkt Blut-Stagnationen entgegen und leitet Hitze in der Blutschicht aus, wirkt Schleim-Stagnationen in der Lunge entgegen, leitet Feuchte – Hitze in Blase, Lunge und Dickdarm aus, klärt die Augen.

Samen

Thermische Wirkung: kühl;
Organzuordnung: Lunge, Leber, Blase, Niere;
Geschmack: süß; Element: Erde;
Funktionen: klärt Hitze, leitet Feuchte – Hitze aus, vertreibt Schleim und Hustenreiz, klärt die Augen.

Verwendung in der Wildkräuterküche

Die Blätter der Wegeriche haben ein herb-bitteres Aroma, wobei der Breitwegerich etwas milder schmeckt als der Spitzwegerich.

Zum Rohverzehr eignen sich am besten die jungen, noch eingerollten Blätter des Breit- oder Mittleren Wegerichs, solange die Blattnerven weich sind. Die jungen Blätter zeichnen sich durch ein intensives Aroma nach Steinpilzen aus und können hervorragend als Gewürz eingesetzt werden.

Die älteren Blätter werden eher vom leicht bitteren Aroma dominiert, gekocht und mit anderen Pflanzen gemischt, können sie zu Aufläufen, Suppen oder Quiches weiterverarbeitet werden. Trotz seines herberen Aromas ist der Spitzwegerich mittlerweile in die Kräuterfeen-Küche eingezogen. Ich verwende ihn gerne für Salate. Die jungen Blättchen, fein geschnitten, passen gut zu Löwenzahn, Kohlkratzdistel und Schafgarbe. Mit Honig mariniert, wird der herbe Geschmack gut harmonisiert. Auch als Gemüse- und Suppenbeigabe liegt der Spitzwegerich öfters in unserem Sammelkorb. Nach wie vor wird er bei uns auch zur Herstellung von Hustensirup und Kräuterkosmetik verwendet.

In der traditionellen Frühlingssuppe hat der Wegerich wegen seiner Inhaltsstoffe und seiner heilenden Eigenschaften einen festen Platz.

Als Wildgemüse am ergiebigsten ist der Mittlere Wegerich, da selbst die jungen Blätter doppelt so groß als die des Breitwegerichs sind. Früher wurde aus dem in Streifen geschnittenen Wegerich durch Milchsäuregärung ein geschmacklich hervorragendes Sauerkraut hergestellt. Es war ein wertvoller Protein- und Vitaminlieferant für die karge Winterzeit.

Wegerichsamen werden nicht nur von Vögeln gerne gefressen, sie sind auch ein Leckerbissen für uns Menschen, da sie hochwertige Fette und Schleimstoffe enthalten. Fein gemahlen, wurden sie früher zum Aufwerten von Getreidemehl und zum Mitkochen in Suppen verwendet. Die Pflanzenschleime der Samen können zum Eindicken von Suppen und Saucen eingesetzt werden. Geröstet und mit Salz vermahlen, ergeben sie ein gutes Gewürzsalz.

Die jungen Blüten der Wegeriche sind sehr nährstoffreich und können sowohl zum Frischverzehr, als Salat- und Brötchenbeigabe, als auch eingelegt in Essig oder geröstet in Öl verwendet werden. Die aufgeblühten Blüten eignen sich gut, um auf Salate und Brötchen gestreut zu werden, wobei am hübschesten die lilafarbenen Blütentuffs des Mittleren Wegerichs aussehen.

Wie schon erwähnt, wurde der kräftige Wurzelstock des Spitzwegeriches – im Winter, da zu dieser Jahreszeit hochwertigste Pflanzenstoffe als Reserven darin gespeichert sind – zum Kochen und als Beigabe zu Suppen verwendet.

Meine Lieblingsrezepte

MINIROULADEN VOM BREITWEGERICH
(in Anlehnung an Dolmades)

Die Wegerichblätter 2 Minuten in heißem Wasser blanchieren, mit kaltem Wasser abschrecken und abtropfen lassen. Die Füllung zubereiten, indem erst die Zwiebeln in reichlich Öl angebraten werden, dann das Fleisch beifügen, mit Salz und Pfeffer abschmecken und gut abbraten. Die Mischung zum Abkühlen beiseite stellen. Anschließend die kalte Fleischmischung mit dem Dinkel gut vermischen und bei Bedarf mixen, um eine knetbare Konsistenz zu erhalten. Jeweils vier Wegerichblätter überlappend nebeneinander legen und mit der zu einem „Würstchen" geformten Füllung belegen. Dann die Blätter zurollen und in eine gebutterte, mit Bröseln ausgekleidete Auflaufform legen.

Für die Tomatensauce die Zwiebeln fein hacken, in reichlich Öl anbraten, mit dem Pilzsalz würzen und mit den würfelig geschnittenen Tomaten verkochen, bis sie gar sind. Meiner Meinung nach kann die Sauce ruhig von grober Konsistenz sein, wer's lieber feiner mag, kann sie natürlich auch pürieren.

Die Tomatensauce nun über den Rouladen verteilen und die Rouladen im Rohr bei 180 °C etwa 30 Minuten backen.

Wegerichrouladen sind eine ausgefallene und wohlschmeckende Vorspeise, die gefüllten Weinblättern (Dolmades) alle Konkurrenz machen! Als Hauptspeise werden sie mit Wildkräutersalat serviert.

Etwa 50 große Blätter vom Mittleren Wegerich

Für die Füllung:

250 g Hackfleisch von der Pute oder vom Rind

250 g Dinkel, weich vorgekocht

2 große Zwiebeln

reichlich Olivenöl

Kräutersalz

Pfeffer

Tomatensauce:

4 große, reife Tomaten

1 Zwiebel

Pilzsalz

reichlich Öl

WILDKRÄUTERSALAT MIT BROTTEIG-SCHIFFCHEN *

Je 1 Handvoll Spitzwegerich, Löwenzahn, Malvenblätter und junge Blättchen der Kohlkratzdistel sowie verschiedenste essbare Blüten wie z. B. Rotklee, Ringelblume, Malve, Thymian, Johanniskraut u. a.

Aus Semmelteig handtellergroße Teigschiffchen formen und bei 180 °C im Rohr backen. Gut ist es, die Ränder beim Backen mehrmals mit etwas Wasser zu bestreichen.

In der Zwischenzeit die Blätter (nicht die Blüten!) waschen und essfertig schneiden, die Blüten dazu mischen und mit Weinessig, Honig, gutem Speiseöl (z.B. Sonnenblume) und einer Prise Salz abschmecken. Den Wildkräutersalat etwa 10 Minuten reifen lassen und die bunte Mischung in die warmen Brotteig-Schiffchen füllen. Warm serviert eine köstliche Vorspeise!

WILDKRÄUTERSALAT *

2 Handvoll junge Spitzwegerichblätter

1 Handvoll Löwenzahn

1 Handvoll junge Kohlkratzdistelblätter

andere Wildkräuter zum Würzen nach Geschmack

3 EL Honig

4 EL Apfelessig

5 EL kaltgepresstes Sonnenblumenöl oder Olivenöl

Salz nach Geschmack

Die tagesfrischen Kräuter waschen und feinnudelig schneiden. Aus Honig, Essig und Öl eine Marinade herstellen, mit etwas Salz abschmecken und über den Kräutersalat gießen. Die Mischung ruhig 5–10 Minuten ziehen lassen.

Servieren Sie den Wildkräutersalat mit einigen Blüten dekoriert.

Wildkräutersalat im Brotteig-Schiffchen

WEGERICHGEMÜSE IN WEISSWEINSAUCE *

Die Butter in einem Topf zerlassen, die gewaschenen, klein geschnittenen Wegerichblätter beifügen und gut durchmischen, so dass alle mit Butter überzogen sind. Nun die Senfkörner beifügen und die Mischung etwa 10 Minuten dünsten lassen. Dann mit dem Weißwein löschen, die restlichen Gewürze beifügen und das Gemüse einmal aufkochen lassen. Die Hitze reduzieren und das Wegerichgemüse bei geschlossenem Topfdeckel etwa 15 Minuten weiter köcheln lassen.

Das Wegerichgemüse aus dem Topf nehmen und in die im Topf zurückgebliebene Kochflüssigkeit das im Wein aufgelöste Mehl und die Crème fraîche einrühren. Die Sauce mit dem Schneebesen schlagen, bis sie leicht und sämig ist. Die Weißweinsauce über das warm gehaltene Wegerichgemüse gießen und diese zu Braten und Folienkartoffeln servieren.

50 g Butter
4 Handvoll Blätter vom Breiten und Mittleren Wegerich
250 ml Weißwein
1 EL Senfkörner
1 TL Salz
Galgant
Sauce:
50 g Mehl
100 ml Weißwein
150 g Crème fraîche

SPITZWEGERICHSUPPE *

Die Butter zerlassen, das Mehl beifügen und so lange dämpfen, bis es Bläschen zeigt, aber noch hell ist. Milch und Gemüsebrühe aufgießen und glattrühren. Die Suppe würzen und die Wildkräuter beifügen. Die Suppe auf kleiner Flamme so lange kochen, bis der Wegerich weich ist. Den Zitronensaft zugeben und mit etwas Sauerrahm abschmecken.

Die Spitzwegerichsuppe mit den hellbraun gerösteten Croûtons servieren.

30 g Butter
40 g Mehl
500 ml Gemüsebrühe
500 ml Milch
Saft einer halben Zitrone
Salz
Galgant
Muskat
2 Handvoll feinnudelig geschnittener Spitzwegerich
1 EL feingewiegte Petersilie oder Giersch
Sauerrahm nach Geschmack
Für die Croûtons:
3–4 Scheiben Weißbrot oder 2 Semmeln
30 g Butter zum Anrösten

SÜSSER WEGERICHKUCHEN*

Mürbteig:
250 g Mehl
60 g Topfen
100 g Butter
50 ml Wasser
eine Prise Salz
Belag:
200 g Blättchen vom Wegerich
200 g Taubnesseltriebe
4 Eier
125 ml Schlagobers
2 EL Honig
50 g Rosinen
100 g gemahlene Walnüsse
30 g brauner Zucker

Aus den Zutaten für den Mürbteig einen glatten Teig herstellen, indem die Zutaten gut miteinander verknetet werden. Den Teig 15 Minuten kühl stellen und anschließend eine Tortenform damit auslegen. 1/3 des Teiges sollte zurück bleiben.

Taubnesseln und Wegerich in kochendes Wasser einlegen, bis sie zusammengefallen sind, diese dann durch ein Sieb seihen und gut ausdrücken. Eier, Schlagobers und den gut flüssigen Honig schaumig schlagen und die gehackten Kräuter und Rosinen unterheben. Den Tortenboden nun etwa 5 Minuten bei 180 °C im vorgeheizten Rohr vorbacken. Dann mit den gemahlenen Nüssen bestreuen, darüber die Wegerich-Taubnessel-Masse verteilen. Die Oberfläche glattstreichen und darauf ein Muster aus den verbliebenen, dünnen Teigstücken legen. Den Kuchen zuletzt mit dem braunen Zucker bestreuen und bei 180 °C im vorgeheizten Rohr backen.

SPITZWEGERICH-SIRUP*

Ein sauberes Glas mit 1 l Fassungsvermögen mit mittags gesammelten Spitzwegerichblättern etwa 1 cm hoch befüllen, so dass die Pflanzen gut zusammengedrückt werden. Nun dünnflüssigen Bienenhonig von bester Qualität darübergießen, so dass die Blätter gut bedeckt sind. Mit den Blätter- und Honigschichten fortfahren, bis das Glas gefüllt ist. Den Ansatz einige Stunden stehenlassen, bis sich alles gesetzt hat, und zuletzt eine letzte dicke Schicht Honig hineingießen, so dass alle Blätter gut bedeckt sind.

Das Glas mit mehreren Lagen dickem Pergamentpapier zubinden und mit Draht um den Glashals fixieren. Nun das Glas in einem etwa 50 cm tiefen Erdloch eingraben, wobei die Pergamentschicht mit einem Brettchen abgedeckt wird. Markieren Sie die Stelle, damit Sie das Glas drei Monate später wieder finden! Dann den Sirup abschütten, die Pflanzenteile gut auspressen und in Flaschen gefüllt kühl aufbewahren.

SPITZWEGERICH-THYMIAN-SIRUP NACH ART DER KRÄUTERFEE*

Ein sauberes Glas mit mittags gesammelten Spitzwegerichblättern und Thymiantrieben befüllen, so dass die Pflanzen gut zusammengedrückt werden. Die Kräuter nun mit einem warmen Zuckersirup überschütten, den Sie herstellen, indem Sie Wasser mit braunem Zucker so verkochen, dass auf 750 g Zucker 1 l Wasser kommt. Eine Prise Zitronensäure beifügen und das verschlossene Glas in die Sonne stellen. Den Ansatz immer wieder umrühren. Nach drei Tagen den Sirup abschütten, die Pflanzenreste gut auspressen und den Sirup in saubere Flaschen mit Schraubverschluss abfüllen.

Storchschnabel, Wiesenschnabel, *Geranium pratense* und sp.

Wiese, Rasen

Botanische Merkmale und Standortbeschreibung

Geranium ist eine sehr leicht erkennbare Familie, denn alle Vertreter besitzen längliche, schnabelartig zugespitzte Samenstände, die an „Storchenschnäbel" erinnern. Diese entstehen schon mitten im Sommer aus den mehr oder weniger auffallenden, millimeterkleinen oder bis zu 3 cm großen Einzelblüten, die immer endständig gleichmäßig an der Pflanze verteilt wachsen und gleichzeitig mit Knospen und Samen an der Pflanze stehen. Auch die an langen Stielen stehenden, dicht behaarten, nierenförmigen, je nach Art mehr oder weniger tief geteilten Blätter sind relativ gleichmäßig an der Pflanze verteilt, obwohl sie im Frühjahr als Rosette an der Pfahlwurzel stehen. Oft sind sie besonders an der Basis in tiefes Rot getaucht. Auch die Blätter sind oft rötlich gefärbt. Storchschnabelblätter erinnern immer an die von Geranien.

Duftende und stinkende Verwandte unserer Balkonblumen

Die ganze Pflanze macht einen eher sparrigen, zerbrechlichen Eindruck, die Ästchen der Pflanze stehen tatsächlich sehr abgespreizt vom Haupttrieb.

Die Einzelblüten der Storchschnäbel haben immer fünf Blütenblättchen, die rosa, rötlich-violett bis karmesinfarben sein können. In den Blättchen sind weiße Nervenstreifen. Zur Samenreife überragt der Griffel die Staubgefäße und trägt fünf gekrümmte Narben.

Die Familie Geranium ist weit verbreitet, der Wiesenstorchschnabel (*Geranium pratense*) findet sich sowohl als Wildpflanze in frischen Wiesen, Weiden und an Waldrändern als auch in vielen Sorten und Farben in jeder Pflanzenhandlung, um als Zierpflanze Gärten zu verschönern. Auch der Wald-Storchschnabel ist recht auffällig mit seinen violetten Blüten und steht gerne in Hochstaudenfluren und -gebüschen.

Auch der „Stinkende Storchschabel" ist weit verbreitet, er wächst an schattigen Stellen, an feuchten Felsen, Mauern und Steinen und ist auch in Laub- und Nadelwäldern zu finden.

Meiner Meinung nach stinkt er nicht besonders auffällig, es ist eher ein herber Geruch. Übrigens riechen viele Mitglieder dieser Familie mehr oder weniger aromatisch, Zuchtgeranien sind sogar auf verschiedenste Duftnoten gezüchtet, wie die Zitronengeranie.

Pflückhinweise und Sammeltipps

Die jungen Blättchen werden im Frühjahr gesammelt, die Blüten, wenn sie erblüht sind, im Frühsommer. Wurzeln können das ganze Jahr über gegraben werden, am reichsten an Inhaltsstoffen sind sie jedenfalls im Spätherbst, wenn die Pflanze eingezogen hat, oder im zeitigen Frühjahr.

Wer den „Stinkenden Storchschnabel" zu Heilzwecken sammeln möchte, sollte dies zur Blütezeit tun. Er wird kurz über dem Boden abgeschnitten und in Bündeln zum Trocknen aufgehängt.

Traditionelle Verwendung und Heilanwendung nach Hildegard

Heilkraft wird dem „Stinkenden Storchschnabel" (*Geranium robertianum*) zugeschrieben, der mancherorts auch „Gottesgnadenkraut" genannt wird.

Er enthält besonders viele Gerbstoffe – vor allem in der Wurzel –, Bitterstoffe, ätherische Öle und organische Säuren.

Die Lobreden mittelalterlicher Ärzte über diese Pflanze sind überschwänglich: Bei allen erdenklichen Blutungen wurden frische Pflanzen als Saft verwendet oder einfach zerstoßen aufgelegt, um die Blutung zu stillen. Halsschmerzen, Entzündungen am Zahnfleisch, im Mund und den Augen werden mit Kompressen aus Storchschnabel behandelt, Gelbsucht, Wassersucht und Steinleiden erweitern das Anwendungsgebiet.

Für den Tee werden 2 TL des frischen oder getrockneten Krautes mit heißem Wasser übergossen und nach 5 Minuten abgeschüttet. Der Tee aus den Wurzeln wird nach 15 Minuten abgeseiht und ist reichhaltig an Gerbstoffen.

Übrigens soll der herbe Geruch des Stinkenden Storchschnabels ein gutes Mittel gegen Melancholie sein, ebenso wie jenes der Zitronenduftgeranie.

Hildegard von Bingen empfiehlt das Pulver des Stinkenden Storchschnabels in einer Mischung aus Poleiminze und Raute, als Pulver aufs Brot gestreut, bei Melancholie und Trübsinn und zur Herzstärkung.

Zuordnung und Anwendung nach TCM

Thermische Wirkung: neutral;

Organzuordnung: Magen, Dickdarm, Leber, Blase;

Geschmack: adstringierend, leicht bitter, scharf, süß; Element: Holz, Metall, Erde;

Funktionen: leitet Feuchte – Kälte in Blase und Dickdarm aus, leitet toxische Hitze und Flüssigkeits-Stagnationen im Körper aus, tonisiert das Lungen-Yin und das Milz-Qi, wirkt adstringierend und löst Yin (Verhärtungen und Steine) auf.

Verwendung in der Wildkräuterküche

Während ich diese Zeilen schreibe, erblühen vor meinem inneren Auge die leuchtend-violettblauen, schmetterlingsgleichen Blüten des Wiesenstorchschnabels. Auch erahne ich ihren zarten Duft.

Wer einmal von dieser Pflanze bezaubert wurde, wird große und kleine Verwandte auf all seinen Wegen entdecken und auch immer wieder in seinen Sammelkorb nehmen. Selbst die leuchtendroten Geranienblüten von der Fensterbank landen manchmal in unseren Speisen.

Alle Geraniumarten sind genießbar, wobei starke Unterschiede im Aroma auftreten. Kosten Sie sich einfach durch das Sortiment.

Sowohl der Waldstorchschnabel als auch der Wiesenstorchschnabel werden seit Menschengedenken zur Ernährung genutzt. Die aromatischen Blätter werden im Frühjahr als Beigabe zu Salaten, Gemüsegerichten oder Kräutersuppen und -saucen verwendet.

Die Blütenknospen und vor allem die bunten, äußerst dekorativen, jedoch sehr zarten und schnell welkenden Blüten finden als essbare Dekoration von Salaten, Brötchen, Desserts und auch verzuckert konserviert als Deko für Torten und Konfekt Verwendung.

In Hungerszeiten wurden auch die langen, dünnen, weißlich-braunen Wurzeln des Storchschnabels als Gemüse gegessen, deshalb trägt er noch immer im Volksmund den Namen „Himmelsbrot" oder „Notbrot".

Schon bei den Römern wurden Storchschnabelwurzeln als Delikatesse angebaut und gehandelt. Frisch schmecken sie wie Pastinaken, gekocht und mit Saucen serviert, aber auch überbacken in Aufläufen, sind sie eine Delikatesse.

Meine Lieblingsrezepte

ZIEGENGERVAIS-BRÖTCHEN MIT GERANIUMBLÜTEN*

250 g frischer Ziegen-gervais
1 Baguette, schräg in Scheiben geschnitten
1 Handvoll Wildkräuter wie etwa Schafgarbe, Gundelrebe und Giersch
2 Handvoll Geranium-blüten in bunten Farben

Die Brötchen mit dem Ziegengervais bestreichen, mit den gemischten, fein gehackten Wildkräutern bestreuen und mit den Brötchen eine Platte oder ein großes Holzbrett belegen. Vor dem Servieren die frisch gepflückten Geraniumblüten über die „Brötchenparade" streuen.

STORCHSCHNABEL-WEIN FÜR EIN FRÖHLICHES HERZ*

Je eine Handvoll Storch-schnabelblüten und -blättchen (vor allem vom Stinkenden), Weinraute und Poleiminze
1 l guter Rotwein

Die frisch gepflückten, trockenen Pflanzenteile und Blüten in ein Glas mit Schraubverschluss und weitem Hals füllen. Alles mit dem Wein übergießen und die Kräuter etwa 14 Tage an einem warmen Ort ziehen lassen. Wichtig ist, dass die Pflanzenteile zur Gänze mit Wein bedeckt sind, sonst beginnen sie zu schimmeln!

Dann kann der Wein abgegossen werden, die Pflanzenteile werden dabei gut ausgepresst.

Weit verbreitet, doch ohne deutschen Namen

Leontondon, Rauer und Herbst-, *Leontodon hispidus* und *L. autumnalis*

Wiese

Botanische Merkmale und Standortbeschreibung

Oft wird Leontondon einfach als Löwenzahn bezeichnet und gesammelt. Viele wundern sich zwar über die Behaarung, etwas Unsicherheit macht sich breit, und ob er dann weiterverwendet wird oder am Kompost landet, ist von Fall zu Fall verschieden.

Ähnlichkeit zum Echten Löwenzahn (*Taraxacum off.*) ist zweifellos gegeben: Wie er hat Leontondon eine Pfahlwurzel, unregelmäßig gelappte, längliche Blätter, die in einer Rosette stehen, und gelbe, löwenzahnähnliche Korbblüten.

Es gibt jedoch auch einige gut erkennbare Unterschiede: Leontondon enthält keinen weißen Milchsaft, die Blütenstängel sind mit kleinen, vereinzelten, schuppenartigen Blättchen bewachsen. Der Raue Leontondon ist an Blatt, Blütenstiel und Hüllblättern stark behaart und hat auf jedem Blütenstängel – der etwa 1/3 höher als die Blätter wächst – nur eine goldgelbe Korbblüte. Der Herbst-Leontondon ist an all diesen Pflanzenteilen nackt und hat aufrecht stehende, goldgelbe Korbblüten, die einzeln an jedem Trieb des verzweigten Blütenstängels stehen, der um ein Vielfaches höher als die büschelförmig wachsenden Blätter ist.

Beide Leontondons sind häufig in Grünlandgesellschaften und Rasen zu finden. Auch an Wegrändern kommen sie vor, oft direkt neben dem Echten Löwenzahn!

Pflückhinweise und Sammeltipps

Immer wieder höre ich auf meinen Kursen, wenn wir unser Sammelgut gemeinsam sortieren und kontrollieren, bei diesen Blättern unsichere Fragen. Um alle Unklarheiten zu beseitigen, wird einfach auf die Behaarung der Blätter geachtet: Der Echte Löwenzahn hat immer nackte Blätter, Leontondons Blätter sind weich behaart, außer jenen des Herbst-Leontondons (Leóntondon autumnalis), diese sind nackt, dafür hat er im Vergleich zum Löwenzahn verzweigte Blütenstiele. Auch fehlt der Milchsaft.

Mir persönlich scheint es sehr wichtig, dass Wildkräutersammler die Unterschiede der Pflanzen, die sie sammeln und verwenden, kennen und erkennen und nicht eines wie das andere sammeln, obwohl sie unterschiedlich aussehen. Nur so kann ein gewissenhafter Umgang mit den Pflanzen und mit den Mitmenschen, die mit unserem Sammelgut verköstigt werden, gegeben sein.

Traditionelle Verwendung und Heilanwendung nach Hildegard

In der Volksmedizin wird Leontondon meines Wissens nach nicht verwendet.

Zweifellos enthält er große Mengen an Bitterstoffen, die bekanntlich galle-, leber- und verdauungsanregend sind.

Verwendung in der Wildkräuterküche

Leontondon wird im Volksgebrauch als „Löwenzahn" gesammelt und auf gleiche Weise verwendet. Die jungen Blätter finden von April bis Juni als Beigabe zu Wildkräutersalaten und Kochgemüse sowie Wildkräuterspinat Verwendung, die geschälten Wurzeln zu Kochgemüse.

Auch wurden die Wurzeln im Volksgebrauch in kleine Stückchen geteilt und getrocknet, um als Kaffegetränk gemahlen und gekocht zu werden.

Die Blütenknospen, die im Frühsommer – etwas später als die vom Löwenzahn – erscheinen, werden vor der Verarbeitung etwa 30 Minuten zur Entbitterung in Salzwasser eingelegt, um in der Folge als Salatbeigabe oder als Kochgemüse – evenuell mit anderen Knospen oder Samen gemischt – zubereitet zu werden.

Natürlich können sie auch als „Kapern" zubereitet und konserviert werden, indem sie in Salzwasser oder Essig gelegt werden.

Die geöffneten Blüten schmecken sehr bitter und sollten meines Erachtens eher ausgezupft werden. Die so gewonnenen Einzelblüten werden für alle möglichen dekorativen Zwecke eingesetzt.

Meine Lieblingsrezepte

GETREIDERISOTTO MIT BLÜTENKNOSPEN UND GRÜNEM SPARGEL*

160 g Gersten- oder Dinkelkörner

Salz

1 Lorbeerblatt

30 g Butter

1 Schalotte oder 3 Frühlingszwiebeln

3 grüne Spargel, geschält und in Scheiben geschnitten

1 ½ EL Pesto vom Bärlauch oder anderen Wildkräutern

150 ml Schlagobers

100 ml Spargelkochwasser oder Gemüsebrühe

2 EL geriebener Bergkäse oder Parmesan

Butterflocken von 15 g Butter

2 Handvoll Blütenknospen von Leontondon, Löwenzahn und/oder Bärlauch

Das über Nacht eingeweichte Getreide im Dampfkochtopf mit Wasser, Salz und dem Lorbeerblatt 10 bis 15 Minuten kochen und 10 Minuten quellen lassen. (Wenn Sie das Getreide in einem normalen Topf kochen, benötigen Sie etwa 1/3 mehr Wasser).

Die Butter in einer Pfanne zergehen lassen und darin die feingeschnittene Schalotte dünsten, bis sie glasig ist. Das gekochte Getreide beifügen und den Topf mit den Spargelscheiben, der Suppe und dem Schlagobers auffüllen, die Mischung aufkochen lassen und mit Pesto und Salz würzen.

Zum Schluss die Blütenknospen, die Butterflocken und den geriebenen Käse untermischen.

VOLLKORNSPÄTZLE MIT LEONTONDON*

Das Mehl in eine Schüssel geben und in die Mitte eine Vertiefung hineindrücken. Dahinein Eier, Milch oder Wasser und das Kräuterpesto geben und mit dem Mixer oder Schneebesen gut verrühren. Der Teig sollte glatt und so dickflüssig sein, dass er fast fest ist. Den Teig mit einem Spätzler in sprudelnd kochendes Salzwasser spätzeln. Sobald die Spätzle obenauf schwimmen – das ist erfahrungsgemäß schon nach einigen Minuten – diese mit einer Schaumkelle herausschöpfen, abtropfen lassen und in die zerlassene Butter einlegen.

Die Blättchen vom Leontondon in feinnudelige Streifen schneiden und zu den Spätzle mischen. Servieren Sie die Vollkornspätzle, mit etwas Käse bestreut, zu Blattsalat.

250 g Vollkornmehl
100 ml warme Milch oder Wasser
3 Eier
1 EL Wildkräuterpesto
60 g Butter
2 Handvoll junge Blätter vom Leontondon und Löwenzahn
Salz
geriebener Käse zum Bestreuen (z. B. Grana)

BLÜTENZUCKER VON LEONTONDON UND LÖWENZAHN*

Die voll erblühten Blumen zur Mittagszeit pflücken, „zusammenfalten" lassen und anschließend die gelben Blütchen auszupfen, mit dem Zucker vermengen und die Mischung portionsweise im Mörser zu einer Masse verarbeiten Diese auf einem mit Backpapier belegten Blech 5 mm dünn verteilen und trocknen (in der Sonne oder bei 50 °C im Backrohr mit leicht geöffneter Türe).

Den gelben Blütenzucker in Gläsern mit Schraubverschluss kühl und dunkel lagern.

Je eine Handvoll Blüten von Leontondon und Löwenzahn
200 g Kristallzucker, grob

Wiesenkerbel, *Anthriscus sylvestris*
Wiese

Botanische Merkmale und Standortbeschreibung

Der Wiesenkerbel ist mittlerweile als Zeiger von nährstoff-reichen, gut gedüngten Wiesen derart häufig in unserer sammelbaren Landschaft, dass er als essbares Wildkraut unbedingt Beachtung finden sollte. Auch im Grünland ge-hört er zu den dort sammelbaren Pflanzen.

Wie viele Gemüsepflanzen und Wildkräuter gehört er zur Familie der Doldenblütler. Er hat feinst gefiederte, farn-artige Blätter, die ihrerseits mit bis zu 50 cm Länge sehr groß werden können. Die Blattstängel sind an der Basis oft rötlich, im Querschnitt betrachtet, fällt eine deutliche „Rinne" auf. Die ganze Pflanze erreicht eine stattliche Größe von 70–80 cm, die reich verzweigten Blütenstängel, an deren Enden weiße Blütendolden sitzen, stehen bis zu 130 cm hoch in der Wiese. Aus den Blüten entwickeln sich ab Juni aromatische, grüne Sammelfrüchte, die bis zum Herbst braun werden und ausfallen.

Zarte Blättchen von beträchtlicher Größe

Pflückhinweise und Sammeltipps

Achtung!

Beim Sammeln von Doldenblütlern ist höchste Vorsicht geboten, da diese Familie nicht nur Wildkräuter und Gemüsepflanzen beinhaltet, sondern auch Giftpflanzen. Der Schierling (*Conium maculatum*) und der Kälberkropf (*Aethusa cynapium*) gehören dazu!!! Wenn Sie sich nicht sicher sind, sollten Sie auf jeden Fall einen Kräuterkundigen beiziehen oder auf den Genuss des Wiesenkerbels verzichten.

Der fleischige Wurzelstock des Wiesenkerbels kann im Spätherbst und Winter als Wurzelgemüse gegraben werden.

Traditionelle Verwendung und Heilanwendung nach Hildegard

Heilwirkungen des Wiesenkerbels sind weder in der Volksheilkunde noch nach Hildegard von Bingen bekannt. Küchenkerbel bezeichnet die heilige Hildegard als „Küchengift".

Verwendung in der Wildkräuterküche

Das Aroma des Wiesenkerbels ist viel herber als jenes vom Gartenkerbel, es ähnelt einer Mischung aus Karotte und Petersilie. Es dient als Würze für diverse Suppen, Salate, Eintopfgerichte, aber auch zu Eierspeisen passt das Kerbelaroma vorzüglich. Kräuterbutter oder Brotaufstriche auf Topfen-, Kartoffel- oder Getreidebasis erhalten eine gehaltvolle Abrundung. Ich persönlich verwende den Wiesenkerbel immer in Kombination mit anderen Wildkräutern.

Verwenden Sie sowohl die zarten Blättchen als auch den saftigen Stängel von Blättern und Blüten, um kalte Saucen auf Sauerrahmbasis zu würzen. Das passt gut zu Fisch, Kartoffeln oder Getreidebratlingen. Die saftigknackigen Stängel werden zu diesem Zweck in feine Scheiben geschnitten.

Der fleischige Wurzelstock des Wiesenkerbels dient im Spätherbst und Winter als aromatisches Wurzelgemüse.

Meine Lieblingsrezepte

KALTE SAUCE VOM WIESENKERBEL*

Die grob gehackten Wiesenkerbelblättchen und -stängel in den lauwarmer Essig legen und diesen nach etwa 24 Stunden durch ein Sieb abseihen. Die Pflanzenreste gut ausdrücken und in den nun fein duftenden Essig die Gewürze einrühren. Nun die entrindeten Weißbrotscheiben in den Kräuteressig einlegen und diese gut ausdrücken. Die Dotter in einer Schüssel mit der Gabel zerdrücken und gut mit der Brotmasse verrühren. Nun die Mischung durch ein Sieb streichen. In das rohe Eigelb das Öl tropfenweise einrühren, so dass eine Mayonnaise entsteht, die ebenfalls gewürzt wird. Die Mayonnaise in die Brotmasse mischen und die feingehackten Kräuter beifügen. Zum Schluss das feinstgehackte Eiweiß in die Sauce mischen und mit dem verbliebenen Essig die gewünschte Konsistenz der Sauce herstellen.

Zu Fleischfondue und gegrilltem oder gebratenem Fleisch serviert, ist diese kalte Sauce vom Wiesenkerbel eine Delikatesse.

1 Handvoll Wiesenkerbelblättchen und -stängel
125 ml lauwarmer Apfelessig
4 Scheiben entrindete Weißbrotscheiben
Salz und Pfeffer nach Geschmack
etwas Honig
4 hartgekochte Eier
2 Eigelb
125 ml gutes Sonnenblumenöl
2 EL feingehackte Wiesenkerbelblättchen und -stängel

GEWÜRZÖL VOM WIESENKERBEL*

Das Wiesenkerbelkraut in ein weithalsiges Glas mit Schraubverschluss füllen, das Salz dazugeben und die Flasche mit dem Öl bis knapp unter den Deckel vollfüllen. Den Ansatz gut verschließen und das Gewürzöl etwa 2–3 Wochen an einen warmen Platz stellen. Danach das Gewürzöl vom Wiesenkerbel abseihen und in Flaschen füllen. Es eignet sich vorzüglich zum Anbraten von Fisch und Kartoffeln.

1 Handvoll Wiesenkerbelkraut samt Blüten
½ TL Salz
1 l gutes Speiseöl

WIESENKERBELSUPPE MIT RÄUCHERLACHSSTREIFEN

4 Frühlingszwiebeln
1 Knoblauchzehe oder
1 Handvoll Bärlauch-
blätter
2 EL Butter
1 Strauß junges Kerbel-
kraut
600 ml Gemüsebrühe
oder Milch
1,5 EL Vollkornmehl
Salz und Pfeffer nach
Geschmack
Saft von 1 Zitrone
200 ml Schlagobers
50 g Räucherlachs, in
feine Streifen geschnitten
Kerbelblättchen oder
Blüten zum Garnieren

Die Frühlingszwiebeln in 1 EL Butter dünsten, bis sie glasig sind, dann den feinnudelig geschnittenen Bärlauch und den Wiesenkerbel beifügen. Die Kräuter kurz mitdünsten, nun den Topf vom Herd nehmen, mit der Hälfte der Milch oder Brühe aufgießen und die Kräuter zusammenfallen lassen. Die Mischung mit dem Stabmixer pürieren und die Suppe mit geschlossenem Deckel beiseite stellen.

Die restliche Butter nun mit dem Mehl in einer Pfanne anschwitzen, mit der restlichen Milch oder Brühe etwa 15 Minuten verkochen und zur Suppe mischen.

Die Suppe noch einmal kurz aufkochen lassen, nach Geschmack würzen und die Suppe warm stellen.

Die Suppe in Teller verteilen, mit den Lachsstreifen bestreuen und dem Kerbel garnieren.

Dazu passt ein frisches Baguette.

HERZHAFTE KERBEL-LACHS-BRÖTCHEN

1 Baguette
1 Tomate
etwas Gewürzöl vom
Wiesenkerbel
etwas Gervais-Käse
Räucherlachs zum
Belegen

Baguette in Scheiben schneiden, mit der Schnittfläche einer halbierten Tomate bestreichen, sodass der Tomatensaft das Brot benetzt, anschließend einige Tropfen Gewürzöl vom Wiesenkerbel darüberträufeln und ganz dünn mit Gervais bestreichen. Die Brötchen zum Schluss mit dem in 1 cm breiten Streifen geschnittenen Lachs und frischen Kerbelblättchen belegen.

Wiesen-Schaumkraut, *Cardamine pratensis*

Wiese, Ufer

Botanische Merkmale und Standortbeschreibung

Das Wiesenschaumkraut ist eine zarte, mehrjährige Pflanze, die außerhalb der Blütezeit ein eher unbemerktes Dasein führt. Von April bis Mai entspringen der bodenständigen Blattrosette fiedrig eingeschnittene Blättchen, die zum Blattende hin größer werden.

Ihre Farbe ist satt dunkelgrün, wer sie zerreibt, um daran zu riechen, wird von ihrem überraschend scharf-würzigen Geruch überrascht sein. Die zartlilafarbenen Einzelblüten stehen an kleinen Blütenstängeln am bis zu 30 cm hohen, etwas bereiften, hohlen, nackten Blütenstiel, der der Blattrosette entspringt. Sie sind fast 1 cm groß und haben vier kreuzständige Blütenblättchen, die eine dunkellila Aderung aufweisen. Es gibt auch Exemplare mit weißen oder dunkellila Blüten, manchesmal habe ich auch schon gefüllte Blüten gefunden.

In unseren Breiten zieren die zartlila Blütenwolken des Wiesenschaumkrautes feuchte Wiesen und Gräben.

Rosa Blüten mit Kressegeschmack

Pflückhinweise und Sammeltipps

Ich sammle das Wiesenschaumkraut nur zur Blütezeit, erstens ist es dann ganz leicht zu finden, zweitens ist es ein Vergnügen, von den zarten lila Blüten ein Sträußchen zu pflücken, und zudem schmecken mir die Blüten der Pflanze am besten.

Zuweilen findet man an den Stängeln der Pflanze einen spuckeähnlichen Schaum. Dieser stammt von den Larven der Wiesenschaumzikade, die darin leben.

Traditionelle Verwendung und Heilanwendung nach Hildegard

Das Wiesenschaumkraut enthält wie alle Kreuzblütler Senfölglykoside, Bitterstoffe und ist reich an Vitamin C. Das frische Kraut ist für seine belebende, verdauungsanregende Wirkung bekannt und wird auch bei Lungenkrankheiten angewandt. Wegen seines hohen Vitamin C-Gehaltes wurde es früher auch zur Bekämpfung von Skorbut eingesetzt.

In der Volksheilkunde wird nicht zwischen dem Wiesenschaumkraut und der Brunnenkresse unterschieden, das war schon im Altertum und im Mittelalter der Fall.

Verwendung in der Wildkräuterküche

In früheren Zeiten waren verschiedene Schaumkrautarten in Europa sowie im Orient eine begehrte Würze für Fleisch, Gemüse und Salate.

Das Wiesenschaumkraut ist als Kreuzblütler eng mit der Brunnenkresse und dem Senf verwandt, daher ist ihr Aroma auch ähnlich. Wegen ihrer Schärfe und ihres Bitteraromas werden Blüten und Blättchen nur in kleinen Mengen als Gewürz verwendet. Zu große Mengen davon können Reizreaktionen von Nieren und Blase hervorrufen.

In Suppen und Mischgemüsen entfaltet das Wiesenschaumkraut sein Aroma auf das Vorteilhafteste, aber auch in Kräuterbutter und Saucen ergibt es eine gute Würze.

Blüten und Blütenstände zieren Salate und Brötchen aufs Zauberhafteste. Sie schmecken etwas milder als die Blätter und sehen obendrein hübsch aus.

Die Blütenknospen eignen sich zur Verarbeitung mit Essig als Wildkräuterkapern oder können über Kartoffel gestreut werden.

Die scharfen Samen waren in früheren Zeiten ein beliebtes Brotgewürz und können auch zur Senfherstellung verwendet werden.

Meine Lieblingsrezepte

MOUSSE VOM WIESENSCHAUMKRAUT AUF ROASTBEEF

Den gut gekühlten Schlagobers steif schlagen, das Wiesenschaumkraut hacken und mit dem Senf in die Schlagsahne mischen. Mit Salz und Pfeffer abschmecken und das Mousse zum Festwerden in den Kühlschrank stellen. Mit einem heißen Löffel Nockerln ausstechen, die in den Blüten des Schaumkrautes gewälzt und auf die auf Portionsteller drapierten Roastbeefscheiben gesetzt werden.

1 Handvoll Blätter vom Wiesenschaumkraut
200 ml Schlagobers
1 TL Senf
Salz und weißer Pfeffer
16 Scheiben Roastbeef
2 Handvoll Blüten des Wiesenschaumkrautes

BLUTREINIGENDER TRUNK VOM WIESENSCHAUMKRAUT*

Alle Zutaten mit dem Stabmixer oder in einer Küchenmaschine vermixen und bei Bedarf mit Honig abschmecken. Honig harmonisiert das Bitteraroma von Kräutern gut. Wer 1 EL Honig zufügt, kann mit diesem blutreinigenden Getränk sogar eine ganze Mahlzeit ersetzen. Dieser Trunk ist sehr gut zur Frühjahrskur geeignet.

125 ml Buttermilch
1 geteilter und entkernter Apfel
Saft von 1 Zitrone und 3 Orangen
je 20 g Löwenzahnblätter und Wiesenschaumkraut

Kohldistel, *Cirsium oleraceum*
Wiese, Ufer

Botanische Merkmale und Standortbeschreibung

Die Kohldistel ist eine auf feuchten Wiesen und an feuchten Waldstellen weit verbreitete, ausdauernde Pflanze. Auch an Gräben und Gewässerrändern kommt sie vor. Sie bildet im Frühjahr eine ausladende, bodenständige Rosette aus großen, ganzrandigen bis leicht gefiederten Blättern, deren Ränder mit weichen, seidigen, nicht stechenden Dornen besetzt sind. Die jungen Blätter im Zentrum sind oft heller gefärbt. Im Mai entwickelt sich aus der Rosette ein kräftiger, aufrechter Stängel, an deren Spitze locker angeordnete Blütenköpfe wachsen, die von großen, blassgelben, eiförmigen Deckblättern eingeschlossen sind und die gerne von Bienen besucht werden. Als fast einzige bei uns verbreitete Distel hat die Kohldistel hellgrünlich-gelbe Blütenköpfchen. Auch am Blütenstängel, der bis zu 1,5 m hoch werden kann, sitzen Blätter, sie umfassen diesen mit zwei Öhrchen. Die Kohldistel gehört zur Familie der Korbblütler.

Die einzige Distel, die nicht sticht

Pflückhinweise und Sammeltipps

Wer diese Pflanze einmal kennen gelernt hat, erkennt und entdeckt sie in freier Natur immer wieder.

Zur Blütezeit ist die hellgrün aus den Wiesen leuchtende Kohldistel leicht in der Landschaft zu entdecken. Ernten Sie die gut entwickelten Blütenknospen und die dazugehörigen zarten Blütenstiele. Wer sich ihren Standort merkt, kann dort im Folgejahr bereits im zeitigen Frühjahr die jungen Pflanzen ernten. Schneiden Sie mit einem scharfen Messer die knackigsten, mittelgroßen Blättchen aus der Rosette. Die ganz Jungen lasse ich weiterwachsen, um sie zu einem späteren Zeitpunkt ernten zu können.

Die in den alpinen Zonen verbreitete Silber- oder Wetterdistel (*Carlina acaulis*) steht unter strengem Naturschutz und darf nicht gepflückt werden. Früher wurden die Blütenböden dieser Distel als „Jägerbrot" herausgeschält und gegessen.

Traditionelle Verwendung und Heilanwendung nach Hildegard

Disteln wurden in früheren Zeiten als Heilmittel hoch geschätzt.

Die Silberdistel, beispielsweise, wurde im Mittelalter so stark beerntet, da sie als Heilmittel gegen die Pest eingesetzt wurde, dass sie in ihrem Bestand gefährdet war. Auch die Eselsdistel wurde im Altertum und im Mittelalter zu allerlei Heilzwecken und zur Ernährung verwendet.

Über die Heilwirkung der Kohldistel weiß man heute wenig, Gerbstoffe, Alkaloide, ätherisches Öl, Harze, Fette, Flavone und Glykoside sind jedenfalls als Inhaltsstoffe nachgewiesen worden.

Die ganze Pflanze enthält darüber hinaus Inulin, einen für Diabetiker verträglichen Zucker.

Abkochungen aus der Wurzel sollen bei Gicht und Rheuma heilen, heftige Anfälle mildern und Schmerzen lindern. In manchen Regionen Europas wurde die Wurzel zum Lindern von Zahnschmerzen und Krämpfen (Frauenleiden) verwendet. Ich denke, dass ein Großteil des Erfahrungsschatzes um die Verwendung der Kohldistel als Heilmittel schon im Mittelalter mit der Hexenverbrennung abhanden gekommen ist.

Vielleicht wird es ihr ähnlich wie der Nachtkerze ergehen, deren wundersame Wirkstoffe erst in den letzten Jahren erforscht und zu Heilzwecken wiederentdeckt wurden.

Verwendung in der Wildkräuterküche

Im Frühjahr, bevor sich der Blütenstängel entwickelt, schmecken die jungen Blätter ausgesprochen zart und mild und sind zum Frischverzehr delikater als so manches Kulturgemüse. Zu dieser Jahreszeit können auch die zarten Wurzeln gegraben werden, die sowohl roh als auch gekocht eine Delikatesse sind. Sie können mit anderen Wildgemüsewurzeln oder Kulturgemüse gemischt werden.

Später im Jahr wachsen sie zu stattlicher Größe von bis zu 40 cm heran, dann wird der Geschmack der Blätter intensiver und sie werden eher gekocht verwendet. Mit anderen Wildpflanzen oder Gemüse gemischt, aber auch sortenrein, ist die Kohldistel auch im Sommer eine besondere und sehr schmackhafte Zutat zu allen erdenklichen Speisen. Ob Aufläufe, Soufflés, Rouladen oder Gemüsezubereitungen mit Saucen oder mit Butter, die Kohldistel passt immer dazu. Angeblich hat die Kohldistel ihren Namen von dem an Kohl erinnernden Aroma, das die gedünsteten Blätter entwickeln, ich habe jedoch noch nie ein solches Aroma festgestellt. Ich denke eher, dass die Blätter so wie Kohl gekocht wurden und der Name daher stammt.

Die Blütenstängel und die Mittelrippe der Blätter sind knackig und saftig, süßlich im Aroma und können wie Stängelgemüse (etwa Stielmangold) oder Spargelgemüse zubereitet werden. Ein herrliches Risotto kann ebenso gekocht werden. Die jungen, zarten, leicht brechbaren Blütentriebe werden geschält und in Stücke geschnitten roh verwendet. In der Konsistenz sind sie der Stangensellerie ähnlich, jedoch von feinerem, mildem Aroma. Der Blütenboden der jungen Blütenknospen ist als Gemüse, ähnlich wie Artischockenherzen, zuzubereiten, allerdings müssen von den Blüten die – hier stechenden – Stacheln weggeschält werden, was etwas mühsam ist. Die ganz kleinen Blütenknospen eignen sich gut, um in Essig und Öl eingelegt und konserviert zu werden.

Auch im Herbst, wenn die abgemähten Pflanzen nochmals ihre Rosette ausbilden, sind junge Blättchen ernteberit.

Übrigens sind alle in unseren Breiten vorkommenden Distelarten ungiftig und in der Wildkräuterküche verwendbar. Die Blütenstängel sind in der Regel zart, knackig, saftig und süßlich-aromatisch. Allerdings müssen sie wegen ihrer Stacheln geschält werden, was arbeitsaufwändig ist, die Mühe lohnt der zarte, nussige Geschmack allemal.

Meine Lieblingsrezepte

KOHLDISTELAUFLAUF *

Die Kohldistelblätter waschen und in 2 cm breite Streifen schneiden. Einen Topf Wasser zum Kochen bringen, Salz zufügen und die Blätter einige Minuten darin blanchieren. Die garen Blätter aus der Kochflüssigkeit heben und auf einem Sieb abtropfen lassen.

In der Zwischenzeit Eier und Mehl zu einem glatten Teig verrühren, mit dem Kräutersalz abschmecken und die Milch und ¾ des geriebenen Käses einrühren.

500 g Kohldistelblätter
4 Eier
75 g Mehl
250 ml Milch
2 TL Kräutersalz
150 g geriebener Bergkäse

Eine bebutterte Auflaufform abwechselnd mit einer Schicht Kohldistel-blättern und einer Schicht Teigmasse befüllen. Mit der Teigmasse schlie-ßen, den Auflauf mit dem restlichen Käse bestreuen und bei 180 °C etwa 30 Minuten goldbraun backen.

Kohldistelauflauf passt gut zu frisch gegrillten Lammkoteletts und Fo-lienkartoffeln.

DISTELSTÄNGEL IN SAFRAN UND KNOBLAUCH *

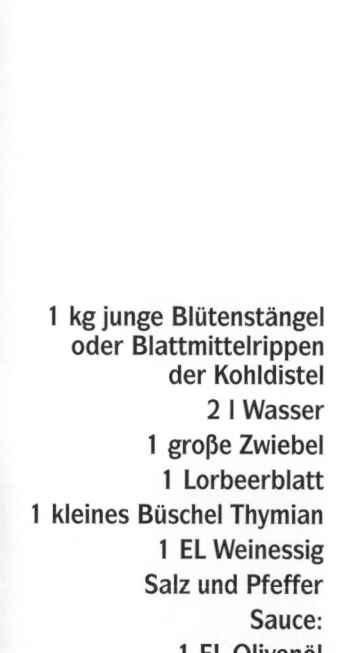

1 kg junge Blütenstängel oder Blattmittelrippen der Kohldistel
2 l Wasser
1 große Zwiebel
1 Lorbeerblatt
1 kleines Büschel Thymian
1 EL Weinessig
Salz und Pfeffer
Sauce:
1 EL Olivenöl
2 große Knoblauchzehen fein gehackt
1 ½ EL Dinkelmehl
300 ml Schlagobers
300 ml Wasser oder Gemüsebrühe
¼ TL Safranpulver
eine Handvoll schwarze Oliven, entkernt und in Scheiben geschnitten
2 Tomaten, geschält und in Würfel geschnitten
4 EL gehackter Thymian

Das Wasser mit der Zwiebel, den Kräutern und Gewürzen sowie dem Essig zum Kochen bringen und 10 Minuten zugedeckt ziehen lassen. Die geschälten, in 10 cm lange Stücke geschnittenen Stängel und Blattrip-pen der Kohldistel nun im Gewürzsud etwa 15 Minuten schwach kochen, bis sie bissfest sind. Dann herausheben und in einem Sieb abtropfen las-sen.

Für die Sauce das Olivenöl in einer flachen Pfanne erhitzen, den ge-hackten Knoblauch beifügen und andünsten. Nun das Mehl hinzufügen, die Mischung etwa 5 Minuten weiterdünsten. Mit der Mischung aus Ge-müsebrühe und Schlagobers löschen.

Mit Salz, Safran und Pfeffer abschmecken und die Sauce unter stän-digem Rühren 10 Minuten köcheln lassen. Die Distelstücke und die To-matenwürfel in die Sauce geben, noch einmal kurz aufkochen und die Mi-schung etwa 5 Minuten ziehen lassen. Zuletzt Oliven und Thymian daruntermischen.

Servieren Sie die Distelstängel in Safran und Knoblauch zu gedüns-tetem Reis.

BUTTERDISTELN MIT AUSTERNPILZEN UND KRÄUTERN *

Die Distelstängel schälen, so erforderlich, mit Wasser, Butter, Salz und Pfeffer in einer Eisenpfanne zugedeckt unter häufigem Rütteln etwa 5 Minuten bei mäßiger Hitze garen.

Nun die Pilze beifügen und zugedeckt weiterschmoren, bis die Distelstängel bissfest sind. Dann die gehackten Kräuter unterrühren und die Butterdisteln auf einer vorgewärmten Platte anrichten, mit den bunten Blüten bestreut und dem Zitronensaft beträufelt, anrichten.

1 Bund junger Blütenstängel und Knospen der Kratzdistel
250 g kleine Austernpilze
4 EL Wasser
125 g Butter
Salz und Pfeffer
2 EL gehackter Giersch
1 EL gehackte Gundelrebe
2 TL Zitronensaft
1 Handvoll gemischte Kräuterblüten

Heckenrose, *Rosa* sp.

Hecke

Botanische Merkmale und Standortbeschreibung

Die stachelbewehrten, 2–3 m hohen Heckenrosenbüsche mit ihren fünf- bis siebenfach gefiederten Blättern, rosaweißen Blüten und den leuchtendroten Hagebutten im Herbst sind sicherlich allen bekannt. Die Blüten aller Rosen sind immer mit fünf Blütenblättern ausgestattet, ein Erkennungsmerkmal aller „Rosengewächse". Die meisten duften zart. Aus ihnen entwickeln sich die Hagebutten, die je nach Sorte mehr oder weniger fleischig und immer mit Kernen und Härchen gefüllt sind.

Der Heckenrosenstrauch hat viele überhängende Zweige, die mit nach unten gebogenen Stacheln bewachsen sind. Dies macht im Herbst die Ernte der eiförmigen, meist leuchtend roten Hagebutten zu einem Geschicklichkeitsspiel. In milden Wintern bleiben die Hagebutten oft bis zum Frühling am Strauch hängen.

Heckenrosen kommen – wie schon der Name sagt – sehr häufig in Hecken am Wald- und Wegesrand und in Weinbergen vor.

Duft und Frucht in Hülle und Fülle

Pflückhinweise und Sammeltipps

Die ein bis zwei Tage alten Rosenblütenblätter werden direkt vom Strauch abgezupft, was sehr leicht geht, da sie der Rosenstrauch schon fast von

selbst fallen lässt. Ernten Sie nur die Blütenblättchen, die gelben Staubgefäße mit der noch grünen Hagebutte können so am Strauch belassen
werden und ausreifen. Ernten Sie die Hagebuttenfrüchte, wenn sie weich
sind und sich leicht vom Stängel zupfen lassen. Dies ist von Pflanze zu
Pflanze unterschiedlich und kann vom September bis zum Frühling variieren. (Jetzt, da ich diese Zeilen schreibe, ist Ende Jänner und die Früchte
der Heckenrosen in meinem Garten sind großteils noch hart.)

Traditionelle Verwendung und Heilanwendung nach Hildegard

Im Altertum und im Mittelalter galten Heckenrosen als wichtige Heilpflanzen.

„*Rosa canina*", die Hundsrose und verbreitetste aller Heckenrosen,
erhielt ihren Namen von der Verwendung ihrer Wurzel gegen Tollwut (die
oft von Hunden übertragen wurde).

Rosenblüten enthalten beruhigende, hautpflegende und heilkräftige
ätherische Öle und Wachse. Ihre Verwendung ist nicht nur wegen ihres
Duftes und ihrer hübschen Blütenblätter, sondern auch wegen der
Wachse interessant, die ein selten empfundenes Essgefühl entstehen
lassen. Auch das aus ihnen hergestellte Blütengelee ist sehr wachshältig
und pflegt so den Körper von innen. Als hübsche Dekoration für Salate
und Desserts lassen sich Rosen in allen Farben und Duftrichtungen verwenden. Auch kandiert behalten sie Farbe, Form und Aroma gut.

Rosenblütengelee ist sehr heilkräftig bei Entzündungen im Mund- und
Rachenraum, juckreizlindernd und beruhigend, so etwa bei Heuschnupfen.

Tee von Rosenblüten kann sowohl als Gesichtsdampfbad verwendet,
als auch als Schlaftee getrunken werden. Er wirkt leicht beruhigend, stimmungsaufhellend und öffnet das Herz-Chakra. Die Rose ist nicht von ungefähr als „Blüte der Liebe" bekannt.

Rosenblütenwasser ist ein altes kosmetisches Mittel, es macht die
Haut weich und regeneriert sie.

Die Heilkraft der Hagebutten beruht auf dem Vitamin C-Gehalt des
Fruchtfleisches und der wertvollen Fette und Öle in den Kernen. Selbst
hergestellter Hagebuttentee ist eine Köstlichkeit, die ihresgleichen sucht.
Er ist heilkräftig bei Blasen- und Nieren- sowie bei Steinleiden, Rheuma
und Gicht. Der hausgemachte Tee besteht aus den ganzen vermahlenen
Früchten. Im Unterschied zum Packerltee wirkt er nicht übersäuernd!!!

Als Vitamin C-Lieferanten sind Tee, Marmelade, Wein, Sirup und
Fruchtmark bestens geeignet. Im Vergleich zu Zitrusfrüchten ist in Hagebutten etwa 20 mal mehr Vitamin C enthalten.

Zudem enthalten Hagebutten auch Provitamin A, Vitamin B, Niacin,
Mineralsalze, Fruchtsäuren, Pektin und Fruchtzucker. In den Kernen ist

reichlich Vitamin E enthalten, wodurch auch das Öl aus den Kernen zu einem wertvollen Hautpflegemittel wird.

Zuordnung und Anwendung nach TCM

Thermische Wirkung: kühl;
Organzuordnung: Herz, Magen;
Geschmack: süß, adstringierend; Element: Erde, Metall;
Funktionen: klärt Blut-Hitze, kühlt Herz- und Magen-Feuer, wirkt mild Leber-Qi-Stagnationen entgegen, leicht adstringierend, beruhigt aufsteigendes Leber-Yang.

Verwendung in der Wildkräuterküche

Die duftenden Blüten der Rosen können sowohl zum Frischverzehr als auch zum Verkochen verwendet werden. Rosenblüten können nicht nur süß, sondern auch pikant verarbeitet werden, so z. B. in einer Rosenblüten-Vinaigrette, die hervorragend zu Spargel passt. Immer verleiht sie den Gerichten eine liebliche Feinheit im Aroma. Grundsätzlich werden die Blüten morgens gesammelt und fein geschnitten frisch verkocht oder im Ganzen zum Trocknen aufgelegt. Manche Rosenblüten entwickeln beim Kochen einen Hauch Bitteraroma, der durch das Wegschneiden der weißlichen Blattansätze minimiert werden kann. Mich hat diese „persönliche Note" mancher Rosenblüten nie gestört, ich verarbeite immer das ganze Blatt.

Früher wurden weniger die Blüten selbst zum Kochen verwendet, sondern mehr das Rosenwasser. Dieses ist ein Nebenprodukt, das bei der Destillation von Rosenblüten gewonnen wird. Einige Spritzer davon verleihen allen möglichen Speisen ein weiches Rosenaroma.

Palatschinken mit Rosenblütenblättern sind eines der schmackhaftesten Desserts, das die Wildkräuterküche zu bieten hat. Die Blüten können natürlich auch auf Torten oder Nachspeisen gestreut werden. Rosenblütengelee kann zum Aromatisieren von Desserts oder als Brotaufstrich verwendet werden.

Viel älter als die Verwendung der Blüten der Heckenrose ist die Nutzung ihrer roten Früchte, der Hagebutten.

Die roten Früchte des Wildrosenstrauches wurden schon seit der Jungsteinzeit von unseren Vorfahren genutzt, vor allem zur Herstellung von Hagebuttenmus, welches ein wichtiger Bestandteil der Ernährung war. Die Verwendungsvarianten weiteten sich mit der kulturellen Entwicklung, und seit 200 Jahren gilt die Heckenrose als Heilpflanze und Wildobst.

Die vielseitige Verwendung der Hagebutten ist nicht nur auf ihre Köstlichkeit als Marmelade, Hagebuttenmark, Wein, Likör und Tee zurückzuführen, sondern beruht auch auf dem Wissen, dass die Inhaltsstoffe sehr gesundheitsfördernd sind. Noch bis vor wenigen Jahrzehnten stellte die Hagebutte auch in unserem Kulturkreis ein häufig gesammeltes Wildobst dar, das ein wichtiger Vitaminlieferant in der Winterzeit war. Das Vitamin C in der Hagebutte ist hitzefest, es ist in gekochten Hagebuttenzubereitungen zu fast 100 % erhalten, hält sich jedoch nur etwa ein Jahr!

Hagebuttenmark, mit Zwiebeln, Knoblauch und Gewürzen gekocht und abgeschmeckt, ergibt eine herrliche Alternative zu Tomatensauce oder Ketchup.

Meine Lieblingsrezepte

PIKANTE HAGEBUTTENSUPPE*

300 g weiche Hagebutten
1 l Wasser
200 g Crème fraîche
1 Prise Salz
50 g brauner Zucker
50 g Maisstärke
je1 TL Ingwerpulver und Kardamom, gerieben
1 Msp. Galgant und Zimt nach Geschmack

Die weichen Hagebutten waschen, im Wasser kurz aufkochen und durch die Flotte Lotte drehen. Die gewonnene Flüssigkeit nochmals erhitzen, Salz und Zucker beifügen und anschließend die mit etwas kaltem Wasser verrührte Maisstärke beimengen. Noch einmal aufkochen und mit den Gewürzen abschmecken. Nun kann die Hagebuttensuppe heiß oder auch kalt mit einem Tupfer Crème fraîche serviert werden.

ROSENBLÜTEN-PALATSCHINKEN *

Zunächst den Palatschinkenteig zubereiten und zur vollkommenen geschmacklichen Abrundung mit einem Spritzer Rosenwasser oder Rosenblütenzucker aromatisieren. Dann dünne Palatschinken ausbacken, auf ihre noch ungebratene Seite immer einige Rosenblüten (8–10 Stk.) streuen. Die Rosenblütenpalatschinken mit Zucker oder Honig servieren.

250 g Mehl

3 Eier

500 ml Milch

1 Prise Salz und etwas zerlassene Butter oder Traubenkernöl

3 Handvoll duftende Rosenblüten

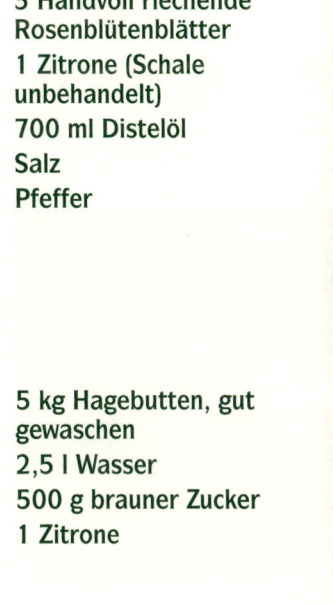

ROSENVINAIGRETTE *

Die Rosenblütenblätter in feine Streifen schneiden und im Rotweinessig zugedeckt 24 Stunden ziehen lassen. Anschließend den Essig mit dem Stabmixer pürieren und mit dem Zitronensaft, dem Distelöl und den Gewürzen vermischen. Mit etwas abgeriebener Zitronenschale abschmecken, die Rosenvinaigrette in ein Fläschchen füllen und kühl und dunkel lagern. Sie hält sich auf diese Weise eine Woche und sollte vor Gebrauch gut aufgeschüttelt werden.

Servieren Sie die Rosenvinaigrette zu gegrillten Fischfilets, die Sie noch warm damit bestreichen und auf Rosenblütenblättern anrichten, oder zu Spargel.

300 ml Rotweinessig

3 Handvoll riechende Rosenblütenblätter

1 Zitrone (Schale unbehandelt)

700 ml Distelöl

Salz

Pfeffer

HAGEBUTTENMOST *

Die Hagebutten durch den Fleischwolf drehen, in einen großen Topf füllen und mit dem Wasser übergießen. Den Ansatz über Nacht stehen lassen. Am nächsten Tag den Zucker einrühren, anschließend den Ansatz durch ein Sieb gießen und den Rückstand gut entsaften. Nach Geschmack Zitronensaft beifügen.

Um diesen Most haltbar zu machen, den Most aufkochen und heiß in sterile Flaschen abfüllen.

5 kg Hagebutten, gut gewaschen

2,5 l Wasser

500 g brauner Zucker

1 Zitrone

ROSENBLÜTENNUDELN *

350 g Weizenvoll-
kornmehl
3 Eier
2 Handvoll duftende
Rosenblütenblätter
1 Prise Salz
1 EL Distelöl
Butterflocken zum
Bestreuen

Eier, Öl und Salz mit einem Schneebesen gut verrühren. Die in feine Streifen geschnittenen Rosenblüten beifügen. Das Mehl zu einem Häufchen
auf eine glatte Unterlage schütten, in die Mitte eine Vertiefung drücken
und die Rosenblüten-Eier-Mischung hineinschütten und die Zutaten zu
einem glatten Teig verkneten. Dieser sollte zumindest 6 Stunden, besser
noch über Nacht, in einer Schüssel mit einem feuchten Tuch bedeckt im
Kühlen rasten.

Dann kann der Nudelteig in einer Nudelmaschine oder händisch weiterverarbeitet werden. Zur händischen Verarbeitung den Teig auf einer
bemehlten Unterlage mit dem Nudelwalker 1–2 mm dünn ausrollen.
Nach Wunsch schmale oder breite Nudeln schneiden oder mit einer Aus-
stechform Blüten ausstechen. Die Nudeln in reichlich Salzwasser, dem ein
Spritzer Rosenwasser und 1 EL Öl beigefügt wurde, bissfest kochen und
in ein Sieb abseihen. Die Nudeln in der zerlassenen Butter schwenken
und mit einigen Rosenblüten garniert servieren.

Rosenblütennudeln schmecken sowohl süß, mit Rosenblütenzucker
bestreut, als auch naturbelassen als Beilage zu Geflügel oder Fisch.

APFELGELEE MIT ROSENBLÜTEN *

2 kg grüne Falläpfel
Zucker
Rosenblüten

Grüne Falläpfel vierteln und mit etwas Wasser zwei Stunden kochen. Das
Kompott in einem zuvor angefeuchteten Passiertuch gut abtropfen.

Zu jeweils 500 ml Saft 500 g Zucker und 1 gute Handvoll Rosenblütenblätter geben. Die Flüssigkeit erwärmen, bis sich der Zucker aufgelöst
hat.

In die sterilen Gläser einige frische Rosenblätter legen, dann das Gelee
daraufgießen und die Gläser sofort verschließen.

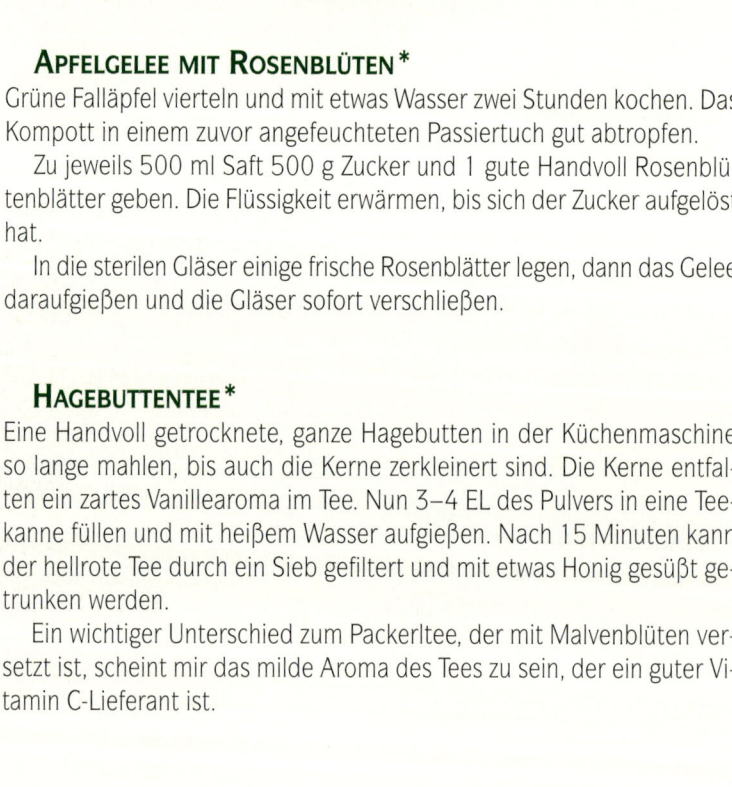

HAGEBUTTENTEE *

Eine Handvoll getrocknete, ganze Hagebutten in der Küchenmaschine
so lange mahlen, bis auch die Kerne zerkleinert sind. Die Kerne entfalten ein zartes Vanillearoma im Tee. Nun 3–4 EL des Pulvers in eine Tee-
kanne füllen und mit heißem Wasser aufgießen. Nach 15 Minuten kann
der hellrote Tee durch ein Sieb gefiltert und mit etwas Honig gesüßt getrunken werden.

Ein wichtiger Unterschied zum Packerltee, der mit Malvenblüten versetzt ist, scheint mir das milde Aroma des Tees zu sein, der ein guter Vitamin C-Lieferant ist.

Hopfen, *Humulus lupulus*
Hecke, Ufer

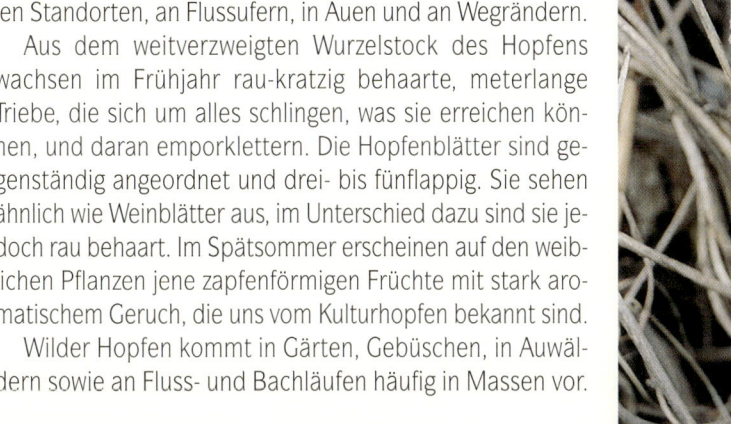

Botanische Merkmale und Standortbeschreibung

Der Wilde Hopfen ist eine weit verbreitete Pflanze an kühlen Standorten, an Flussufern, in Auen und an Wegrändern.

Aus dem weitverzweigten Wurzelstock des Hopfens wachsen im Frühjahr rau-kratzig behaarte, meterlange Triebe, die sich um alles schlingen, was sie erreichen können, und daran emporklettern. Die Hopfenblätter sind gegenständig angeordnet und drei- bis fünflappig. Sie sehen ähnlich wie Weinblätter aus, im Unterschied dazu sind sie jedoch rau behaart. Im Spätsommer erscheinen auf den weiblichen Pflanzen jene zapfenförmigen Früchte mit stark aromatischem Geruch, die uns vom Kulturhopfen bekannt sind.

Wilder Hopfen kommt in Gärten, Gebüschen, in Auwäldern sowie an Fluss- und Bachläufen häufig in Massen vor.

Der aromatische Kletterer

Pflückhinweise und Sammeltipps

Zwischen April und Mai treiben die jungen Schösslinge des Wilden Hopfens in kräftigen Schüben aus dem mächtigen, unterirdischen Wurzelstock aus. Wer weiß, wo er wächst, kann sich schon die ganz jungen, dunkelroten Triebe, die geschützt von allerlei Geäst ganz versteckt aus der Erde spitzeln, pflücken. Später schlingen sie sich weiter an Sträuchern, Bäumen und Zäunen empor, um ans Licht zu gelangen.

Von ihnen sind nur noch die etwa 20 cm langen Sprossspitzen verwendbar. Brechen Sie diese in etwa der Länge ab – das geht ganz leicht, da die vordersten Triebenden sehr spröde sind – und bündeln Sie sie gleich beim Pflücken. Sie sparen sich so viel Zeit beim Weiterverarbeiten.

Vorsicht!

Zur gleichen Zeit und am gleichen Standort kann auch die Waldrebe (*Clematis sp.*) ihre jungen Klimmsprosse und die Zaunrübe (*Bryonia dioica*) ihre spiralfederartigen Ranken dem Himmel entgegenstrecken. Ihre Triebe sind jedoch glatt und nicht mit gegenständigen Blättern bewachsen, immer zwei einander gegenüberliegende Blätter hat nur der Wilde Hopfen! Dies ist das beste Erkennungsmerkmal.

Traditionelle Verwendung und Heilanwendung nach Hildegard

Die im Herbst reifen Hopfenzäpfchen werden traditionell als Heilmittel verwendet. Diese Zäpfchen haben am Ansatz Drüsen, aus denen ein gelbliches, bitteres, duftendes, mehlartiges Pulver herausstaubt. Es enthält ätherische Öle, Harz, Wachs, Östrogensubstanzen und Hopfenbitter (Lupulin).

Diese Inhaltsstoffe beruhigen, entkrampfen, wirken leberanregend, entzündungshemmend und desinfizierend. Man sagt dem Hopfen auch eine lustvermindernde Wirkung nach.

Als Frauenheilpflanze entfalten die heilsamen Stoffe ihre Wirkung bei Zyklus- und Wechselbeschwerden.

Bei Unruhe, Schlaflosigkeit und Überarbeitung wirkt Hopfentee, mit Honig gesüßt, entspannend und stimmungsaufhellend. Gesteigert werden kann die nervenstärkende Wirkung des Hopfens durch die Beigabe von Baldrian oder Melisse. Duftkissen aus Hopfen wirken mit ihrem Duft ebenso entspannend und schlaffördernd wie der Tee.

Als Bad wirkt Hopfen heilend bei allen Unterleibsbeschwerden, von Blasenentzündung bis zu Hämorrhoiden.

Seit dem 9. Jahrhundert wird der Hopfen zur Bierherstellung verwendet. Der Sud aus den Zäpfchen verleiht dem Bier bekanntlich seine Würze. Natürlich können auch andere Getränke damit aromatisiert werden. Doch Vorsicht bei der Dosierung! Zuviel Hopfen schmeckt schnell bitter. Übermäßiger Hopfengenuss kann Kopfschmerzen und Schwindel verursachen, aber auch Magenweh. Wegen seines ausgeprägten, bitteren Geschmackes wird man aber kaum zuviel davon konsumieren.

Bei Verletzungen und Entzündungen aller Art wurden in der Volksheilkunde die zerstoßenen Blätter des Hopfens aufgelegt.

Zuordnung und Anwendung nach TCM
Thermische Wirkung: kühl;
Organzuordnung: Herz, Leber, Magen, Blase, Niere;
Geschmack: bitter, leicht adstringierend, scharf; Element: Feuer, Metall;
Funktionen: klärt Hitze und Magen-Feuer, nährt Nieren- und Herz-Yin, beruhigt den Geist, wirkt Leber-Qi-Stagnation im Mittleren Erwärmer entgegen, leitet Feuchte – Hitze im Bereich der Haut aus.

Verwendung in der Wildkräuterküche
Der Volksmund nennt den Wilden Hopfen „Hopfenspargel", daraus lässt sich schon seine Verwendung erraten: Die jungen Triebe werden gekocht und wie Spargel verwendet. Ihr Aroma ist jedoch eher broccoliartig. Die bekannten, zum Spargel servierten Saucen passen auch gut zum Wilden Hopfen. Als Gemüsebeilage werden die Sprossen mit Butterbröseln ser-

viert. In Omeletten- oder Bierteig ausgebacken, schmecken sie ebenso köstlich.

Eine Delikatesse sind die gedünsteten Hopfensprossen als Salat mariniert. In Essig können die Sprossen ebenso konserviert werden.

Die perfekteste Zubereitungart ist meiner Meinung nach das kurze Anrösten in zerlassener Butter, so dass die Sprossen noch bissfest bleiben.

Natürlich können Hopfensprossen auch roh als knackige Salatbeigabe genossen werden.

Auch die jungen Triebe des Kulturhopfens wurden in den Hopfenanbaugebieten traditionell als Gemüse verwendet. In letzter Zeit sind sie wieder – zu sündhaften Preisen – am Markt erhältlich und werden bis nach Japan exportiert.

Meine Lieblingsrezepte

GEBACKENE HOPFENTRIEBE *

Das Mehl mit Bier, Eigelb, Salz und Muskat zu einem dickflüssigen Teig verrühren, das Öl hinzugeben und das zu Schnee geschlagene Eiklar unterziehen.

Die Hopfentriebe waschen, trockentupfen und, zu fünft gebündelt, mit einigen Schnittlauchtrieben zusammenbinden. Die Bündel in den Bierteig tauchen und bei 180 °C in Öl goldbraun ausbacken.

60 etwa 15 cm lange Hopfentriebe
1 kleiner Bund Schnittlauch
Für den Bierteig:
125 g Mehl
ca. 250 ml helles Bier
1 Eigelb, Salz
eine Prise Muskat
1 TL Öl
1 Eiklar

HOPFEN-SOUFFLÉ *

Die Hopfensprossen 2 Minuten blanchieren, in kaltem Wasser abschrecken und gut abtropfen lassen. In der Zwischenzeit die Butter in einer Pfanne zergehen lassen und mit dem Mehl eine leichte Einbrenn bereiten. Mit der Milch löschen und zu einer weißen Sauce einkochen, die mit Salz und Muskatnuss abgeschmeckt und zum Abkühlen weggestellt wird.

Die Hopfensprossen nun zu daumendicken Bündeln zusammenfassen und, mit einer Schinkenscheibe umwickelt, in eine befettete Auflaufform schichten. Die Eier trennen, das Eiklar zu Schnee schlagen und die Dotter in die Sauce rühren. Zu guter Letzt die Sauce mit dem Eischnee vorsichtig mischen, auf die Hopfenröllchen verteilen und mit Käse bestreuen. Bei 160 °C das Soufflé etwa 30 Minuten schön braun backen und warm servieren. Als Beilage eignen sich hervorragend Folienkartoffeln, die im Rohr mitgebacken werden können.

Etwa 80 Hopfensprossen
25 g Schinken
2 Eier
4 EL Mehl
2 EL Butter
Milch
Salz
Muskatnuss
2 EL geriebener Käse

MARINIERTE HOPFENSPROSSEN *

Frisch gepflückte Hopfensprossen in Gurkengläser schlichten, indem die Triebe (wie Spagetti-Nudeln) eingedreht werden, und anschließend mit kochendem Gewürzessig übergießen, heiß verschließen und ca. 2 Monate ziehen lassen.

EINGELEGTE HOPFENSPROSSEN *

Einige Handvoll Hopfen-schösslinge mit den jungen Blättchen
2 l Apfelessig
150 g brauner Zucker oder Honig
2 EL Senfkörner
1 TL Gewürznelken oder Wurzelstock der Nelkenwurz

Aus dem Essig und den Gewürzen einen schmackhaften Sud bereiten. Die Hopfentriebe am besten portionsweise in eine große Schüssel legen und mit dem kochenden Gewürzessig übergießen. Die Triebe nun zugedeckt stehen lassen, bis sie abgekühlt sind, nun dicht an dicht in saubere Gläser mit Schraubverschluss füllen. Den Gewürzessig neuerlich erhitzen, in die gefüllten Gläser schütten, bis alle Pflanzenteile gut bedeckt sind, und die Gläser gut verschließen.

Die eingelegten Hopfensprossen sollen zumindest 6 Wochen reifen, bis sie verwendet werden. Sie passen gut auf Antipasti-Teller, Salatarrangements oder auf Brötchen.

WILDSPARGEL-TORTE *

Mehl, Eier, Butter, Wasser und Salz zu einem glatten Teig verkneten und 15 Minuten kalt stellen.

Währenddessen die Hopfensprossen 2 Minuten blanchieren, mit kaltem Wasser abschrecken und zum Abtropfen auf ein Sieb legen. Die Eier, Schlagobers und die Gewürze verrühren und mit etwas Salz abschmecken. Als Backform kann entweder eine Quicheform aus Porzellan oder eine Springform verwendet werden. Nun den Mürbteig auf einer bemehlten Unterlage ausrollen, passend zur Kuchenform schneiden und diese mit dem Teig lückenlos auslegen. Die überlappenden Teigränder miteinander verkneten. Nun die Hopfensprossen in der Form verteilen und die Eier-Rahm-Mischung darüber gießen. Die Wildspargel-Torte im vorgeheizten Backrohr etwa 30 Minuten backen, dann den geriebenen Käse darüberstreuen und die duftende Torte noch etwa 10 Minuten fertigbacken.

Die Wildspargel-Torte warm aus dem Backrohr zu Wildkräutersalat servieren.

Topfenmürbteig:
250 g Dinkelvollkornmehl
50 g Topfen
100 g Butter
50 ml Wasser
1 TL Salz
Belag:
500 g junge Sprossen vom Wilden Hopfen
4 Eier
400 ml Schlagobers
100 g geriebener Käse (Parmesan)
Salz, Pfeffer und Muskatnuss

HOPFENSPROSSEN IN WALNUSS-KÄSESAUCE *

Die knackig gedünsteten Hopfensprossen zum Warmhalten beiseite stellen.

Für die Sauce die Nüsse grob hacken. Das Olivenöl erwärmen, mit dem kleingeschnittenen Käse vermischen und mit dem Essig und den Gewürzen abschmecken. Nun die Nüsse beifügen, die Sauce gut durchrühren, evtl. mit Salz abschmecken.

Die warmen Hopfensprossen auf einen Servierteller schichten und mit der Walnuss-Käsesauce übergießen.

Perfekt dazu passen Lammkoteletts.

600 g Hopfensprossen
Käsesauce:
50 g Blauschimmelkäse (Österkron)
50 g Walnusskerne
50 ml Olivenöl
1 EL Essig
2 Knoblauchzehen oder 1 kleine Handvoll Bärlauchknospen.

Hopfensprossen in Walnuss-Käsesauce

HOPFENSUPPE*

2 Handvoll Hopfentriebe
1 kleine Handvoll Löwen-
zahn, Vogelmiere, Sauer-
ampfer
500 ml Gemüsebrühe
oder Wasser
2 EL Butter
4 EL Dinkelmehl
Salz
Muskat
250 ml Schlagobers

Das Mehl in der zerlassenen Butter anrösten, so dass eine lichte Einbrenn entsteht, mit der Brühe oder dem Wasser aufgießen und kräftig
durchrühren, damit sich keine Klümpchen bilden.

Nun die gewaschenen, nudelig geschnittenen Kräuter beifügen, einmal aufkochen und mit dem Stabmixer pürieren. Zum Schluss den
Schlagobers untermixen.

Die Hopfensuppe mit Sahnehäubchen und einigen in Butter gerösteten Hopfensprossen servieren.

Als Dekoration: Die obersten Spitzen der Hopfentriebe, 2 Minuten in
Butter geröstet.

*Engelskraft in
Pflanzengestalt*

Engelwurz,
Angelika archangelica und
Angelika sylvestris
Wald

Botanische Merkmale und
Standortbeschreibung

Die Engelwurz ist eines der stattlichsten Mitglieder der Familie der Doldenblütler. Sie kann 2 m hoch werden, hat
einen hohlen, gerillten, im oberen Bereich meist purpur-
farbenen Stängel. Die ganze Pflanze ist unbehaart und wird
2–4 Jahre alt.

Die einzelnen Blättchen an den Blattfiedern sind mattgrün, eirund und am Rand gesägt. Sie sitzen an großen
Blattstielen und sind 1–3fach fiederteilig angeordnet. An
ihrem unteren Ende sind die Blattstiele mit großen, bauchigen, gerillten
Blattscheiden versehen, in denen die Blätter ursprünglich versteckt
waren. Die Scheiden der obersten Blätter beherbergen auch die jungen
Blütenstände. Kleine, weiße bis rosafarbene Blütchen vereinigen sich zu
einer großen Scheindolde, die hoch über dem Laub in großen, ballför-
migen Dolden steht.

Die Blüten entwickeln sich im Hochsommer zu flachen Scheinfrüchten,
die besonders intensiv duften, wenn sie gedrückt werden.

Die ganze Pflanze verströmt beim Zerreiben einen aromatischen, charakteristischen Duft.

Pflückhinweise und Sammeltipps

Sammeln Sie die jungen Blätter, bevor die Pflanze den Blütenstiel entwickelt, als Strauß.

Dies ist zweimal im Jahr möglich: im Frühling und im Spätsommer.

Bei der Ernte sollte man vorsichtig sein, damit man seine Haut nicht gleichzeitig mit Engelwurzsaft und Sonnenstrahlen „beglückt", da sonst Hautreizungen auftreten können (wie auch bei der Schafgarbe und beim Wiesenbärenklau).

Von den häufiger vorkommenden Doldenblütlern sind der essbare Wiesenbärenklau und der Giersch der Engelwurz ähnlich. Ersterer hat jedoch behaarte Blätter, der Giersch hat viel kleinere, lediglich dreiteilig gefiederte Blätter und einen dreieckigen Stielquerschnitt. Zum Erkennen der Engelwurz ist immer auch ihr charakteristischer Duft nach Sellerie und Ananas zu prüfen. Dieser ist auch ein gutes Unterscheidungsmerkmal zum Schierling, der unappetitlich stinkt. Auch sind die Blättchen des Schierlings dreieckig geformt.

Ob Sie die Erz-Engelwurz (*Angelika archangelica*) oder die häufiger anzutreffende Waldengelwurz (*Angelika sylvestris*) vor sich haben, ist für uns Wildkräutersammler nicht entscheidend, da von beiden Pflanzen die aromatischen, oberirdischen Teile genutzt werden können.

Der Echten Engelwurz wird die höchste Heilkraft nachgesagt, daher wird sie auch „Erzengelwurz" genannt. Zu Heilzwecken wird der dicke, kräftige Wurzelstock gegraben, im Vergleich hat die Waldengelwurz eine dünne, pfahlförmige, unattraktive Wurzel.

Beim Sammeln der Wurzeln der Engelwurz ist Vorsicht geboten, damit diese nicht mit jenen des tödlich giftigen Schierlings verwechselt werden! Achten Sie auf die deutlichen Querkammern in den Wurzeln, die nur der Schierling hat!

Traditionelle Verwendung und Heilanwendung nach Hildegard

Der Echten Engelwurz wird die höchste Heilkraft nachgesagt, daher wird sie auch „Erzengelwurz" genannt. Sie wird in der Heilkunde eingesetzt. Einer Legende nach hat der Erzengel Raphael einem Eremiten die Heilkraft dieser Pflanze verkündet.

Die Anwendungsmöglichkeiten der Engelwurz in der Heilkunde sind sehr vielfältig, enthält sie doch in großen Mengen ätherisches Öl, Bitter- und Gerbstoffe, Furanocumarine, Harze, Wachs, Stärke, Pektin und Zucker.

Ihre Wirkung geht auf das ätherische Öl und die Bitterstoffe zurück, für ihre Heilkraft ist sie seit alten Zeiten gerühmt. Eine Beigabe von Zucker zerstört die Heilwirkung der Bitterstoffe, wer Engelwurz als Heilmittel einsetzt, sollte dies wissen.

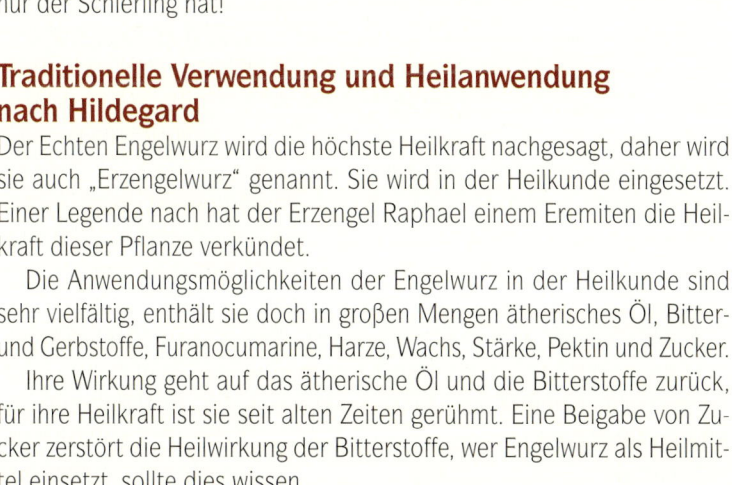

Von den germanischen und skandinavischen Völkern wurde die Engelwurz seit Menschengedenken verwendet.

Aus dem 12. Jahrhundert sind Überlieferungen bekannt, die Engelwurzgärten beschreiben. Die Angelikawurzel war zu dieser Zeit ein wichtiges Handelsgut, das in südlichere Länder exportiert wurde. Erst im 14. Jahrhundert brachten Mönche die Pflanze mit in die Klostergärten unserer Breiten.

Manche Heilkundige schreiben ihr die Kraft des Ginsengs zu, und diese Zuordnung scheint mir recht passend: Die Engelwurz hat allgemein stärkende Kräfte und wird als Magenmittel, das appetitanregend, verdauungsfördernd, leicht entkrampfend und gleichzeitig desinfizierend im Magen-Darm-Trakt wirkt, genauso eingesetzt wie als Husten-, Grippe- und Erkältungsmittel. Die Wurzel ist besonders wirksam und enthält eine stark schmerzstillende Substanz. Sie kann auch in kleinen Dosen frisch gekaut werden. Durch Kauen der bitteren Wurzelstücke schützten sich die Menschen im Mittelalter vor ansteckenden Krankheiten, ja sogar vor der Pest. Als Allheilmittel verehrt wurden aus Angelikawurzeln hergestellte Amulette, auch wurden Tränke und Lebenselixiere gemischt und zur Vorbeugung in Zeiten großer Ansteckungsgefahr zu teuren Preisen verabreicht. Besonders in die Geschichte der „Schutznahrung" eingegangen ist der „Essig der vier Räuber". Vier Räuber, die während einer Pestepidemie in Frankreich Häuser plünderten, ohne sich mit der Krankheit anzustecken, wurden gefasst und zum Tode verurteilt. Als Tauschgeschäft für ihr Leben verrieten die Räuber ihr Schutzrezept gegen die Pest: Kräuter mit besonders starker keimtötender Wirkung, dabei die Erzengelwurz, in Essig ausgezogen.

Engelwurz wird als Tee, Wein oder Likör verabreicht und nicht als ätherisches Öl, da dieses in hoher Konzentration abortiv wirken kann und auch Vergiftungen hervorruft.

Engelwurz-Tee: 2 gehäufte TL Engelwurz mit 250 ml kaltem Wasser übergießen, zum Sieden erhitzen, etwa 2 Minuten ziehen lassen und schluckweise den lauwarmen Tee trinken.

Bei nervösen Magenbeschwerden und Sodbrennen sollte eine Teemischung aus je 2 Teilen Engelwurz und Kalmus und je 1 Teil Zitronenmelisse und Walderdbeerblättern getrunken werden. Hier wird 1 EL der Mischung mit 250 ml kochendem Wasser übergossen und 15 Minuten ziehen gelassen. Der Tee wird über 6 Wochen lang zweimal täglich nach dem Mittag- und Abendessen verabreicht.

In der Volksmedizin wurde die Engelwurz noch umfassender eingesetzt:

Neben allen zuvor genannten Wirkungsbereichen kommt sie zusätzlich bei Rheuma und Gicht, zur Schmerzstillung, bei Entzündungen der oberen Atemwege und als verdauungsunterstützender Engelwurzwein zum Einsatz.

Zuordnung und Anwendung nach TCM

Thermische Wirkung: warm;

Organzuordnung: Lunge, Dickdarm, Magen;

Geschmack: scharf, leicht bitter, süß; Element: Metall, Holz, Erde;

Funktionen: tonisiert Milz-Qi und -Yang und Lungen-Qi und -Yang, wirkt entgegen Qi-Stagnationen im Mittleren Erwärmer, Feuchte – Kälte in der Lunge und Wind-Feuchtigkeits-Stagnation, leitet Feuchte – Kälte aus dem Dickdarm und Feuchtigkeit und Nahrungsmittel-Stagnation aus dem Mittleren Erwärmer aus.

Verwendung in der Wildkräuterküche

Die jungen Blattstängel der Engelwurz sind weich und zart. Roh in Scheiben geschnitten, verleihen sie Salaten, Suppen, Aufläufen und Soufflés, Bratlingen, Brötchen und sogar Fruchtsalaten ein besonderes, herbes Aroma. Gekocht, werden die Blattstängel auch als würziges Gemüse verwendet. In Stücke geschnitten und in Zuckersirup gekocht, werden die Blattstängel auch kandiert. Früher gab es diese Nascherei in Frankreich zu kaufen. Das Kandieren ist jedoch recht mühselig und wird daher nur mehr selten praktiziert.

Sobald die Pflanze beginnt, die Blütentriebe zu schieben, entwickelt sie ein derartig starkes Aroma, dass Blätter, Blüte und Stängel nur noch als Gewürz zum Einsatz kommen.

Auch die sehr scharfen Früchte können als aromaintensives Gewürz verwendet werden. Schon eine kleine Menge davon verleiht Marmeladen, Gelees und Sirup ein außergewöhnliches Aroma.

Mit den grünen Samen und den Wurzeln werden Liköre und Schnäpse versetzt – so beispielsweise Chartreuse oder Karmelitergeist, auf diese Weise lässt sich die gesundheitsfördernde Wirkung gleich mit einem ganz besonderen Genuss verbinden.

Meine Lieblingsrezepte

ENGELWURZ-SIRUP *

Die Engelwurzstängel in etwa 3 cm lange Stücke schneiden und im Zuckerwasser aufkochen, vom Herd nehmen und zum Abkühlen beiseite stellen. Die Engelwurzstängel nun halbieren oder vierteln und wieder in den Sirup legen.

75 g junge Blütenstängelspitzen und Blattstängel der Engelwurz
500 ml Wasser
500 g Zucker
Saft einer Zitrone

Dann den Zitronensaft beifügen und die Mischung nochmals aufkochen und etwa 20 Minuten leicht köcheln lassen. Den heißen Sirup samt Stängeln in Gläser mit weiter Öffnung füllen und gut verschließen.

Der hellgrüne Engelwurz-Sirup ist eine ganz besonders aromatische Zugabe zu Sorbets, Palatschinken, Apfeltorten und vielem anderen. Lassen Sie Ihrer Fantasie freien Lauf!

Engelwurz-Wein *

50 g fein zerschnittene Engelwurz mit 1 l Weißwein übergießen und 7 Tage stehen lassen. Dann den Ansatz abschütten und in kleinen Flaschen gut verschlossen lagern. Bei Bedarf wird ein Likörglas voll nach den Mahlzeiten genossen.

„Essig der vier Räuber" *

60 g Rosmarinkraut
60 g Salbei
60 g Pfefferminze
15 g zerstoßene Gewürznelken
15 g Zitwerwurzel (*Rhizoma Zedoariae*)
15 g Angelikawurzel
1 l guter Apfelessig

Die getrockneten, besser frischen Kräuter zerteilen und in ein großes Glas mit gut schließendem Deckel füllen, mit Essig aufgießen und verschlossen an einem warmen Ort, am besten in der Sonne, ziehen lassen. Das Glas schütteln und den Essig nach etwa 3 Wochen abseihen, wobei die Kräuter gut ausgedrückt werden.

Der „Essig der vier Räuber" kann bei Ansteckungsgefahr und Infektionskrankheiten teelöffelweise eingenommen werden. Äußerlich angewandt, wirkt er desinfizierend und reinigend.

Engelwurz-Gelee *

1 l Engelwurz-Sirup
1 kg Gelierzucker
1 Msp. Zimt
1 Handvoll Einzelblütchen der Engelwurz

Den Engelwurz-Sirup mit dem Gelierzucker und dem Zimt aufkochen, die Blütchen beifügen und die Mischung 10 Minuten köcheln lassen. Das Gelee in saubere Gläser abfüllen, nachdem die Gelierprobe erfolgt ist.

Pikante Engelwurztorte *

250 g junge Blütenstängelspitzen und Blattstängel der Engelwurz
200 g Blätterteig
2 Eier
80 g Roquefort-Käse
150 ml Milch
200 ml Schlagobers
1 EL Schnittlauch
Salz und Pfeffer nach Geschmack

Die Engelwurzstängel in leichtem Salzwasser, dem etwas Zitronensaft beigefügt ist, bissfest kochen.

Eine flache Springform mit dem Blätterteig auslegen, die Stängel darauf verteilen. Den Roquefort-Käse zerdrücken und mit den verbliebenen Zutaten in einer Schüssel gut verrühren, mit Salz und Pfeffer abschmecken und über den Engelwurzstängeln verteilen.

Die Torte im vorgeheizten Backofen bei 200 °C etwa 25 Minuten backen, bis der Guss fest geworden ist. Servieren Sie die Pikante Engelwurztorte frisch aus dem Ofen zu Rohschinken, frischem Weißbrot und Salat.

BIRNEN-ENGELWURZ-MOUSSE IN SCHWARZER HOLLER-SAUCE*

Topfen glatt rühren, Vanille- und Staubzucker, Birnenmus sowie gehackte Engelwurzblättchen beifügen. Gelatine in kaltem Wasser einweichen, abseihen, mit wenig Wasser auflösen und zügig unter die nicht zu kalte Topfenmischung mengen.

Den geschlagenen Obers unterheben, den Engelwurz-Sirup beifügen und unterziehen, die Masse in eine flache Form etwa 3 cm hoch einfüllen oder in Portionen in Glasschalen einfüllen und kühl stellen.

Entweder aus der großen Form Nockerln stechen und auf Tellern mit der Schwarzen Holler-Sauce gruppieren oder die in den Glasschalen gekühlten Portionen mit Schwarzer Holler-Sauce dekorieren und servieren.

200 g Topfen (20 % Fett)
80 g Staubzucker
100 ml Birnenmus (wie Apfelmus gekocht)
250 ml Schlagobers,
125 ml Engelwurz-Sirup
4 1/2 Blatt Gelatine oder pflanzliches Geliermittel
Vanillezucker
1 EL gehackte Engelwurz-Blättchen

Glockenblumen, *Campanula* sp.
Wald

Botanische Merkmale und Standortbeschreibung

Glockenblumen (*Campanula*) und ihre engen Verwandten, die Teufelskrallen (*Phneuma* sp.) werden landläufig „Rapunzeln" genannt. Dies lässt den Rückschluss zu, dass die einander ähnlich sehenden Pflanzen zwar aus botanischer Sicht verschiedenen Gattungen zugeordnet sind, aber im täglichen Gebrauch gleich genutzt wurden. Aus diesem Grund möchte ich dieses Kapitel nicht nur den Glockenblumen, sondern auch den Teufelskrallen widmen.

Der Einfachheit halber nenne ich beide „Rapunzeln".

Glockenblumen (*Campanula*)

Sie gehören beide zur artenreichen Familie der Glockenblumengewächse.

Teufelskrallen (*Phneuma* sp.) sind ausdauernde Pflanzen mit dicken, rübenartigen Wurzeln, die außen bräunlich-cremefarben sind und ein weißes Wurzelfleisch von angenehmem Aroma haben. Die Haut der Wurzeln enthält einen gelben, ein wenig scharfen Milchsaft.

Rapunzeln, die zum Naschen verführen

Zuerst bildet sich im Frühling aus der Wurzel eine grundständiges Blattbüschel aus mehr oder weniger großen, herzförmigen, nackten Blättern, die an langen Blattstängeln stehen.

Später schiebt die Pflanze einen einzigen, aufrechten Blütenstängel, der mit kleineren, länglich geformten, stängellosen Blättern besetzt ist. Die ungewöhnlich geformten Blüten bilden eine endständige, dichte, längliche Ähre, die während der Blüte im Sommer ein wenig zerzaust aussieht. Die Farbe der Blüten ist gelblich-weiß oder dunkelblau.

Pflückhinweise und Sammeltipps

Wer reichlich Rapunzeln aus der Gattung der Glockenblumen sammeln will, sollte sich darüber im klaren sein, dass etliche Arten wegen Bestandsgefährdung unter Naturschutz stehen. Eine genauere Bestimmung wäre daher angebracht. Sammelbar sind *Campanula barbata, glomerata, persicifolia, medium, rapunculoides, trachelium, rapunculus*, auch Rapunzeln aus der Gattung der Teufelskrallen *Phyteuma betonicifolium, globulariifolium, nigrum, spicatum, ovatum, hemisphaericum*. Die Teufelskralle bildet in Wäldern, an schattigen Böschungen, seltener auf Wiesen, dichte Kolonien und kommt fast überall in unseren Breiten vor.

Vereinfacht gesagt, dürfen Teufelskrallen, die auf Bergwiesen wachsen, nicht gesammelt werden, da diese aus den gefährdeten Arten stammen.

Graben Sie nur die Wurzeln dort, wo große Kolonien entwickelt sind, und trachten Sie, stets bestandsschonend vorzugehen.

Traditionelle Verwendung und Heilanwendung nach Hildegard

Heilende Wirkung wird in der Volksheilkunde dem Tee aus Glockenblumen bei Halsentzündungen und starker Ermüdung nachgesagt.

Sowohl die Gattung *Phyteuma* als auch *Campanula* enthalten in ihren rübenartigen Wurzeln Inulin, einen für Diabetiker verträglichen Zucker.

Verwendung in der Wildkräuterküche

„Rapunzeln" wurden sowohl als Salatpflanzen durch Ernten des jungen Blattwerkes von April bis Juni als auch als Wurzelgemüse im Herbst und Winter verwendet. Die Wurzel aller „Rapunzeln" können roh als auch gekocht genossen werden.

Von manchen Teufelskrallen schmecken die Wurzeln eher scharf, was an dem in der Rinde enthaltenen Milchsaft liegt, er erinnert an Rettich. Durch das Entfernen der Schale wird das Aroma gemildert. In Wasser gekocht, gebraten oder wie Folienkartoffeln zubereitet, entwickeln sie ein süßes, an Maroni erinnerndes Aroma. Sie sind sehr nährstoffreich und wurden von unseren Vorfahren relativ häufig gegessen. Die Wurzel bleibt das ganze Jahr über zart und verholzt nicht.

Die Wurzeln der Glockenblumen schmecken eher süßlich-mild, jene der Rapunzel-Glockenblume (*Campanula rapunculus*) sogar besonders süß. Ich denke, das ist der Hauptgrund, weswegen sie auch in Gärten kultiviert wurde. Besonders die Wurzeln der Rapunzel-Glockenblumen und der Acker-Glockenblume (*Campanula rapunculoides*) haben den oberen Wurzelteil stark verdickt, was einen guten Ertrag verspricht.

Die jungen Blütentriebe werden büschelweise gepflückt und kurz gegart, sie sind eine wahre Delikatesse in der Wildkräuterküche. Sie werden mit brauner Butter oder Crème fraîche serviert.

Natürlich bieten sich die hübschen blauen, frisch geernteten Glockenblumenblüten als essbare, jedoch schnell welkende Dekoration an. Von den Teufelskrallen werden die Blütenknospen und die im Erblühen begriffenen Knospen gesammelt.

Meine Lieblingsrezepte

RAPUNZEL-SPARGEL-GEMÜSE*

**300 g junge Blüten-
stände von Teufelskralle
oder Glockenblume
1 Becher Crème fraîche
Kräutersalz
1 EL Schnittlauch**

Die jungen Blütenstände am besten schon bei der Ernte mit einem Faden zusammenbinden und stehend – wie Spargel – in einem Topf mit Gareinsatz kochen, bis sie bissfest sind. Achten Sie darauf, dass die Triebe unbedingt knackig bleiben! Crème fraîche in einen Topf geben und leicht wärmen, nach Geschmack salzen und den Schnittlauch beifügen.

Richten Sie das Rapunzel-Spargel-Gemüse mit der Sauce beträufelt auf einer Platte an.

**600 g zarte junge Pflan-
zenteile von Rapunzeln,
gewaschen und grob
gehackt, 4 EL Butter
1 kleine Zwiebel
Salz und Muskat nach
Geschmack
250 g Vollkornmehl
3 Eier
125 ml Mineralwasser
etwas Salz
Öl zum Ausbacken**

VARIATIONEN VON RAPUNZEL-GEMÜSE

Aus Mehl, Eiern, Mineralwasser und Salz einen Crêpeteig herstellen und daraus mit wenig Öl dünne Crêpes backen.

Währenddessen die feingehackten Zwiebeln in der Butter anbraten, würzen und unter Beigabe der grobgehackten Rapunzeln weichdünsten. Das Rapunzelgemüse halbieren. In ganz wenig Öl die Sesamsamen und die Schinkenstreifen anrösten. Eine Hälfte des Rapunzelgemüses in die Hälfte der fertigen Crêpes füllen, mit der Sesam-Schinken-Mischung bestreuen und zuklappen.

**Variation 1:
10 EL Sesamsamen
100 g Schinken, in
Streifen geschnitten
Öl zum Anbraten
nach Geschmack
Sojasauce**

Die Rapunzel-Variation in Backrohr warm halten und dazu Sojasauce servieren.

Die restlichen Sesamkörner in wenig Öl anrösten, nun die andere Hälfte des Rapunzelgemüses beifügen, die in Hälften geschnittenen Kirschtomaten und den Mozzarella hinzugeben und vorsichtig durchmischen. Mit Salz abschmecken und die Mischung zudecken, bis der Mozzarella weich ist. Nun mit dieser Mischung die zweite Hälfte der Crêpes füllen und zur Hälfte zuklappen.

**Variation 2:
125 g Mozzarella, in
groben Stücken
1 Handvoll reife
Kirschtomaten
5 EL Sesamsamen
Salz nach Geschmack**

Servieren Sie die Variationen von Rapunzel-Gemüse zu Blattsalat.

WILDKRÄUTERSAUCE

In der geschmolzenen Butter das Mehl kurz anschwitzen lassen und zum Abkühlen wegstellen. Die Milch mit den Gewürzen, den Zwiebeln und den gehackten Glockenblumen-Rosetten aufkochen, 5 Minuten kochen lassen und mit dem Butter-Mehl-Gemisch verkochen, mit dem Stabmixer pürieren und mit gehacktem Kerbel ergänzen. Warm servieren.

500 ml Milch
40 g Butter
40 g Mehl
60 g Zwiebeln, geschnitten
Salz
Muskat
2 Handvoll Glockenblumen-Rosetten
etwas Kerbel, fein gehackt

GETREIDEBRATLINGE IN WILDKRÄUTERSAUCE

Den Dinkel am Vorabend in kaltem Wasser einweichen, dann einmal aufkochten und quellen lassen. Er sollte sehr weich gekocht werden. Die Zwiebeln, Wurzeln und Kräuter in der Butter anschwitzen lassen und die Mischung mit dem Dinkel durch den Fleischwolf drehen. Speiseöl in einer großen Pfanne erhitzen und die Getreidemasse löffelweise ins heiße Öl einlegen, zu flachen Puffern formen und beidseitig braun braten.

1 Tasse Dinkel
2 Tassen Wasser
2 EL gemischte Kräuter
je 1 EL Zwiebeln, Karotten, Petersilwurzel, fein gehackt
1 Ei
Salz und Pfeffer
Butter zum Braten

Sommer (Juli, August)

Käsepappel und Wilde Malven, *Malva sylvestris, Malva* sp.

Acker, Weinberg

Botanische Merkmale und Standortbeschreibung

Alle Käsepappeln und Malven gehören zur Familie der Malvengewächse, die überall auf der Welt essbare Wildformen und Gartenpflanzen hervorgebracht hat.

Man erkennt sie leicht an ihren fünf, meist rosafarbenen, herzförmigen Blütenblättern. Die einzelnen zarten Blütenblättchen sind von drei verästelten Blattadern durchzogen, die immer eine dunklere Färbung haben. Dies gibt den Blütenblättern ein Aussehen, als ob sie bemalt wären. In der Mitte der Blüte stehen miteinander verwachsene Staubgefäße, die wie ein „Sträusschen" aussehen, dies ist ein gutes Erkennungsmerkmal.

Die Blüten sitzen in den Blattachseln und am Sprossende, aus ihnen entwickeln sich kleine, flache „käselaibartige" Samen, die erst grün sind. Im ausgereiften, trockenen Zustand zerfallen die Samen in braune, flach-runde Teilfrüchte.

Schmückende Blüten, schmackhafte Blätter

Die Blätter der Malven sind dünkelgrün und lang gestielt, die unteren sind eiförmig, die oberen deutlich 3–7-lappig, meist jedoch 5-lappig und mehr oder weniger tief gekerbt. Die Blätter der Moschusmalve sind so tief gekerbt, dass sie Fiederblättchen ähnlich sehen.

Pflückhinweise und Sammeltipps

Malven und Käsepappeln finden wir überall in unseren Breiten – auf Feldern, Schutthalden und auf Ruderalflächen, aber auch an Wegrändern, auf Weinbergen und in Gärten.

Sie blühen vom Frühsommer bis zum ersten Frost unermüdlich und bringen ständig neue Knospen, Blüten und Früchte hervor, die laufend geerntet werden können.

Die grünen Malvenblätter sind oft von Brandpilzen befallen, die auf ihnen häßliche orange oder braune Flecken verursachen. Kontrollieren Sie daher die Blattunterseiten der Pflanzen vor der Ernte, hier ist die Krankheit schon im Anfangsstadium erkennbar. Pilzbefallene Blätter sind gesundheitsschädlich und sollten keinesfalls verwendet werden.

Auch die Eibischarten (*Althea* sp.) und die Strauchpappeln (*Lavatera* sp.) gehören zu den Malvengewächsen. Verwechslungsmöglichkeiten könnten sich ergeben, sind jedoch nicht weiter verfänglich, da alle Malvengewächse genießbar sind.

Traditionelle Verwendung und Heilanwendung nach Hildegard

Alle Malvensorten sind heilkräftig und seit Jahrtausenden zu Heilzwecken genutzt.

Malven haben einen hohen Gehalt an Proteinen und Pflanzenschleimen, sie enthalten aber auch Provitamin A, Vitamin B_1, B_2 und C sowie Mineralsalze. Die bunten Blüten der Malven enthalten Anthocyane (Blütenfarbstoffe).

Käsepappeltee sollte als Grundausrüstung zur Kräuterheilkunde in jedem Haushalt vorhanden sein. Die Schleimstoffe wirken reizlindernd, schleimlösend und in höheren Dosen leicht abführend.

Alle Leiden, die schmerzhafte, entzündete Oberflächen mit sich bringen, können mit der Käsepappel behandelt werden. Von Halsweh über Hauterkrankungen bis zu Magen-, Darm- und Augenentzündungen reicht das Anwendungsspektrum. Traditionell wird die Käsepappel auch bei eiternden, schlecht heilenden Wunden verwendet.

Da die heilkräftigen Schleimstoffe verkleben, wenn sie bei Temperaturen über 80 °C zubereitet werden, soll der Tee entweder kalt angesetzt und über Nacht ziehen gelassen oder mit maximal 80 °C heißem Wasser zubereitet werden. Dieser Ansatz kann als Tee und Gurgelmittel, als Badezusatz oder auch als Kompresse eingesetzt werden.

Hildegard von Bingen preist die magenstärkende Wirkung der Käsepappel und rät, sie auch als Gemüse zu essen.

Zuordnung und Anwendung nach TCM

Thermische Wirkung: kühl;
Organzuordnung: Lunge, Magen, Dickdarm;
Geschmack: süß; Element: Erde;
Funktionen: wirkt Schleim-Stagnation entgegen, nährt das Dickdarm-Yin, senkt das Lungen-Qi ab.

Verwendung in der Wildkräuterküche

Es gibt viele Malven- und Käsepappelarten und -sorten in Feld und Garten, sie alle sind für die Wildkräuterküche mannigfaltig verwendbar und wurden seit Menschengedenken gesammelt und verzehrt. Von den Römern ist bekannt, dass sie die Malvenblätter als gesundes Gemüse verwendeten. Cicero pries die Malve wegen ihrer gesundheitsfördernden Wirkung.

Die jungen Triebe aller Malven werden im Frühling zu Salaten und Gemüsegerichten verarbeitet. Später im Jahr werden die jungen Blättchen an den Triebenden verwendet. Da sie viele Schleimstoffe enthalten, eignen sich die feingeschnittenen Blätter auch zum Eindicken von Suppen und Saucen.

Die hell- bis dunkelrosa und malvenfarbenen Blüten sind bis zum Spätherbst eine wunderschöne und schmackhafte Beigabe zu Salaten, Brötchen und anderen bunten Kreationen. Sie färben Desserts, Tee und Limonade rosarot.

Die noch unreifen, grünen Samen haben ein nussartiges Aroma und werden gerne von Kindern roh geknabbert. Gekocht wie Erbsen, ergeben sie eine interessante und gesunde Beilage. Hierfür sind besonders die relativ großen Samen der Stockrose geeignet. Die grünen Samen der kleineren Malvensorten können als Beigabe über Salate oder Suppen gestreut werden. Samen und Blütenknospen, in Essig eingelegt, sind ein geschmacklich hochinteressanter Kapernersatz.

Getrocknet, werden die Blätter und Blüten der Malven als Tee verwendet.

Die wohlschmeckendste aller Malven ist die Kleinblütige Malve (*Malva pusilla*).

Meine Lieblingsrezepte

KÄSEPAPPEL-GEMÜSE NACH HILDEGARD*

4 Handvoll Malven- und Käsepappelblätter ohne Stiel
3 EL Butter
4 EL Dinkelmehl
Wasser
Salz
Galgant
Muskat nach Geschmack

Aus der zerlassenen Butter, dem Mehl und dem Wasser eine lichte Einbrenn zubereiten, würzen und die gewaschenen, verlesenen, nudelig geschnittenen Blätter beifügen. Das Gemüse zusammenfallen lassen und nicht mehr aufkochen.

Käsepappel-Gemüse passt gut in Palatschinken oder zu Getreidelaibchen.

GEBACKENE MALVENBLÄTTER*

20–30 große Malvenblätter
Für den Bierteig:
125 g Mehl
ca. 250 ml helles Bier
1 Eigelb
Salz
eine Prise Muskat
1 TL Öl
1 Eiklar

Das Mehl mit Bier, Eigelb, Salz und Muskat zu einem dickflüssigen Teig verrühren, das Öl hinzugeben und das zu Schnee geschlagene Eiklar unterziehen. Die Malvenblätter in den Bierteig tauchen und bei 180 °C in Öl goldbraun ausbacken. Gut geeignet sind diese dekorativen Blätter als Vorspeise mit diversen Saucen oder als Suppeneinlage.

KNUSPRIGE MALVE*

Die Blättchen und Blüten auf einer geeigneten Unterlage mit einem Pinsel dünn mit Olivenöl bestreichen und mit dem Salz bestreuen. Bei etwa 80 °C die Blättchen im Backrohr bei halb geöffneter Türe einige Stunden trocknen.

Diese Knabberei kann in luftdichten Gläsern gut einige Wochen konserviert werden.

3 Hände voll Triebe, Blättchen und Blüten von Malven und Käsepappeln
Olivenöl
Salz

MALVENBLATT-SOUFFLÉ*

Die Blättchen in kochendem Salzwasser blanchieren, abseihen und mit dem Stabmixer oder der Küchenmaschine pürieren. Die grüne Paste nun mit dem Schlagobers, dem Käse, dem gepressten Knoblauch und den Eidottern verrühren und würzen. Zum Schluss den frisch geschlagenen Eischnee unter die Masse heben und diese in eine gebutterte und mit Bröseln bestreute Auflaufform oder in kleine Portionsförmchen füllen.

Das Malvenblatt-Soufflé bei 160 °C etwa 30 Minuten im heißen Rohr backen.

Es passt gut zu Fisch und Filets.

4 Handvoll Malven- und Käsepappelblätter
100 ml Schlagobers
2 EL geriebener Käse
1 Knoblauchzehe oder
1 EL Bärlauch-Pesto
2 Eier
Salz
Galgant
Muskat
Bröseln und Butter für die Auflaufform

Vogelknöterich, *Polygonum aviculare*
Acker, Weinberg

Botanische Merkmale und Standortbeschreibung

Vogelknöterich gehört zu den unscheinbareren Mitgliedern der Knöterich-Familie. Er kommt sehr häufig vor, wächst auf fruchtbarem Ackerboden ebenso wie auf Schotterwegen, Höfen, Ödplätzen und Bahndämmen. Seine Gestalt ist sehr unterschiedlich, je nachdem, ob er an einem befahrenen oder begangenen Standort wächst, oder ob er seine Triebe unbehelligt dem Licht emporstrecken kann. Wenn sie niederliegen (müssen), sind die Triebe mager, wenn sie aufsteigen (können), sind sie kräftiger und bis zu 40 cm hoch. Sie sind verzweigt und tragen wechselständige, schmale, 0,5–3 cm lange, spitz auslaufende Blätter ohne Stiel.

In den Blattachseln und an der Sprossspitze wachsen im Hochsommer unscheinbare, trichterförmige, rosa-weißliche Blüten und später rötliche Samenstände.

Das unscheinbare Wunderkraut

Pflückhinweise und Sammeltipps

Ernten Sie nur jene zarten Triebteile und Blättchen, die sie verarbeiten möchten. So kann der Knöterich kräftig zur neuerlichen Beerntung weiterwachsen.

Traditionelle Verwendung und Heilanwendung nach Hildegard

Vogelknöterich enthält Kieselsäure, Schleim- und Gerbstoffe, Flavonoide und Saponine in geringen Mengen. Er wird in der Schulmedizin selten angewandt. Als Kieselsäurelieferant wird hier eher der Schachtelhalm verwendet.

Schon in frühsteinzeitlichen Funden wurden Knöterichsamen nachgewiesen. Meines Erachtens die wichtigste Anwendungsform des frischen Knöterichs ist als blutungsstillende Notfall-Kompresse. Bei Unfällen im Hof und auf den Wegen und Straßen, die in früheren Zeiten gang und gäbe waren, war immer der Vogelknöterich in greifbarer Nähe. Seine adstringierende Wirkung hilft, blutende Wunden zu beruhigen und Schmerzen zu stillen. In der Volksmedizin ist der Vogelknöterich ein vielgelobtes und vielverwendetes Kraut, nicht zuletzt deshalb, weil er überall zu finden ist. Zur Anwendung gelangt in der Hausmedizin fast ausschließlich der

Tee. Er wird äußerlich in Form von Umschlägen und Kompressen bei schlecht heilenden Wunden, besonders bei offenem Bein, angewandt.

Heilanzeigen sind Hautunreinheiten, Durchfall, Husten und Heiserkeit, Rheuma, Gicht, Blasen- und Nierenleiden, Periodenbeschwerden, Bauchschmerzen und Hämorrhoiden.

Vogelknöterich-Tee wird zubereitet, indem 2 EL Vogelknöterich mit ¼ l kaltem Wasser angesetzt und zum Sieden erhitzt werden. Danach wird abgeseiht.

Beim Heilfasten wird Vogelknöterichtee zur Nierenanregung und zur Säuberung des Harntraktes von Ablagerungen eingesetzt.

Verwendung in der Wildkräuterküche

Der Geschmack des Vogelknöterichs ist unspektakulär, er schmeckt einfach „grün", interessanter ist da schon das Essgefühl: Wer Vogelknöterich kaut, spürt deutlich, wie sich „der Mund zusammenzieht". Aus diesem „intensiven Grund" sollte man den Vogelknöterich immer mit anderen Blattgemüsen gemischt verwenden, beispielsweise in Salaten und Kochgemüse. Blättchen und Triebspitzen können auch getrocknet und als Kräutersalz aufbereitet verwendet werden. Die dunkelbraunen, kleinen, dreikantigen Samen sind sehr nahrhaft und wurden von unseren Vorfahren seit der Jungsteinzeit zu Ernährungszwecken verwendet. Sie wurden gemahlen und zu Brei verkocht oder im Ganzen verwendet. Ihr Geschmack ist mild und mehlartig. Der aus der gleichen Familie stammende „Echte Buchweizen" (*Fagopyrum esculentum*) wird auf gleiche Art und Weise verwendet.

Grundsätzlich sind alle Mitglieder dieser Familie in der Küche verwendbar, etwa der Wiesen-Knöterich (*Polygonum bistorta*), der Winden-Knöterich (*Polygonum convolvulus*) oder der Knöllchen-Knöterich (*Polygonum viviparum*) sind sehr wohlschmeckend. Manche Knöteriche sind jedoch für Genusszwecke einfach zu scharf oder zu zusammenziehend, kosten Sie sich einfach durch, die Geschmäcker sind bekanntlich verschieden.

Meine Lieblingsrezepte

VOGELKNÖTERICH-GRIESSKNÖDERLN IN KLARER SUPPE *

Die Knöterichblättchen in Salzwasser abkochen und gut ausdrücken.

Dann Milch, Butter und Salz aufkochen, 200 g Grieß einrühren und unter ständigem Rühren so lange quellen lassen, bis sich die Masse vom Geschirr löst. In die warme Masse die Eier und den restlichen Grieß einrühren, das Knöterichgemüse beimischen und zum Schluss mit Muskat würzen. Die Masse erkalten lassen und dann daraus 12 gleich große Knödel formen, die in kochendes Salzwasser eingelegt, einmal aufgekocht und 10 Minuten ziehen gelassen werden.

1 Handvoll Vogelknöterichblättchen
250 g Grieß
100 g Butter
500 ml Milch
3 Eier
Salz
Muskatnusspulver

Aus verschiedenen Gemüsen eine Klare Brühe herstellen, das Gemüse abgießen, würzen und die Vogelknöterich-Grießknöderln in der klaren Suppe servieren.

OMELETT VOM VOGELKNÖTERICH*

1 Handvoll Blättchen und zarte Sprossspitzen vom Vogelknöterich
evtl. 2 EL Samen
8 Eier
125 ml Milch
Salz und Schnittlauch nach Geschmack
125 g Butter zum Braten

Die in Salzwasser einige Minuten gekochten Knöterichblättchen abgießen, gut ausdrücken und grob schneiden.

Die Eier mit der Milch verquirlen, würzen und mit dem Vogelknöterich versetzen.

In einer großen Pfanne die Butter zerlassen, die Eimischung vorsichtig hinein schütten und das Omelett auf einer Seite goldbraun braten. Für einige Minuten einen Deckel auf die Pfanne geben, damit die ganze Masse gar und fest wird. Dann das Omelett wenden und auf der anderen Seite braten. Nun zur Hälfte zusammenschlagen und mit Schnittlauch und – falls vorhanden – Knöterichsamen bestreuen. Selbstverständlich kann die Speise für alle Fleischtiger mit Speckwürfeln bereichert werden.

Das Kräutlein „Nimmerweh"

Wegwarte, *Cichorium intybus*
Acker, Weinberg

Botanische Merkmale und Standortbeschreibung

Die Wegwarte gehört zur Familie der Korbblütler und ist für den, der sie kennt, häufig zu finden. Leider wird sie an ihrem häufigsten Standort, nämlich an Weg- und Straßenrändern häufig abgemäht und fristet so ein kümmerliches, verkrüppeltes Dasein. Im voll entwickelten Erscheinungsbild ist die Wegwarte mit ihren sparrigen, über 1,5 m hohen, stark verzweigten und von unzähligen blauen Blüten und Knospen bewachsenen Stängeln eine beeindruckende Erscheinung. Die Wegwarte ist eine typische Hochsommerpflanze, die auffällig schönen, hellblauen, selten weißen Blüten öffnen sich nur bei Sonnenschein und sind sehr schnell verblüht. Doch schon öffnen sich neue Knospen und schmücken die sparrigen Stängel aufs Neue. Die Blätter sind wohl das Unauffälligste an der Wegwarte: Im Frühjahr stehen sie als Rosette, löwenzahnartig, jedoch behaart und dicht an dicht am Boden anliegend, die Blättchen an den Blütenstielen werden zunehmend kleiner und immer weniger geteilt, bis sie – hoch oben am Stiel – lanzettlich sind.

Die ganze Pflanze enthält einen weißen, bitteren Milchsaft. Sie ist mit einer langen, spindelförmigen Wurzel im Boden verankert.

Pflückhinweise und Sammeltipps

Das blühende Kraut wird in Sträußen geschnitten und rasch an der Luft getrocknet.

Die Wurzeln werden im Spätherbst gegraben, achten Sie auf trockenes Wetter und einen Standort, an dem der Boden tiefgründig und gut grabbar ist.

Traditionelle Verwendung und Heilanwendung nach Hildegard

Die heilenden Stoffe der Wegwarte sind vielfältig: Bitterstoffe, Gerbstoffe, bis zu 25 % Inulin in den grünen Teilen und in der Wurzel, Schleimstoffe und ätherische Öle.

Die Wegwarte wird als bitteres Kräftigungs- und Anregungsmittel für Leber, Galle und Bauchspeicheldrüse angewandt. Stoffwechselstörungen wie Blähungen, Leibschmerzen, Appetitlosigkeit, Völlegefühl oder Kopfweh werden durch einen Tee aus den Wurzeln der Wegwarte heilend beeinflusst. Inulin ist ein Diabetikern zuträglicher Zucker, er wirkt günstig auf die Bauchspeicheldrüse und kann eine Blutzuckersenkung bewirken.

Wegwarten-Tee: 1 TL Wurzel oder Kraut der Wegwarte mit 250 ml kaltem Wasser übergießen, zum Sieden erhitzen und 2–3 Minuten lang kochen, dann abseihen. Trinken Sie täglich 2–3 Tassen davon.

Über 4000 Jahre wurde die Wegwarte von Menschen vieler Kulturen zu Heil- und Zauberzwecken verwendet. Sagen und Legenden handeln davon. Die alten Ägypter, die Griechen der Antike, auch die Germanen und später die Heil- und Zauberkundigen des Mittelalters, alle bedienten sich der magischen Kräfte der Wegwarte.

Noch aus dem 17. und 18. Jahrhundert sind uns Zaubersprüche und Rituale überliefert.

Als Kräutlein „Nimmerweh" fand die Wegwarte Verwendung in der Frauenheilkunde, das Kraut wurde Frauen bei der Geburt ins Bett gelegt und sollte vor dem Verbluten retten.

Paracelsus wusste zu berichten, dass sich die Wegwartenwurzel alle sieben Jahre in einen Vogel verwandelt, ein Synonym für die Heilkraft der Blüten auf die von Schwermut und Melancholie gezeichnete Seele der Menschen.

Verwendung in der Wildkräuterküche

Die unteren, zarten Blätter der Wegwartenrosette werden bis zum Sommer zu Gemüsegerichten, Kräutersaucen, zu Wildkräuterspinat und roh als Salatbeigabe verwendet. Als wertvoller Wintersalat kann die grüne Rosette auch in der kalten Jahreszeit beerntet werden. Wenn später im Jahr die Blätter zu bitter sind, werden sie vor der Weiterverarbeitung gewässert.

Die zarten Blütenstängel und jungen Triebe ergeben eine delikate Speise, wenn sie gekocht oder gedünstet, gebraten, frittiert oder in Ausbackteig zubereitet werden.

Natürlich finden auch die hellblauen Blüten in der Wildkräuterküche Verwendung: Als essbare, jedoch schnell welkende Dekoration für Salate, Brötchen oder auch verzuckert als Verzierung für Torten, Konfekt und Törtchen.

Die lange, dicke Wurzel der Wegwarte wurde traditionell getrocknet und geröstet und als Kaffeegetränk gekocht. Dieser Vergleich hat weder mit den Inhaltsstoffen noch mit Wirkung oder Geschmack des „Zichorienkaffees" zu tun, sondern lediglich mit der ebenso kaffeebraunen Farbe des heilsamen Getränkes.

Die Wurzeln können ab September bis zum Frühling geerntet werden, wenn der Boden nicht gefroren ist. Sie finden hauptsächlich in der Heilkunde Verwendung, können aber auch geschält und entbittert als Wurzelgemüse verarbeitet werden.

Als süße Leckerei gab es in früheren Zeiten kandierte Wegwartenwurzeln beim Konditor zu erstehen. Eine gesunde und delikate Süßigkeit.

Meine Lieblingsrezepte

HEIL-WEIN

1 l süßer Rotwein
3 Handvoll Blüten der Wegwarte
1 Sträußchen blühender Ysop
1 Sträußchen blühende Melisse
1 Vanillestange
Rosinen

Die Kräuter mischen, grob zerteilen und in ein Glas mit Schraubverschluss füllen. Die im Mörser zerquetschten Rosinen und die der Länge nach aufgeschnittene Vanillestange hinzufügen.

Die Mischung mit dem Wein übergießen, das Glas gut verschließen und den Ansatz etwa 4 Wochen an einem warmen Ort ziehen lassen. Dann kann der Wein abgeseiht und gefiltert werden.

Dieser sehr aromatische Heil-Wein kann bei allen vorher angeführten Unpässlichkeiten achterlweise auf nüchternen Magen verabreicht werden.

BLAUER ZUCKER

Die Wegwartenblüten mit dem Zucker schichtweise übergießen und mit Hilfe eines Mörsers zu einer blauen Paste verarbeiten.

Ein mit Backpapier ausgelegtes Backblech mit der Zuckerpaste etwa 1 cm dick bestreuen und zum Trocknen ins auf 50 °C vorgeheizte Backrohr schieben. Die Türe muss auf alle Fälle einen Spaltbreit geöffnet bleiben, damit die Feuchtigkeit entweichen kann. Ist die Oberfläche des Zuckers getrocknet, durchmischen. Durch „Wutzeln" in den Händen entstehen kugelige Körner, die weiter getrocknet werden.

Ist der „blaue Zucker" völlig getrocknet, kann er in kleinen Gläsern luftdicht verschlossen und lichtgeschützt gelagert werden. Vorsicht vor Motten! Diese Haushaltsschädlinge lieben alle Arten von Blütenzucker!

3 Handvoll frische, schön erblühte Wegwartenblüten
200 g weißer Feinkristallzucker
eine Prise Zitronensäure

Beifuß, Gemeiner, *Artemisia vulgaris*

Acker, Weinberg

Botanische Merkmale und Standortbeschreibung

Der Beifuß ist für eine krautige Pflanze eine sehr imposante Erscheinung. Aus einem kleinen, unscheinbaren Blättergrüppchen, das im Mai erscheint, entwickelt sich in nur acht Wochen eine mannshohe Pflanze.

Ihr aufrechter, harter, braunroter Stängel erhebt sich bis zu 1,5 m über den Boden, ihm entspringen viele feine Seitenäste. Die Blätter des Beifuß mit ihren spitzen Enden sind auf der Oberseite grün, unten weiß befilzt und doppelt gefiedert, mit spitzen Blattenden. Im Hochsommer erscheinen die kleinen, unscheinbaren Blüten am oberen Ende der Pflanze. Dann entfaltet er seinen balsamischen Duft von ätherischen Ölen, die in der gesamten Pflanze enthalten sind.

Beifuß wächst, oft in Massen, an Wegrändern, in Kiesgruben und auf Schutthalden und ist eng verwandt mit dem Wermut.

Die „Königin aller Pflanzen"

Pflückhinweise und Sammeltipps

Junge Blätter werden im Frühling gesammelt. Einige Wochen später lassen sich die zarten Triebspitzen ernten, solange sie mit den Fingerspitzen brechbar sind.

Das duftende Kraut ist im Hochsommer als „Riesenstrauss" pflückbar, es kann so zum Trocknen aufgehängt werden, um dann in der ruhigeren Jahreszeit abgerebelt und weiterverarbeitet zu werden.

Traditionelle Verwendung und Heilanwendung nach Hildegard

Bei den Germanen galt der Beifuß als die mächtigste aller Pflanzen.

„Mugwurz" – „Machtwurz" wurde er genannt, Pflanze des Lebens, der Wärme, der Kraft. Als Räucherkraut vertreibt er „böse Geister" wie Krankheiten und Ungeziefer.

Beifußduft verleiht Ausdauer, diese Weisheit machten sich die Herrscher im Römischen Reich zunutze und erließen eine Verordnung, wonach beim Straßenbau unter die Pflastersteine eine Schicht Beifußkraut gestreut werden sollte. Angeblich ist darauf der Erfolg der römischen Truppen zurückzuführen...

Später gaben sich die Soldaten Beifuß in ihre Stiefel, um länger und ausdauernder marschieren zu können.

Auch heute noch wird er als Kraft- und Frauenheilpflanze von den Naturvölkern auf der ganzen Welt verehrt und verwendet. In der Frauenheilkunde wird Beifuß wegen seiner zusammenziehenden Wirkung auf die Gebärmutter zur Geburtsbegleitung und seiner blutungsauslösenden Wirkung zur Linderung prämenstrueller Beschwerden eingesetzt.

Bei vielen Naturvölkern wird er auch zur Geburtenkontrolle verwendet.

Hildegard von Bingen empfiehlt ihn als Gewürz in allen Fleischspeisen, damit sie leichter verdaulich werden. Dabei ist es wichtig, das Kraut mit dem Fleisch zu kochen.

Als Leber- , Galle- und Bauchspeicheldrüsen stärkendes Kraut ist der Beifuß eine der wichtigsten Pflanzen der Hildegard-Medizin.

So wichtig die Pflanze in alten Zeiten war, so unauffindbar ist sie in unserer modernen Küche geworden. Leider, denn wir hätten die Pflanze bitter nötig!

Als Wein, Tee oder Gewürz wirkt Beifuß verdauungsfördernd, magenstärkend und hilft außerdem bei Blähungen. Als galle- und leberanregendes Hausmittel sollte Beifuß auf jedem Gewürzbrett stehen!

Beifußduft wirkt stark wärmend, desinfizierend, reinigend und verdauungsstärkend.

Als Kräuterkissen eingesetzt, ergeben diese Eigenschaften eine subtile, jedoch sehr wirkungsvolle Gesundheitsunterstützung, indem man, gemütlich liegend, ein wenig am Kissen schnuppert. Schließlich hat auch Maria ihrem Kindlein Beifuß in die Krippe gelegt, wie alte Darstellungen belegen.

Zuordnung und Anwendung nach TCM

Thermische Wirkung: warm;

Organzuordnung: Milz, Leber, Nieren;

Geschmack: bitter, scharf; Element: Feuer, Metall;

Funktionen: vertreibt Kälte im Bereich sämtlicher Meridiane, stoppt Schmerzen, besonders bei Feuchte – Kälte, stoppt Blutungen (geröstet), tonisiert das Nieren-Yang, wirkt mild Leber-Stagnationen entgegen.

Verwendung in der Wildkräuterküche

Die jungen Blätter im Frühling eigenen sich wegen ihres erst zarten Aromas gut für Suppen und Blattgemüse. In Japan werden die jungen Beifußblätter in Wasser gekocht und als Gemüse mit Sojasauce und geröstetem Sesam gegessen.

Um sie fürs ganze Jahr vorrätig zu haben, werden sie blanchiert und dann getrocknet. Dies erscheint mir eine sehr interessante Variante der Konservierung zu sein.

Die jungen Triebe, besonders die zarten Stängelspitzen, sind eine saftige, leicht süßliche und aromatische Zutat zu Salaten und Rohkost. Im Aroma erinnern sie an Artischocken.

Wenn die Pflanze bis zum Hochsommer genügend ätherisches Öl gebildet hat, um zu duften, wenn wir an ihr reiben, wird sie als Gewürz verwendet. Sie schmeckt dann leicht bitter.

In unseren Breiten wurde Beifuß als Würzkraut zu fetten Speisen geschätzt und traditionell zum Würzen von fettem Geflügel und Fleisch verwendet. Deshalb wird er in vielen Gegenden auch „Ganslkraut" genannt. Als Gewürz genutzt, ist Beifuß ein vorzügliches Wild-, Geflügel- und Brotgewürz mit verdauungsförderndem Effekt.

Meine Lieblingsrezepte

BEIFUSS-PALATSCHINKEN *

Mehl, Milch, Wasser, Eier, eine Prise Salz und die zerlassenen Butter zu einem glatten Teig verrühren. Diesen zum Quellen eine Stunde beiseite stellen.

In der Zwischenzeit die Beifußtriebe grob hacken und unter den Teig mischen. In einer heißen Pfanne in zerlassener Butter nacheinander etwa 12 Stück dünne Palatschinken ausbacken.

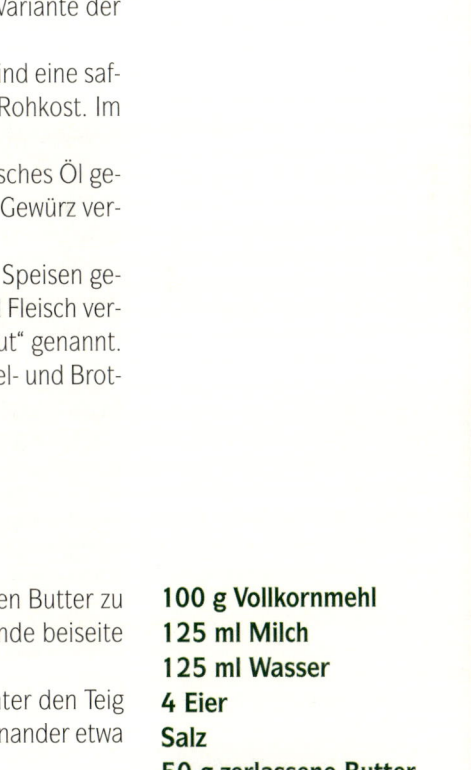

100 g Vollkornmehl

125 ml Milch

125 ml Wasser

4 Eier

Salz

50 g zerlassene Butter

2 Handvoll junger Beifußtriebe

Butter zum Ausbacken

LEBERTERRINE MIT BEIFUSS

400 g Hühnerleber, passiert
400 g Butter
2 Eier
60 g Zwiebeln
1 EL Salz (am besten Beifuß-Gewürzsalz)
2 Zehen Knoblauch, gehackt
1 TL Weinbrand
1 TL Sherry
1 Sträußchen frischer Beifuß (Blüte und Blatt)
200 g Pastetenspeck, ungeräuchert, in dünnen Scheiben
1 Bund Petersilie oder Giersch

Die Terrinenform mit dem Pastetenspeck auskleiden (überlappend), in der geschmolzenen Butter die gehackte Zwiebel anlaufen lassen, die Leber unter Zugabe der Eier vermixen, die Buttermischung (lauwarm) langsam einmixen, bis eine homogene Masse entsteht. Nun die verbliebenen Zutaten beifügen, zum Schluss die fein gehackten Kräuter hinzufügen.

Die Masse in die Pastetenform füllen, mit Speckscheiben abdecken und mit Alufolie bedecken. Die Form in ein heißes Wasserbad setzen und die Pastete im auf 140 °C vorgeheizten Backrohr etwa 45 Minuten ziehen lassen. Dann die Form aus dem Wasserbad heben, leicht beschweren und zum Abkühlen stellen.

Die ausgekühlte Form kurz in heißes Wasser tauchen, stürzen und die kalte Pastete in etwa 8 mm dicke Scheiben schneiden und mit essbaren Blüten dekorieren. Zu Vollkornbrot serviert, ergibt die Terrine einen herzhaften Genuss.

BEIFUSSAPERITIF*

1 l trockener Weißwein
3 Stämmchen Beifuß
3 Blätter Zitronenmelisse
1 Pfefferminzblatt
1 EL Honig

Die Kräuter in den Wein geben, 12 bis maximal 24 Stunden ziehen lassen, abseihen und den Honig einrühren. In einer Flasche kühl aufbewahren. Dieser Aperitif ist appetitanregend, verdauungsfördernd und anregend für Leber und Galle.

WILDEINTOPF MIT BEIFUSS

Speck und Zwiebeln kleinwürfelig schneiden und im erhitzten Öl hellbraun anrösten. In der Zwischenzeit das Fleisch in etwa 3 cm große Würfel schneiden und zu der angerösteten Speck-Zwiebel-Mischung geben, mit den Gewürzen bestreuen, salzen, mit Wasser übergießen und zugedeckt dünsten. Ist das Fleisch fertig gegart, wird es aus dem Saft entfernt. Mehl und Sauerrahm gut miteinander verrühren und in die Sauce einrühren. Die Sauce 10 Minuten köcheln lassen, dann das Fleisch wieder hineinlegen, kurz ziehen lassen und mit Spätzle oder Serviettenknödeln servieren.

Sie können die Fleischsorten auch mischen, was eine recht interessante Geschmacksvariante ergibt.

800 g Hirschschulter, ausgelöst und geputzt, oder Wildschweinbauchfleisch oder Lammschulter
150 g Räucherspeck
250 g Zwiebeln
6 EL Öl
2 EL Beifußpulver
1 EL Ysop
400 ml Wasser
125 ml Sauerrahm
20 g Mehl, glatt
Salz

BEIFUSS-SAUCE *

Die Butter zerlassen und darin das Mehl goldbraun anschwitzen. Mit dem Wasser aufgießen und gut umrühren, damit die Sauce nicht anbrennt! Würzen und den gewaschenen, geschnittenen Beifuß dazugeben. Einmal aufwallen lassen und nach Geschmack mit dem Stabmixer pürieren.

Diese geschmackvolle Sauce passt gut zu Getreidelaibchen, Kartoffelpuffern oder gedünstetem Gemüse.

2 Handvoll junges Beifußkraut
2 EL Dinkelmehl
2 EL Butter
250 ml Wasser oder Milch
Salz
Galgant
Muskat

KRÄFTIGE HERBSTBRÖTCHEN MIT BEIFUSS

Das Mehl mit dem Salz vermischen und auf einer Arbeitsfläche aufschütten, in die Mitte eine Vertiefung drücken, in welche die mit etwas Wasser und Honig verrührte Hefe gefüllt wird. Nach einer Wartezeit von etwa 5 Minuten die Buttermilch darüber gießen und mit etwas Mehl vom Muldenrand bedecken. Den Vorteig 15 Minuten gehen lassen, dann die Butterflöckchen beifügen und alle Zutaten zu einem geschmeidigen, festen Teig verkneten. Der Teig kann natürlich auch in einer Küchenmaschine zubereitet werden.

Den fertigen Teigballen mit den Gewürzen bestreuen und diese kräftig verkneten. Dann soll der Teig an einem warmen Ort 30 Minuten gehen.

In der Zwischenzeit die Füllung zubereiten. Dazu die feingehackten Zwiebeln und die Schinkenwürfel in etwas Öl anschwitzen, bevor sie mit Beifuß und Salz gewürzt werden. Die Mischung bei geschlossenem Deckel am warmen Herd stehen lassen, damit sie richtig durchziehen kann.

Vor der Weiterverarbeitung den Gewürzteig nochmals durchkneten, anschließend in 20 Teile teilen, die zu Kugeln geformt, platt gedrückt und mit der Schinken-Zwiebel-Füllung gefüllt aufs befettete Backblech

Teig:
750 g Weizenvollkornmehl
2 TL Beifuß
1 TL Kümmelpulver
2 TL Salz
42 g Hefe
1 EL Honig
500 ml Buttermilch
100 g Butter
Schinken-Zwiebel-Füllung:
3 große Zwiebeln
300 g kleinwürfelig geschnittener Schinken
1 TL Beifuß
Salz nach Geschmack

gelegt werden. Nach einer Gehzeit von 15 Minuten die Herbstbrötchen im vorgeheizten Backrohr bei 250 °C etwa 20 Minuten goldbraun backen und am besten warm servieren.

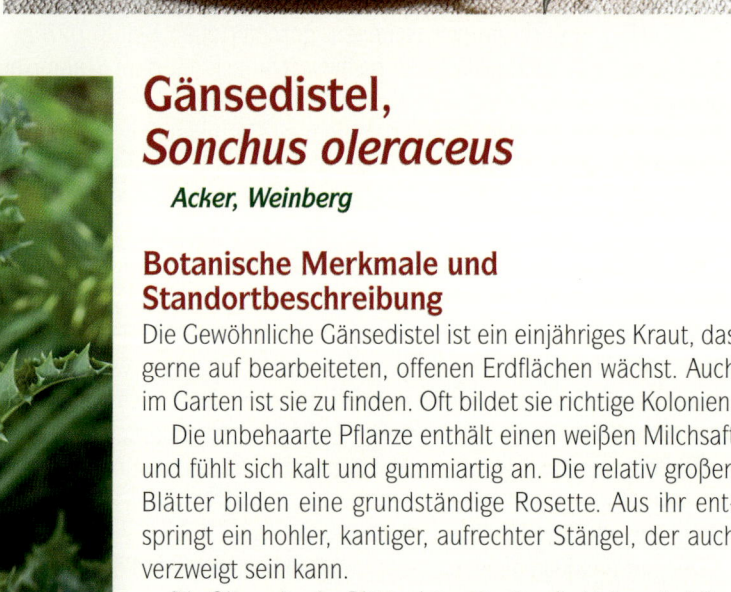

Gänsedistel, *Sonchus oleraceus*

Acker, Weinberg

Botanische Merkmale und Standortbeschreibung

Die Gewöhnliche Gänsedistel ist ein einjähriges Kraut, das gerne auf bearbeiteten, offenen Erdflächen wächst. Auch im Garten ist sie zu finden. Oft bildet sie richtige Kolonien.

Die unbehaarte Pflanze enthält einen weißen Milchsaft und fühlt sich kalt und gummiartig an. Die relativ großen Blätter bilden eine grundständige Rosette. Aus ihr entspringt ein hohler, kantiger, aufrechter Stängel, der auch verzweigt sein kann.

Die Oberseite der Blätter ist mattgrün, die Unterseite bläulich-grün. Dort wo die Blätter am Stängel verwachsen sind, umfassen sie ihn als spitze Läppchen. Die Mittelrippe des Blattes ist an der Blattunterseite mit Dornen besetzt, die im Herbst so stark verhärtet sind, dass sie empfindlich stechen können.

Ein harmloses „Unkraut" von vielfältiger Verwendbarkeit

Die einzelnen, kantig geformten Blattabschnitte sind dem Boden zugedreht und am Rand mit fast dornigen Zähnchen bewachsen. Der Blattabschnitt an der Spitze ist dreieckig und deutlich größer als die anderen.

Der Blütenstand, der sich an der Triebspitze bildet, hat 1–2 cm kleine, längliche, hellgelbe Blütchen, die wie eine halb geöffnete Löwenzahnblüte aussehen. Vom Juni bis zum ersten Frost bilden sich ständig neue Knospen und Blüten. Die Blütenköpfchen, die – wie die des Löwenzahns – aus Röhrenblüten bestehen, bilden später flaumige Bällchen, wie kleine Pusteblumen, die sich jedoch schwer vom Stängel lösen.

In unseren Breiten gibt es noch weitere Arten der Gattung *Sonchus*. Insbesondere die Raue Gänsedistel (*Sonchus asper*) und die Acker-Gänsedistel (*Sonchus arvensis*) sind stark auf Schutthalden und Feldern verbreitet. Die glänzenden, ganzrandigen Blättchen der Rauen Gänsedistel stechen genauso wie die der Echten Disteln, die beiden Öhrchen, die den Stängel umfassen, sind spiralig gedreht. Die Acker-Gänsedistel hat tief eingeschnittene Blätter und rundliche Öhrchen, die nicht spiralförmig sind.

Verwechslungen mit giftigen Pflanzen sind meines Erachtens nicht möglich.

Pflückhinweise und Sammeltipps
Sammeln Sie im Frühling die jungen Triebe und Blättchen aus der Rosette, im Sommer eher die Triebspitzen.

Traditionelle Verwendung und Heilanwendung nach Hildegard
Der Milchsaft der Gänsedistel enthält Proteine, Vitamine und Mineralsalze.

Über die Gänsedistel ist keine Heilwirkung bekannt.

Verwendung in der Wildkräuterküche
In der Antike erfreute sich die Gänsedistel großer Beliebtheit als Salat- und Gemüsepflanze. Die Menschen wussten um ihren Wohlgeschmack und ihre Nahrhaftigkeit und kultivierten sie auch in ihren Gärten. Tatsächlich sind die jungen Blättchen und Sprossspitzen außergewöhnlich zart und süß im Geschmack und bestens zum Rohverzehr geeignet. Als Salatzutat, Kräutertatar und als Knabbergemüse werden sie frisch gepflückt und roh verarbeitet.

Später im Jahr, ich würde sagen ab Mai, sollten die Blätter etwa 3 Minuten gar gekocht werden, dann können sie auf alle erdenklichen Arten weiterverarbeitet werden. In Suppen, als Gemüsegerichte, Aufläufe, in Milchsäure gegärt und als gebackene oder gefüllte Blätter ergeben sich herrlichste Kombinationsmöglichkeiten.

Wenn die Pflanze voll entwickelt ist, findet man bis zum Frost kleine, junge Triebe, die den Blattachseln und der Blattrosette entspringen. Als Spargelgemüse verarbeitet, sind sie eine Delikatesse.

Auch Knospen und der Blütenboden werden in Essig mariniert oder als Brötchenbeigaben verwendet.

Die Wurzeln können während der ganzen Vegetationsperiode geerntet werden, stellen aber eher ein Gemüse für Notzeiten dar.

Auch die Raue Gänsedistel (*Sonchus asper*) und die Acker-Gänsedistel (*Sonchus arvensis*) können in der Wildkräuterküche verwendet werden, allerdings sind sie bedeutend bitterer als ihre zarte Schwester. Bei allen Gerichten empfiehlt sich daher, das Kochwasser zu wechseln, damit die Bitterstoffe ausgewaschen werden. Auch können die Blätter zur Entbitterung vor dem Kochen gequetscht und gespült werden.

Meine Lieblingsrezepte

GÄNSEDISTEL-SALAT*

2 Handvoll Blattrosetten oder junge Triebe von der Gänsedistel
1 Handvoll Wegerich
1 Handvoll Löwenzahn
2 EL Honig
4 EL Apfel-Essig
Salz und Pfeffer
1 Handvoll Walnusskerne
150 ml Sauerrahm oder Crème fraîche

Die Wildkräuter waschen und nudelig schneiden oder grob reißen, je nach Geschmack. Aus Honig, Essig, Sauerrahm, den Walnusskernen und den Gewürzen eine cremige Sauce mischen, die etwa 5 Minuten ziehen sollte.

Nun die Sauce über den Gänsedistel-Salat gießen und vor dem Anrichten durchmischen.

Gut dazu passt gegrillter oder gebratener Süßwasserfisch oder kurz gebratenes Fleisch.

RISOTTO VON DER GÄNSEDISTEL*

1 große Zwiebel
200 g Risotto- oder Rundkornreis
100 ml Weißwein
400 ml Gemüsebrühe
200 g Blätter und Spitzen von der Gänsedistel
2 EL Olivenöl
30 g Mascarpone
60 g Parmesan
Salz und Pfeffer nach Geschmack, stattdessen kann auch Schwammerlsalz verwendet werden.

Die gewürfelte Zwiebel in heißem Öl glasig dünsten, den Reis beigeben und unter ständigem Rühren ebenfalls glasig dünsten. Mit dem Weißwein löschen und 15 Minuten auf kleiner Flamme quellen lassen. Nach und nach die Gemüsebrühe unterrühren und einköcheln lassen, bis der Reis bissfest gekocht ist.

Die grob gehackten Gänsedisteln im Olivenöl andünsten und mit dem Mascarpone sowie dem Parmesan unter den Reis mischen. Mit dem Schwammerlsalz abschmecken. Bei Bedarf noch etwas Brühe oder Wasser beifügen. Das Risotto noch 5 Minuten reifen lassen und dann in Suppentellern mit essbaren Blüten dekoriert servieren.

EINGELEGTE DISTELKNOSPEN *

Aus den Gewürzen und dem Essig eine Mischung herstellen, die etwa 10 Minuten köcheln sollte. Die frisch gepflückten Blütenknospen mit dem heißen Gewürzessig übergießen und zum Abkühlen beiseite stellen. Dann das Salz hinzugeben und alles in gut verschließbare Gläser füllen. Eine Woche lang zum Ziehen in der Küche stehen lassen, dann sind sie zum Verzehr bereit.

200 g Blütenknospen
300 ml Weinessig
5 Gewürznelken
1 TL Senfkörner
1 Prise Salz

SPARGEL-GÄNSEDISTEL-GRATIN *

Den Spargel schälen, das holzige Ende abschneiden und den Spargel im Spargeltopf etwa 8 Minuten bissfest kochen. Dann herausheben und gut abtropfen.

Die gewaschenen Kräuter in Butter kurz andünsten, so dass Blätter und Triebe fest bleiben, mit Salz und Pfeffer würzen und in eine Auflaufform legen, so dass die Gänsedisteltriebe geordnet liegen. Nun die Spargelspitzen in die mit Kräutersalz abgeschmeckte, zerlassene Butter eintauchen und auf die Kräuter legen. Den geriebenen Käse darüberstreuen, alles mit dem Speck abdecken und das Spargel-Gänsedistel-Gratin bei Oberhitze oder Grill im vorgeheizten Backrohr braun werden lassen.

1 kg Spargel
60 g Butter
2 Handvoll Triebe der Gänsedistel
2 Handvoll Brennnessel-spitzen
10 Bärlauchblätter oder 2 Frühlingszwiebeln
200 g zerlassene Butter
12 EL geriebener Parmesan
150 g feiner Räucher-speck, in dünnen Scheiben
Kräutersalz und Pfeffer

Schafgarbe,
Achillea millefolium
Wiese, Rasen

Botanische Merkmale und Standortbeschreibung

Aus dem kriechenden, hellbraunen Wurzelstock der Schafgarbe treiben schon zeitig im Frühjahr zart aussehende, vielfiedrige, krause Blättchen, die 15–20 cm hohe, dichte Büschel bilden. Sie ist in fast jedem Rasen zu finden, wo sie aromatisch duftend auf ihre Verwendung wartet. In Blumenwiesen entwickeln sich im Sommer zwischen den inzwischen dunkelgrün und derb gewordenen Blättern etwa 70 cm hohe Blütenstängel, die ebenfalls gefiederte Blätter tragen, mit weißen, manchmal rosa Blüten, die Scheindolden bilden. Die Schafgarbe blüht tapfer bis zum ersten Frost im November. Zwischen den Fingern zerrieben, riechen die Blätter wie auch die Blüten stark aromatisch und herb-kampferartig. Selbst die verdorrten, braunen Blütenstängel, die im Herbst stehen bleiben und im Winter mancherorts aus dem hohen Schnee schauen, duften noch immer ganz wunderbar, wenn man sie zwischen den frierenden Fingern zerreibt.

Zarte Blättchen – starkes Aroma.

Pflückhinweise und Sammeltipps

Zum Rohessen eignen sich ausschließlich die jungen, zarten Blätter; sie sind das ganze Jahr über auf regelmäßig gemähten Rasen zu finden. Sie sind hellgrün und weich und können abgezupft werden. Auf ungemähten Fundstellen gibt es die jungen Blättchen nur im Frühjahr, später bilden sich hier Blüten, deren harte Stängel sich gut abbrechen lassen. Für den Tee werden die Blüten als kleine Sträußchen an einem sonnigen Tag gesammelt.

Vorsicht!

Vor der Blütezeit könnten die Blätter der Schafgarbe mit jenen diverser – unter Umständen giftiger – Doldenblütler verwechselt werden. Diese sitzen jedoch auf Stielen, auch ist ihr vollkommen anderer Geruch ein gutes Unterscheidungsmerkmal. Wer jedoch unerfahren ist, sollte sich auf jeden Fall vergewissern, dass er ausschließlich Blättchen der Schafgarbe gesammelt hat.

Traditionelle Verwendung und Heilanwendung nach Hildegard

Seit alters her wird die Schafgarbe als Heilpflanze wegen ihrer anregenden, stärkenden, entzündungshemmenden, entkrampfenden und antiseptischen Wirkung für Leber, Galle und Nieren geschätzt. Auch wird die „Augenbraue der Venus" seit der Antike als Heilmittel bei Frauenleiden angewandt. Ihre östrogene Wirkung ist bei Zyklus- und Wechselbeschwerden entkrampfend und entzündungswidrig. Auch als Bad ist sie sehr wirksam, dafür werden etwa 2 Handvoll Schafgarbenblüten und -blättchen mit kochendem Wasser übergossen und 20 Minuten ziehen gelassen. Dieser Tee wird einem Vollbad beigefügt.

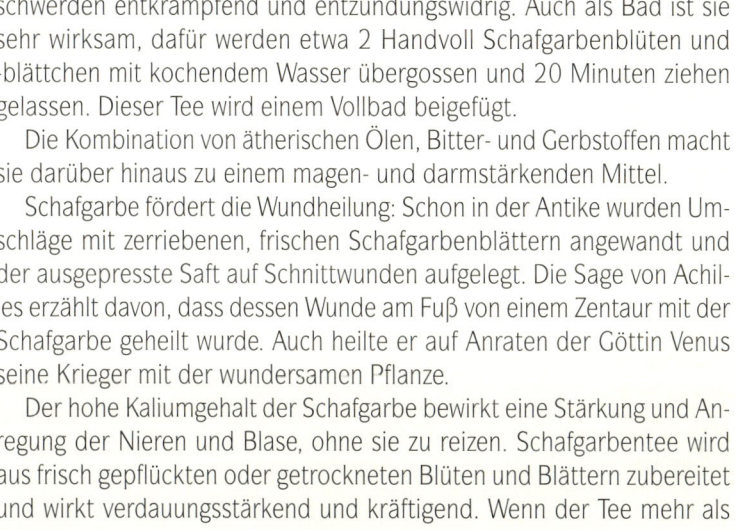

Die Kombination von ätherischen Ölen, Bitter- und Gerbstoffen macht sie darüber hinaus zu einem magen- und darmstärkenden Mittel.

Schafgarbe fördert die Wundheilung: Schon in der Antike wurden Umschläge mit zerriebenen, frischen Schafgarbenblättern angewandt und der ausgepresste Saft auf Schnittwunden aufgelegt. Die Sage von Achilles erzählt davon, dass dessen Wunde am Fuß von einem Zentaur mit der Schafgarbe geheilt wurde. Auch heilte er auf Anraten der Göttin Venus seine Krieger mit der wundersamen Pflanze.

Der hohe Kaliumgehalt der Schafgarbe bewirkt eine Stärkung und Anregung der Nieren und Blase, ohne sie zu reizen. Schafgarbentee wird aus frisch gepflückten oder getrockneten Blüten und Blättern zubereitet und wirkt verdauungsstärkend und kräftigend. Wenn der Tee mehr als 5 Minuten zieht, wird er sehr bitter.

Im Volksmund wird die Schafgarbe noch immer „Heil aller Welt" genannt. Ärzte und Heilkundige aller Jahrhunderte preisen die nebenwirkungsfreie Heilkraft der Schafgarbe.

Erwähnenswert scheint mir noch, dass manche Menschen bei Berührung der Haut mit Schafgarbe Ausschläge bekommen. Dies liegt an den scharfen Blattspitzen des Krautes, das die Haut verletzen kann. Auch beim Verzehr sollte in solchen Fällen die individuelle Wirkung beobachtet werden.

Zuordnung und Anwendung nach TCM

Thermische Wirkung: neutral;
Organzuordnung: Leber, Milz, Blase;
Geschmack: bitter, süß; Element: Feuer, Erde;
Funktionen: tonisiert das Milz-Qi, beruhigt aufsteigendes Leber-Yang, wirkt entgegen Leber-Qi-Stagnationen und Blut-Stagnationen, leitet Feuchtigkeit und Schleim aus, stoppt mild Blutungen.

Verwendung in der Wildkräuterküche

Ihr herber, aromatischer Geschmack prädestiniert die Schafgarbe als Gewürzkraut in der Küche sowohl im frischen als auch im getrockneten Zustand. Traditionell wurde sie zum Würzen von fettem Fleisch, etwa Lamm, Gansl und Schwein, verwendet, sie passt gut in Wurstwaren, Pasteten und Eintöpfe. Sie würzt angenehm und fördert gleichzeitig die Verdauung.

Als Grüngewürz eignet sich die Schafgarbe hervorragend, vor allem die jungen Frühlingsblätter verleihen Frühlingssalaten, Aufstrichen, Mischgemüse und Suppen ein kräftiges Aroma. Auch die Blüten können roh verwendet werden.

Die älteren Blättchen sind härter und müssen klein gehackt und gekocht oder in Butter gebraten werden. Im Hochsommer werden die blühenden Stängel mit Blättchen und Blüten als große Sträuße gesammelt und als Vorrat getrocknet. Aus dem getrockneten Kraut, das zu einem späteren Zeitpunkt verarbeitet werden kann, lässt sich ein Kräutersalz zubereiten, indem man es mit Salz vermahlt.

Die Verarbeitung von Schafgarbe ist wegen ihres herrlichen Duftes ein Genuss

Interessant dürfte noch sein, dass die Schafgarbe früher an Stelle von Hopfen zum Bierbrauen verwendet wurde.

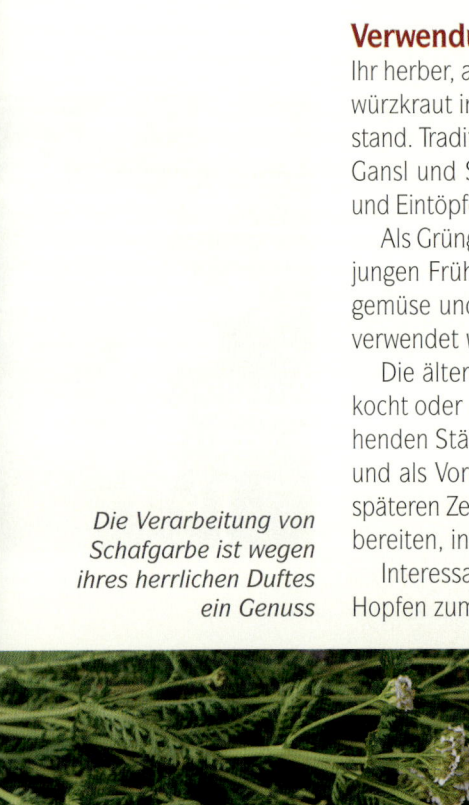

Meine Lieblingsrezepte

SCHAFGARBEN-HÜHNERSPIESSCHEN

Die Hühnerbrüstchen, Tomaten und den Paprika in etwa 2 cm große Stücke schneiden, abwechselnd auf die 10–15 cm langen Schafgarbenstängel spießen, mit dem Schafgarbensalz würzen und in der Marinade aus Olivenöl und dem feingehackten Thymian bis zum Braten einlegen. Beim Braten durchzieht das Aroma der Schafgarbenstängel das Hühnerfleisch.

Sie können die Spießchen auch aus anderen Fleischsorten zubereiten, dann müssen die Fleischstückchen aber vor dem Auffädeln auf die Kräuterstängel vorgestochen werden, da sie sonst leicht abbrechen. Die knusprig gebratenen Blüten der Schafgarbe, die am Ende des Spießchens sitzen, können selbstverständlich ebenfalls abgeknabbert werden! Mit Fladenbrot und Salat serviert, erhalten Sie ein herrlich leichtes Sommeressen!

4 Hühnerbrüstchen
2 Tomaten
1 grüner Paprika
Kräuterstängel von der blühenden Schafgarbe
Olivenöl
Schafgarben-Gewürzsalz und Thymian zum Würzen der Marinade

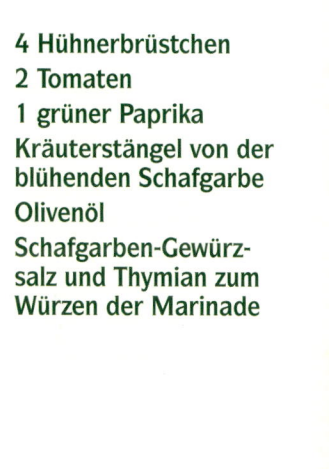

SCHAFGARBEN-GEWÜRZSALZ *

Ein Sträußchen getrocknete Schafgarbe abrebeln, die Blütchen und Blatteile mit grobem Meersalz in einen Mörser geben und gut zerstoßen oder händisch zerreiben. Das Ganze kann auch mit einem Stabmixer zerkleinert werden. Das fertige Kräutersalz in gut verschlossenen Gefäßen aufbewahren. Es eignet sich sehr gut zum Würzen von fettem Fleisch und Kartoffelgerichten. Verwenden Sie nicht zuviel davon, sonst dominiert der bittere Geschmack!

SCHAFGARBEN-RAVIOLI MIT ZIEGENFRISCHKÄSE *

Nudelteig:
250 g Mehl
1 Ei
6 Eidotter
1 EL Olivenöl
Salz
Füllung:
150 g Schafgarbe
50 g Vogelmiere oder Fuchsschwanz oder Spinat
200 g abgetropfter Ziegenfrischkäse
50 g geriebener Parmesan
1 Eidotter
Eiklar zum Bestreichen der Teigränder
Zum Überschmälzen:
80 g Butter
50 g Semmelbrösel
Salz
geriebene Muskatnuss
1 Handvoll Schafgarbenblüten

Aus Mehl, Eiern, Olivenöl und Salz einen glatten Teig kneten, der abgedeckt und für 1 Stunde kühl zum Rasten gestellt wird.

Die schönsten Schafgarbenblüten und -blättchen zum Dekorieren beiseite legen. Die anderen Kräuter in Salzwasser blanchieren, eiskalt abschrecken und gut ausdrücken. Dann den Ziegenfrischkäse mit den fein gehackten Kräutern, dem Parmesan und dem Eigelb verrühren und würzen.

Den Nudelteig in 2 Hälften teilen und auf einer bemehlten Arbeitsfläche in 1–2 mm dünne Teigstücke auswalken. Auf einem der beiden Teigstücke mit Hilfe eines umgedrehten Trinkglases von 8 cm Durchmesser Kreise markieren, indem das Glas in den Teig gedrückt wird. Anschließend auf jeden Kreis einen Esslöffel der Füllung häufeln. Dabei etwa 1 cm um den Rand freilassen und die Ränder mit Eiklar bestreichen. Aus dem zweiten Teigstück mit dem selben Glas Teigkreise ausstechen, die auf die vorher markierten und befüllten gelegt und an den Rändern gut angedrückt werden.

Wichtig ist, dass die Ränder wirklich gut verschlossen sind. Die Ravioli in wallend kochendes Salzwasser einlegen, etwa 5 Minuten leicht köcheln lassen, mit einer Schaumkelle heraus schöpfen und gut abtropfen lassen.

In der Zwischenzeit die Butter in einer Pfanne aufschäumen lassen, Bröseln und Schafgarbenblüten hinzu geben und die Mischung leicht bräunen lassen. Servieren Sie die Schafgarbenravioli mit Ziegenfrischkäse in tiefen Tellern, mit der Butter-Bröselschmälze beträufelt und mit den zurückbehaltenen Blättchen garniert.

KARTOFFEL-SOMMERGEMÜSE MIT SCHAFGARBE *

750 g heurige Kartoffeln
1 kleine Zucchini
5 Frühlingszwiebeln oder 1 kleine Zwiebel
1 Sträusschen Thymian
1 Sträusschen Schafgarbe und 1 Handvoll junger Gierschblättchen oder Petersilie
Feta oder fetaähnlicher Schafkäse
Olivenöl
Salz

Die Zwiebeln in Olivenöl anrösten, die geschälten, feinblättrig in Scheiben geschnittenen Kartoffeln beifügen und die Mischung etwa 10 Minuten unter Beigabe von etwas Wasser braten. Dann die in Scheiben geschnittene Zucchini hinzufügen, mit Salz und den feingehackten Kräutern würzen und das Gemüse, bis es bissfest ist, garen. Vor dem Servieren den würfelig geschnittenen Schafkäse darüberstreuen und dazu frisches Baguette reichen.

Feldthymian,
Thymus serpyllum
Wiese, Rasen

Botanische Merkmale und Standortbeschreibung

Der Feldthymian ist ein kleiner, Ausläufer bildender, aromatisch duftender Lippenblütler. Die Blättchen sind 5 mm lang und oval, die kleinen rosaroten Blüten stehen in kugelig-länglichen Blütenständen am Triebende. Der Feldthymian gedeiht an sonnigen, trockenen Plätzen, an trockenen Böschungen, Wegrändern, auf felsigem Untergrund und Mauern. Er kommt auch in niedrigen Trockenrasen vor und fällt zur Zeit seiner üppigen Blüte besonders auf.

Pflückhinweise und Sammeltipps

Gepflückt werden die blühenden Sprossspitzen am besten mit der Schere. Vorsicht ist beim Abschneiden der Triebe vor den vielen Bienen geboten, die auf dem unendlichen Blütenmeer umhersummen.

Der Feldthymian kann das ganze Jahr über gesammelt und verwendet werden, da er immergrün ist. Am leichtesten werden die ganzen Stängel mit der Schere abgeschnitten und die feinen Blättchen zwischen den Fingern abgezogen.

Die Würze des Sommers

Traditionelle Verwendung und Heilanwendung nach Hildegard

Schon der wunderbar aromatische Duft des Feldthymians weist auf seine antiseptische Wirkung und seinen hohen Gehalt an ätherischen Ölen hin. Wie der Kulturthymian, enthält auch er die ätherischen Öle Thymol, Carvacrol und Cymol, aber in anderer, besser verträglicher Zusammensetzung. Das Aroma des Thymians kann je nach Standort ganz unterschiedlich sein. Und es gibt mittlerweile auch in den Gärtnereien genügend Sorten, die ein ganz spezielles Aroma haben.

Der Tee aus dem hellrosa Kraut schmeckt mit Honig besonders gut und beruhigt bei Blinddarmreizungen, Magenerkrankungen und Nervenschwäche. Als Bestandteil des Haustees in der kalten Jahreszeit regelmäßig genossen, beugt der Feldthymian Erkältungen vor. Auch ist seine verdauungsanregende Wirkung in der Volksmedizin bekannt. Bei Husten und Halsweh wird auch immer wieder die antiseptische und krampflösende Wirkung des zarten Krautes geschätzt.

Zuordnung und Anwendung nach TCM

Thermische Wirkung: warm;

Organzuordnung: Lunge, Magen, Niere;

Geschmack: bitter; Element: Feuer;

Funktionen: tonisiert das Nieren-Yang, das Herz-Qi und das Magen-Yang, senkt das Lungen-Qi und das Magen-Qi ab, vertreibt äußere Wind-Kälte, wirkt Schleim-Kälte-Stagnation im Unteren Erwärmer entgegen, stärkt das Wei-Qi.

Verwendung in der Wildkräuterküche

Die zart und lieblich duftenden Blättchen und Blüten verfeinern Salate, Suppen und Gemüsegerichte. Man sollte sie erst am Schluss beigeben, damit sich ihr flüchtiger Duft nicht verliert. Feldthymian kann – wie Gartenthymian – als Gewürz zu Fleisch und Nudelgerichten verwendet werden. Auf einem Bett aus Thymian gebraten, schmeckt Geflügel und Schweinefleisch besonders aromatisch.

Aus seinen aromatischen Blüten können Sie Blütenzucker herstellen. Darin lassen sich das Blütenaroma und die heilkräftigen Inhaltsstoffe sehr gut konservieren.

Das blühende Kraut wird im Hochsommer gesammelt und zu kleinen Sträußchen gebunden, die sich gut trocknen lassen. Als Gewürzsalz steht der Thymian oft bei uns auf dem Tisch, um hier seinen Duft und seine geheimen Kräfte wirken zu lassen.

Die duftenden Stängel des Thymians können auch im Winter frisch geerntet werden. Sie sind dann zwar nicht ganz so aromatisch, doch eignen sie sich durchaus in der kalten Jahreszeit für einen kräftigen Tee. Aus der frischen Pflanze bereitet, enthält er weit mehr Lebensenergie als das getrocknete Kraut. Dies ist auch in der 5-Elemente-Küche bekannt, die getrocknete und frische Kräuter ganz anderen Elementen zuordnet.

Meine Lieblingsrezepte

FEINE KRÄUTERBUTTER*

250 g Butter
2 Handvoll junge Pastinakblätter
etwas Salz

Die weiche Butter mit dem feingehackten Pastinak und dem Salz am besten mit einem Mixer gut vermischen. Die Kräuterbutter walzenförmig auf das mit Pastinakblättern belegte Butterpapier geben und im Papier leicht rollen. Die Enden der Rolle zudrehen und eine halbe Stunde ins Gefrierfach legen. Die feste Butter kann nun in Scheiben geschnitten werden. Sie eignet sich hervorragend zum Verfeinern von Steaks und allem Gegrillten.

FORELLEN IN THYMIANSAUCE

Die ausgenommenen Forellen innen salzen und mit einigen Stängeln Thymian füllen.

Die Fische mit Olivenöl einreiben und einzeln in Alufolie wickeln. Im 200 °C heißen Backrohr etwa 15 Minuten garen. Für die Sauce den Weißwein in einem kleinen Topf aufkochen und mit einigen Stängeln Thymian versehen. Nachdem die Kräuter 10 Minuten gezogen haben, werden sie wieder entfernt. Nun Salz und Olivenöl unter ständigem Rühren nach und nach untermixen. Die Forellen in der Folie servieren, die Sauce getrennt dazu reichen.

4 Forellen à 120 g
1 TL Thymiansalz
1 großer Strauß Feldthymian
4 EL Weißwein
4 EL Olivenöl

Forelle mit Feldthymian-Zweiglein

RINDFLEISCH-TATAR MIT THYMIANBLÜTEN

Das Rindfleisch mit den feingehackten Zwiebeln, dem Öl, dem Senf und 3 Eidottern mischen. Anschließend den feingehackten Thymian unterheben und mit Salz und Pfeffer abschmecken. Das Tatar in eine Schüssel füllen und gut gekühlt auf einen großen, mit Zwiebelscheiben und Thymianzweigen dekorierten Teller stürzen. In die Mitte des Fleischhügels nun mit einem Löffel eine Vertiefung drücken, in die ein Eidotter gefüllt wird. Das Tatar mit gehacktem Thymian bestreuen und mit getoastetem Brot servieren.

400 g Rindfleisch, doppelt faschiert (durch den Fleischwolf gedreht)
4 Eidotter
1 EL Senf
2 große, gehackte Zwiebeln
2 große Handvoll Thymianblüten und -blättchen
Salz und Pfeffer
etwas Speiseöl

BLÜTENSIRUP VOM FELDTHYMIAN*

**100 g blühender Feld-
thymian
100 ml Wasser
1 EL Maisstärke
25 g brauner Zucker
1 Handvoll Thymianblüten**

Das Wasser erhitzen und den Thymian 15 Minuten darin ziehen lassen. Anschließend den Sud durch ein Sieb schütten. Die Maisstärke in einigen Löffeln Wasser glattrühren. Den Sud mit dem Zucker erhitzen und die angerührte Stärke einrühren. So lange kochen, bis der Sirup gut eingedickt ist. Zum Schluss eine Handvoll Thymianblüten dazugeben.

THYMIANBLÜTENZUCKER*

Die frischen Thymianblüten mit der Schere pflücken und im Verhältnis 1 Teil Zucker zu 2 Teilen Blüten in einem Mixer oder in einer Küchenmaschine zu einer sehr feinkörnigen Substanz vermahlen. Diese sieben und in einer etwa 2 cm dicken Schicht auf einem mit Alufolie ausgekleideten Backblech verteilen. Dann den Blütenzucker im Backrohr bei halbgeöffneter Tür und 50 °C trocknen. (Heizen Sie das Backrohr zuerst auf die gewünschte Temperatur vor, öffnen Sie es erst, wenn die Temperatur erreicht ist, und schieben Sie dann den Blütenzucker hinein.) Den Zucker anschließend in gut schließenden Gläsern dunkel aufbewahren und zum Süßen von Tees (besonders von Hustentee) und Nachspeisen verwenden.

PALATSCHINKEN VOM THYMIAN*

**250 g Mehl
3 Eier
500 ml Milch
3 EL brauner Zucker
1 Prise Salz und etwas
zerlassene Butter oder
Traubenkernöl
einen Spritzer Thymian-
blütensirup
etwa zwei Handvoll
Blüten und Blättchen
vom Feldthymian**

Zunächst einen Palatschinkenteig zubereiten und zur vollkommenen geschmacklichen Abrundung mit einem Spritzer Thymianblütensirup aromatisieren. Die Blüten und Blättchen vom Feldthymian in den Teig rühren. Dann dünne Palatschinken ausbacken, die sofort mit etwas braunem Zucker bestreut und heiß serviert werden. Es können dem Teig auch Rosenblüten beigemischt werden, das ergibt eine noch blumigere Variante.

THYMIANBLÜTENTEE*

Ein Sträusslein blühenden Thymian samt Blüten und Blättern mit heißem Wasser übergießen, 10 Minuten ziehen lassen und, mit Honig gesüßt, heiß trinken.

THYMIAN-SCHWEINSRÜCKENFILET MIT DÖRRZWETSCHKEN-FÜLLUNG UND THYMIAN-KNÖDERLN

Schweinsrückenfilet in der Mitte mit einem dünnen Messer fast durchstechen und zu einer geräumigen Tasche erweitern. Fleisch innen und außen mit Thymiansalz einreiben. Faschiertes, eingeweichte und zerdrückte Semmel, Eier und den gehackten Thymian samt Pfeffer mischen. Äpfel in grobe Würfel schneiden. Zwetschken, Äpfel und Faschiertes vermengen und in die Öffnung des Filets füllen, die Öffnung vernähen. Den gefüllten Braten mit Fett bestreichen und im vorgeheizten Backrohr braten. Öfter übergießen, einmal wenden. Aus der Pfanne heben, Fleisch tranchieren und warm mit der Sauce servieren.

Zutaten für 12 Portionen:
1,6 kg Schweinsrückenfilet
160 g gemischtes Faschiertes
200 g Boskop Äpfel
200 g Dörrzwetschken
1 eingeweichte Semmel
2 Eier
Salz
1 TL Thymian-Gewürzsalz und Pfeffer
Schweineschmalz oder Öl
1 Bund Thymian

THYMIAN-KNÖDERLN *

Eier, Milch und Salz verschlagen. Zwiebeln frisch hacken, in heißer Butter glasig anschwitzen. Alle Zutaten gut vermengen, 1 Stunde rasten lassen. Dann aus der Masse kleine Knöderln mit 4–5 cm ø formen, in reichlich kochendes Salzwasser einlegen und schwach wallend gar kochen. Aus dem Wasser heben und mit der flüssigen Butter bestreichen (das unterstreicht das Thymianaroma).

250 g eingeweichte Weißbrotwürfel
2 Eier
300 ml Milch
70 g Butter
60 g Zwiebeln
Salz
1 Bund Thymian, abgezupft und fein gehackt
Butter zum Bestreichen

Ampfer, Alpen-, *Rumex pseudoalpinus*
Wiese

Botanische Merkmale und Standortbeschreibung

Der Ampfer gehört zur Familie der Knöterichgewächse, wie auch der Buchweizen (*Fagopyrum esculentum*) und der Rhabarber (*Rheum rhabarbarum*).

Der Alpenampfer bildet oft um Almhütten dichte Kolonien, die einerseits vom guten Dünger der Kuhherden, andererseits von der menschlichen Pflege profitiert haben.

Er ist an seinen breiten, rundlichen Blättern und den fleischigen, rot gestreiften Blattstängeln leicht zu erkennen.

Pflückhinweise und Sammeltipps

Alle Ampferarten sind grundsätzlich genießbar und vom Menschen als Nahrung genutzt worden. Eine Verwechselung mit anderen Arten ist daher nicht besonders schlimm. Jedoch gibt es in der Ampfer-Familie Arten, die einen höheren Oxalsäuregehalt haben als die anderen. Das kann bei empfindlichen Menschen zu Unverträglichkeitsreaktionen und – über längere Zeit in großen Mengen konsumiert – zu Calciumentzug und Nierenschäden führen. Zu den Arten mit hohem Oxalsäuregehalt gehören neben dem häufig anzutreffenden Krausen Ampfer (*R. crispus*) auch der Sauerampfer (*Rumex acetosa und acetosella*), aber auch Gartengemüse wie Spinat und Mangold! Der Oxalsäuregehalt ist auch innerhalb einer Art standortabhängig.

Durch Abkochen der Blätter und Abschütten des Kochwassers kann diesem Problem abgeholfen werden.

Traditionelle Verwendung und Heilanwendung nach Hildegard

Ampferblätter sind reich an Proteinen, Provitamin A, Vitamin C, B_1 und B_2 sowie Mineralsalzen. Außerdem enthalten sie Pflanzenschleime, Gerbstoffe und Oxalsäuren.

Die Blätter wirken zugleich reizlindernd und astringierend. Die dicke, gelbliche Wurzel wurde früher bei Blutarmut verabreicht, da sie sehr eisenhältig ist. Außerdem wirkt sie organismuskräftigend, blutreinigend und astringierend. Weil sie so bitter schmeckt, wurde sie getrocknet und als Pulver verabreicht. Die frische Wurzel wurde bei Wunden und Geschwüren als Kompresse aufgelegt, um den Heilungsprozess zu fördern.

Rhabarbergeschmack aus der Wiese

Zuordnung und Anwendung nach TCM (Sauerampfer)

Thermische Wirkung: kühl;

Organzuordnung: Dickdarm, Niere;

Geschmack: bitter, adstringierend; Element: Feuer;

Funktionen: klärt Hitze und toxische Hitze, wirkt Leber-Blut-Stagnationen entgegen, nährt das Blut, löst Qi-Stagnationen, speziell im Unteren Erwärmer, auf.

Verwendung in der Wildkräuterküche

Die meisten heimischen Ampferarten wurden in früheren Zeiten vom Menschen verwendet.

Vor 1900 war der Alpenampfer besonders in den alpinen Zonen eine stark genutzte Wildpflanze, die zur Ernährung von Mensch und Tier beitrug. Seine Blätter schmecken im Vergleich zu anderen Ampferarten wenig bitter.

Die oberirdischen Teile, besonders die rötlichen, jungen Frühjahrstriebe wurden zum Frischverzehr und als Kochgemüse verwendet. Wurde die Pflanze später bitter, so wurde kurzerhand das Kochwasser ein- oder mehrmals gewechselt und damit waren auch die Bitterstoffe weggegossen. Diese Vorgangsweise ist uns heute noch bei der Verarbeitung von Rhabarber geläufig. Die gleiche Verwendung wie der Rhabarber heute fanden die Blattstängel des Alpenampfers im Sommer. Sie schmecken fleischig, saftig und angenehm säuerlich. Die fingerdicken Stängel werden auf gleiche Art und Weise geerntet und geschält: Der Blattstiel wird an der Basis gepackt und aus der Erde gedreht. Zum Abschälen und Entfernen der unter der Haut liegenden Fasern wird das untere Stängelende eine Handbreit über dem Ende abgeknickt und samt den Hautfasern abgezogen.

Der säuerliche Geschmack der Blattstängel des Alpenampfers passt sehr gut in Kompotte und Kuchen. Kandiert, wurden die Stängel als Nascherei zubereitet. Auch frisch gepflückt, können die angenehm säuerlichen, geschälten Stängel roh geknabbert werden. In höheren Lagen diente er auch als Obstersatz.

Eine andere interessante Verarbeitungsmethode der Ampferblätter war, das feingeschnittene Blattwerk in Steinguttöpfen oder Holzfässern so einzulagern wie Sauerkraut. Zuvor wurden die Blätter zur Entbitterung gekocht, die Kochflüssigkeit wurde weggeschüttet, die abgekochten Blätter wurden leicht gesalzen, mit Gewürzen vermischt und in den dafür vorgesehenen Behältern eingestampft. Durch Milchsäuregärung entstand auf diese Weise ein sauerkrautähnliches Ampferkraut. Im Geschmack ist es etwa herber als das Sauerkraut. Da die Herstellung des Ampferkrautes sehr arbeitsaufwändig ist, wurde Ampferkraut ab 1800 nur noch in

Notzeiten hergestellt. Trotzdem erscheint mir wichtig festzustellen, wie wertvoll von uns heute völlig ungenutzte und im Gebrauch unbekannte Pflanzen vor noch gar nicht so langer Zeit waren.

In jenen Lagen, in denen kein Alpenampfer wuchs, sammelten die Menschen andere Ampferarten, die vor der Weiterverarbeitung wegen ihrer Bitterstoff- und Oxalsäurehältigkeit mehrmals abgekocht werden mussten, das Kochwasser wurde weggeschüttet. Auch war es üblich, die letzte Abkochung in Milch vorzunehmen, da diese die bitteren und astringierenden Stoffe mildert.

Mancherorts wurden auch die Samen des Ampfers gesammelt, getrocknet und gelagert, um sie im Winter als Keimlinge zu verspeisen. Die Samen des Alpenampfers waren ein begehrtes Handelsgut und wurden in ganz Europa auf den Märkten gehandelt.

Meine Lieblingsrezepte

CHUTNEY AUS AMPFERSTÄNGELN

1 kg geschälte Ampferstängel
200 ml Weißweinessig
6 Gewürznelken
200 g feinst gehackte Zwiebeln
300 g brauner Zucker
1 kleine Ingwerknolle
¼ TL Chilipulver
1 TL Senfkörner
½ EL Salz

Die geschälten Ampferstiele in etwa 1 cm lange Stücke schneiden und mit den Zwiebeln, dem geschälten, feingehackten Ingwer, dem Essig, dem Zucker und den Gewürzen mindestens 1 Stunde verkochen. Beim Kochen soll der Topf ohne Deckel bleiben, damit die Flüssigkeit entweichen kann. Beim Chutneykochen fast ständig umrühren, damit es nicht anbrennt. Ist das Chutney dickflüssig, breiig eingekocht, sollte es in gut verschließbare Gläschen gefüllt und zu kaltem Fleisch, Getreidebratlingen oder gebratenem Geflügel serviert werden.

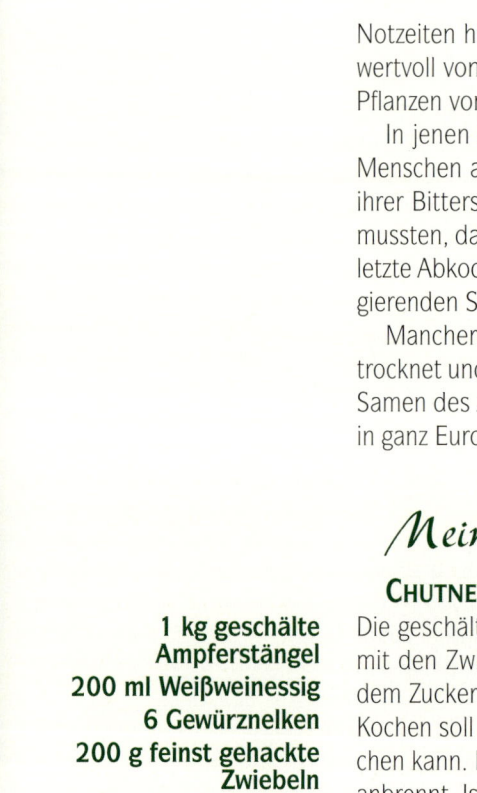

Ampferstängel werden geschält und in mundgerechte Stücke geteilt

ÜBERBACKENER AMPFERKUCHEN MIT SCHNEEHAUBE

Den geputzten, geschälten Ampfer in 3 cm lange Stücke schneiden. Mehl, Speisestärke und Backpulver miteinander versieben. Die weiche Butter mit dem Zucker und dem Vanillezucker schaumig schlagen. Nach und nach Eier, Eigelb und löffelweise das Mehlgemisch unterrühren. Eine bebutterte Springform mit dem Teig befüllen, ihn mit den Ampferstückchen belegen. Den Kuchen im vorgeheizten Rohr bei 180 °C etwa 30 Minuten backen.

Währenddessen Eiklar und Salz zu steifem Schnee schlagen. Zum Schluss den Staubzucker und den Zitronensaft einrühren. Den Kuchen aus dem Rohr nehmen, mit dem Eischnee bestreichen und mit der Schneehaube etwa 20 Minuten fertigbacken, bis er schön hellbraun ist.

600 g Ampferstängel, geschält
150 g Mehl
75 g Speisestärke
1 1/2 TL Backpulver
150 g Butter
150 g Zucker
1 Päckchen Vanillezucker
2 Eier
1 Eigelb
Schneehaube:
3 Eiweiß
1 Prise Salz
175 g Staubzucker
1 TL Zitronensaft

ALPENAMPFERKUCHEN

Für den Kuchenteig Haferflocken, Mehl, Zucker und Salz in einer Schüssel verrühren und dann erst das Öl und das Wasser beifügen. Wichtig ist es, die Haferflocken nun etwa 30 Minuten quellen zu lassen! Den Teig darauf in eine befettete Springform füllen, indem Sie ihn mit den Fingern hineindrücken. Etwa ein Drittel des Teiges zur Verzierung übriglassen.

Die geschälten, entfaserten Ampferstängel in 2–3 cm große Stücke schneiden und auf dem mit den gemahlenen Nüssen bestreuten Kuchenboden verteilen. Das Joghurt mit Sauerrahm und Honig mischen und die Mischung auf dem Kuchen verteilen. Nun den verbliebenen Teig mit dem Nudelwalker ausrollen, in Streifen schneiden und auf dem Kuchen gitterförmig verteilen. Den Alpenampferkuchen im vorgeheizten Rohr bei 180 °C etwa 30 Minuten backen und mit Buttermilch servieren.

Teig:
200 g Haferflocken, fein
100 g Dinkelvollkornmehl
50 g brauner Zucker
1 TL Salz
150 ml Sesamöl
50 ml Wasser
Belag:
200 g Stängel vom Alpenampfer
50 g gemahlene Walnüsse
150 g Joghurt
150 g Sauerrahm
5 EL Honig

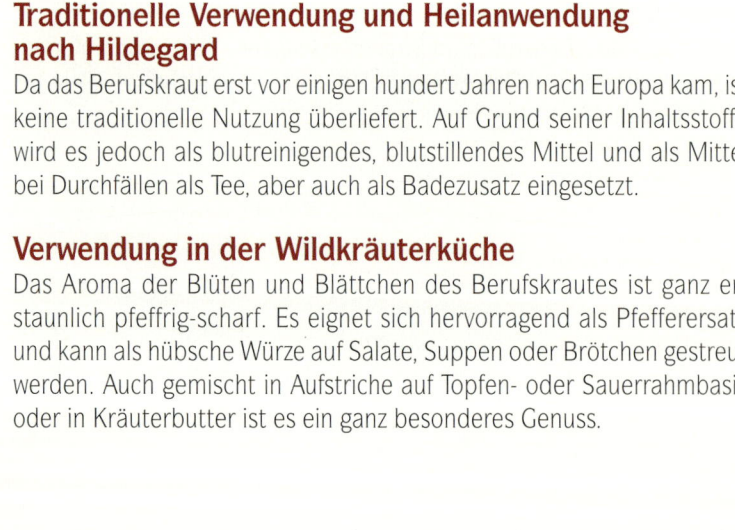

Pfeffrige Blümchen

Berufskraut,
Conyza canadensis
Wiese

Botanische Merkmale und Standortbeschreibung

Das Berufskraut gehört zur Familie der Korbblütler und ist ursprünglich in Nordamerika heimisch gewesen. Es ist eine ausdauernde Pflanze, die über 1 m hoch wird und vom Spätfrühling bis zum ersten Frost durch die unendliche Fülle ihrer kleinen, gänseblümchenartigen Blüten, die an den Enden des harten, grob verzweigten Blütenstieles wachsen, auffällt. Die länglichen, ganz schmalen Laubblättchen sind eher unauffällig, die Pflanze scheint nur aus Blütenstiel, Blütchen und Knospen zu bestehen.

Berufskraut hat sich in ein paar hundert Jahren, in denen es bei uns wächst, stark verbreitet und ist auf Schutthalden ebenso wie auf Brachland, Holzschlägen, Lagerplätzen, Gärten und Weinbergen zu finden.

Pflückhinweise und Sammeltipps

Sammeln Sie die kleinen Einzelblüten, indem Sie sie von der blühenden Staude zupfen, so können die verbleibenden Knospen weiterwachsen und aufblühen.

Traditionelle Verwendung und Heilanwendung nach Hildegard

Da das Berufskraut erst vor einigen hundert Jahren nach Europa kam, ist keine traditionelle Nutzung überliefert. Auf Grund seiner Inhaltsstoffe wird es jedoch als blutreinigendes, blutstillendes Mittel und als Mittel bei Durchfällen als Tee, aber auch als Badezusatz eingesetzt.

Verwendung in der Wildkräuterküche

Das Aroma der Blüten und Blättchen des Berufskrautes ist ganz erstaunlich pfeffrig-scharf. Es eignet sich hervorragend als Pfefferersatz und kann als hübsche Würze auf Salate, Suppen oder Brötchen gestreut werden. Auch gemischt in Aufstriche auf Topfen- oder Sauerrahmbasis oder in Kräuterbutter ist es ein ganz besonderes Genuss.

Meine Lieblingsrezepte

BERUFSKRAUT-SANDWICH*

Alle Weißbrotscheiben entrinden und in Dreiecksform schneiden, so dass immer zwei zusammenpassen. Nun immer eines der beiden zusammenpassenden Brotdreiecke mit Butter bestreichen, mit den feingehackten Kräutern und den Berufskrautblüten bestreuen, mit den in Scheiben geschnittenen Eiern und Tomaten belegen und nach Geschmack mit Schinken und/oder Käse füllen. Alle Zutaten nun mit dem zweiten Brotdreieck zudecken und die Berufskraut-Sandwiches auf einer mit Blüten und Blättern dekorierten Anrichteplatte servieren.

2 Handvoll gemischter Gartenkräuter nach Lust und Laune
1 Handvoll Berufskraut-blüten
16 Scheiben frisches Weißbrot (Sandwich)
Butter
2 hartgekochte Eier
2 reife Tomaten
8 Scheiben Schinken und/oder Mozzarella-Käse in Scheiben

BERUFSKRAUT-KAPERN*

Das mit Salz gemischte Wasser in einem Topf aufkochen lassen, die Blütenknospen ins kochende Wasser einlegen und den zugedeckten Topf zum Abkühlen beiseite stellen. Kleine, saubere Gläschen mit Schraubverschluss mit den Berufskraut-Kapern befüllen und mit dem nochmals aufgekochten Wasser bedecken.

Die gut verschlossenen Gläser kühl und dunkel lagern. Nach einer Reifezeit von etwa 6 Wochen können die würzigen Berufskraut-Kapern als Beigabe zu Antipasti-Tellern, zu Fondue oder Käseplatten verwendet werden. Aber auch als Saucenverfeinerung eignen sie sich bestens.

500 ml Knospen vom Berufskraut
500 ml Wasser
5 EL Salz

GRATIN VON BERUFSKRAUT UND COUSCOUS*

Die Blüten und Blättchen vom Berufskraut in 2 EL Butter einige Minuten braten und dann mit dem Couscous, den gehackten Kräutern und dem Ei vermischen und mit Schlagobers abschmecken. Die Masse in bebutterte, mit Semmelbröseln ausgekleidete Auflaufförmchen füllen, ein paar Butterflöckchen daraufsetzen und das Gratin im vorgeheizten Rohr bei 180 °C etwa 20 Minuten backen, je nach Größe der Förmchen. Die letzten 5 Minuten der Backzeit kann auch noch etwas geriebener Käse obenauf gestreut werden. Servieren Sie das Gratin von Berufskraut und Couscous zu gemischtem Salat als Vorspeise oder zu Braten von Lamm, Hirsch oder Wildschwein.

500 g Couscous, fertig gekocht und gequollen
3 Handvoll Blüten und Blättchen vom Berufs-kraut
4 EL Butter
1 Ei
einige EL Schlagobers
etwas Thymian und Bohnenkraut, Salz nach Geschmack
etwas geriebener Käse zum Überbacken

SAUER-SCHARFER-BERUFSKRAUT-SALAT

**Je 1 Handvoll Löwen-
zahnblättchen,
Wegerich, Pastinak- und
Berufskrautblättchen
1 kleine Handvoll
Berufskraut-Blüten
2 Handvoll Gärtner-
salat, nach Vorliebe
Balsamico-Essig
gutes Speiseöl
etwas Zucker oder
Honig
Salz**

Die Kräuter und Salatblätter waschen und in mundgerechte Stücke zerteilen, mit Essig und Öl, Zucker und Salz marinieren und mit den Blüten bestreuen. Dieser sauer-scharfe Salat passt gut zu Käsegerichten.

Wiesenklee, Roter, *Trifolium pratense*
Wiese

Botanische Merkmale und Standortbeschreibung

Aus dem kurzen, ausdauernden Wurzelstock entwickelt sich schon früh im Jahr ein Rasen aus blühenden und nichtblühenden Stängeln, an denen dreizählige, oben kurz-, im unteren Teil der Pflanze länger gestielte, eiförmige Laubblätter sitzen. Die Blättchen haben auf ihrer Oberseite hellgrüne und dunkelgrüne Zonen. Die rosa-purpurfarbenen Schmetterlingsblütchen sind in fast kugelrunden Köpfchen vereinigt. Sie enthalten reichlich Nektar und sind besonders für die langrüsseligen Hummeln ein wichtiger Nektarlieferant.

Der Rote Wiesenklee ist in vielen Wiesen zu finden, aber auch auf Kleeäckern wird er als Viehfutter angebaut.

Pflückhinweise und Sammeltipps

Rote Blüten in aller Munde

Sammeln Sie die in Köpfchen angeordneten, rosa-purpurfarbenen Blüten, indem Sie sie mit Daumen und Zeigefinger vom Stängel abzwicken.

Traditionelle Verwendung und Heilanwendung nach Hildegard

Kleeblüten enthalten Gerbstoffe, Glykoside und Isoflavone. Vornehmlich in ländlichen Gebieten, wo der Wiesenklee in unbeschränkter Menge zu finden ist, wird er gegen vielerlei Krankheiten eingesetzt:

Bei Schleimhautentzündungen verschiedenster Art (Halsweh, Darmentzündung, Durchfall) wird ein Tee aus Roten Wiesenkleeblüten angewandt. Auch Wunden können mit Kompressen und Umschlägen behandelt werden. Er gilt auch als gutes Blutreinigungsmittel und wird zur Leberstärkung eingesetzt.

Wiesenklee-Tee. 6 getrocknete Blütenköpfchen mit ¼ l heißem Wasser übergießen und 15 Minuten ziehen lassen. Nach dem Abseihen den Tee mit Honig süßen.

Auch in Heubädern kommt der Wiesenklee zum heilenden Einsatz.

Der Rote Wiesenklee ist laut neuesten Forschungen auch ein hervorragender Östrogenersatz.

Als Frühstückstee, mit Himbeer-, Brombeer- und Spitzwegerichblättern gemischt und eventuell mit etwas Hagebutten abgeschmeckt, erfreut der Rote Wiesenklee mit seinem aromatisch süßen Duft.

Der Weißklee, der dem Rotklee sehr ähnlich ist, findet in der Volksmedizin bei Gicht und Rheuma Verwendung.

Verwendung in der Wildkräuterküche

Die frischen, jungen Blättchen, aber besonders die jungen Blüten sind zart im Aroma und ergeben eine perfekte, bunte Zutat zu Wildkräutersalaten.

In Omletten- oder Bierteig ausgebacken oder mit Honig, Butter oder Topfen abgemischt, ergeben sich aromatische „Blütenvariationen".

Kleesamen wurden traditionell als Gewürz beim Brotbacken verwendet.

Die unmittelbar nach dem Erblühen gesammelten und getrockneten Blüten können für Getreidestreckmehl getrocknet und vermahlen werden.

Meine Lieblingsrezepte

KLEEBLÜTENSIRUP*

Blüten und Blätter von Klee und Pfefferminze mit dem kochenden Wasser übergießen und den Ansatz etwa 5 Minuten köcheln und anschließend bei geschlossenem Deckel 20 Minuten ziehen lassen.

200 g frische Rotkleeblüten

60 g frische Pfefferminzblätter

1 l kochendes Wasser

1 kg brauner Zucker

Den Absud durch ein Sieb seihen und nun bis zur gewünschten Konsistenz mit dem Zucker einkochen. Den fertigen Sirup heiß in saubere Flaschen abfüllen, gut verschlossen und kühl lagern.

Kleeblütensirup eignet sich sehr gut als Aroma für Mineralwasser oder Weißwein.

Süsser Kleeblüten-Aufstrich *

Eine Handvoll geschnittener Kleeblüten mit weicher Butter und Honig zu einem Aufstrich mischen, auf Brötchen streichen, die mit einigen Einzelblüten garniert werden.

Dies ist ein Rezept, das schon von kleinsten Wildkräutersammler(innen) selbst zubereitet werden kann!

Gegrillte Schweinskoteletts mit Rotkleeblütenhonig

4 Schweinskoteletts
3 EL Rotkleeblütenhonig
1 EL Weißwein
Salz und Pfeffer
½ TL Majoran
½ TL Thymian
Saft von ½ Zitrone
3 EL Olivenöl

Den Rotkleeblütenhonig mit Weißwein, Zitronensaft, den Gewürzen und den feingehackten Kräutern zu einer Marinade mischen, die Koteletts damit bestreichen.

Das Fleisch etwa 1 Stunde ziehen lassen, dann mit dem Olivenöl bestreichen und auf jeder Seite 5–7 Minuten knusprig grillen.

Rotkleeblütenhonig *

4 Handvoll Rotkleeblüten
1 Handvoll Löwenzahnblüten
1 Bund Thymian, 1 l Wasser
1 kg brauner Zucker
500 g Gelierzucker

Blüten, Wasser und Zucker mit einigen Zitronenscheiben 30 Minuten kochen, zum Abkühlen beiseite stellen und anschließend durch ein Sieb schütten. Den Pflanzenrückstand gut auspressen und eventuell mit Essig ansetzen, um ihn später als Gewürzessig zu verwenden.

Den gelben Blütensaft mit dem Thymian etwa 30 Minuten einkochen, dann den Gelierzucker zufügen und den Blütenhonig fertigkochen. Nach einer geglückten Gelierprobe den Rotkleeblütenhonig in saubere Gläser füllen und kühl lagern.

Er eignet sich als Brotbelag, kann aber auch zum Würzen von Fleisch und Fisch sowie zum Aromatisieren von warmen Getränken (Punsch) verwendet werden.

Wilde Möhre,
Daucus carota
Wiese

Botanische Merkmale und Standortbeschreibung

Die Wilde Möhre ist eine ziemlich hartfasrige, saftarme, krautige Pflanze aus der Familie der Doldenblütler. Die gelblich-grünen Fiederblättchen stehen unregelmäßig an den Stielen verteilt, an deren Ende jeweils eine flach ausgebreitete Doldenblüte sitzt. Charakteristisch für die Wilde Möhre ist eine einzige, etwa 3–4 mm große, schwarz-purpurfarbene, manchmal auch rosarote Einzelblüte inmitten der sonst weißblütigen Doppeldolde. Wer sie nicht kennt, hat den Eindruck, als säße ein kleiner Käfer in der Blütenmitte. Nach dem Abblühen zieht sich die erst flache Doldenblüte nestartig zusammen, sie wird daher im Volksmund auch „Vogelnestchen" genannt. Die Samen sind fein-stachelig behaart und lösen sich schwer vom „Nestchen". Wilde Möhren sind für den, der sie kennt, häufige Pflanzen, die auf mageren Wiesen, an Wegrändern und auf Brachland zu finden sind.

Ihre spindelförmige, gelblich-weiße Wurzel ist meist sehr holzig und faserig und duftet intensiv nach Karotte.

Karottenaroma hochkonzentriert!

Pflückhinweise und Sammeltipps

Bestimmen Sie die Wilde Möhre genau, bevor Sie sie sammeln, es gibt Verwechslungsmöglichkeiten mit anderen, giftigen Doldenblütlern!

Die Wurzeln werden im März oder Oktober gesammelt, zum Abtrocknen aufgelegt, von der Erde sauber gerieben und der Länge nach durchgeschnitten.

Kurz vor der Vollreife im September werden die samentragenden Dolden als Sträußchen geerntet und zum Trocknen aufgehängt.

Traditionelle Verwendung und Heilanwendung nach Hildegard

Möhren sind seit vielen Jahrhunderten auf dem Speiseplan des Menschen zu finden und spielen nicht nur als Nahrungsmittel, sondern auch als Heilmittel eine große Rolle. So wird Karottensuppe traditionell als Heilmittel bei Darm- und Durchfallerkrankungen verwendet.

Möhren-Tee ist nach Hildegard verdauungsstärkend und wurmtreibend.

Möhren-Tee: 2 TL getrocknete Wurzeln oder Samen mit ¼ l kochendem Wasser übergießen und 5 Minuten ziehen lassen.

Der Duft der grünen Möhrensamen ist meiner Erfahrung nach zentrierend und konzentrationsfördernd, was in Form von Duftkissen Anwendung finden kann.

Verwendung in der Wildkräuterküche

Die Wilde Möhre ist die Urform der Karotte. Dementsprechend können alle Pflanzenteile verwendet werden. Die holzige Wurzel eignet sich wegen ihres intensiven Aromas zum Würzen von Suppen und Saucen, indem sie mitgekocht wird. Blättchen und Blüten können als Wildgemüse verkocht werden und verleihen Aufläufen, Suppen, aber auch Backwaren oder selbstgemachten Nudeln ein herb-würziges Aroma. Die Wurzeln werden zu Möhrensaft gepresst oder getrocknet zur Teebereitung verwendet. Dazu werden sie sauber gerieben und der Länge nach durchgeschnitten.

Die wunderbar nach Williams-Birne duftenden Samen werden frisch oder getrocknet verwendet, indem sie vom Nestchen abgerebelt und als Gewürz oder zur Teebereitung weiterverarbeitet werden.

Das grüne, frische Möhrenkraut wird die ganze Saison über als kräftigendes Gewürz verwendet.

Meine Lieblingsrezepte

HIRSE-WILDE-MÖHRE-LAIBCHEN *

10 EL gedünstete Hirse
1 Ei
2 Frühlingszwiebeln
2 Handvoll Grün von der Wilden Möhre
Salz nach Geschmack
2 Kugeln Mozzarrella

Alle Zutaten gut vermengen und mit dem feingehackten Möhrengrün und den nudelig geschnittenen Frühlingszwiebeln vermischen. Laibchen formen und beidseitig in Butter oder Sonnenblumenöl goldbraun braten. Mozzarella in Scheiben schneiden, auf die fertig gebratenen Laibchen legen und in der noch heißen Pfanne bei geschlossenem Deckel schmelzen lassen.

GERSTEN-WILDE-MÖHRE-CREMESUPPE MIT 7 HEILKRÄUTERN UND RÄUCHERFISCH

In der im Dampfdruckkochtopf geschmolzenen Butter die Zwiebel glasig anrösten, mit dem Mehl anschwitzen, mit den Möhrenwurzeln (im Ganzen) versetzen, mit der Gerste und ihrem Einweichwasser aufgießen und kurz aufkochen. Dann alle übrigen Zutaten, außer dem Schlagobers beifügen und die Suppe etwa 15 Minuten bei geschlossenem Deckel verkochen lassen. Danach die Wilde Möhre-Wurzeln entnehmen, mit Salz abschmecken und mit Schlagobers aufgießen. Nach Belieben mit dem Stabmixer pürieren.

100 g Rollgerste (über Nacht eingeweicht)
20 g Butter
20 g Mehl
600 ml Rindsuppe
300 ml Schlagobers
½ Zwiebel, gehackt
5 Wurzeln der Wilden Möhre (mit Wasser sauber gebürstet)
je 5 EL gehackte Gundelrebe, Schafgarbe, Girsch, Wegerich, Thymian, Käsepappel oder Malve
Salz

DINKELCREMESUPPE MIT WILDER MÖHRE

Den Dinkel über Nacht im Wasser einweichen. Den würfelig geschnittenen Speck anrösten und die Hälfte beiseite geben. Die andere Hälfte mit der feingehackten Zwiebel, den Pfefferkörnern und den Wurzeln der Wilden Möhre im Öl weiterrösten. Den eingeweichten Dinkel samt Einweichwasser beifügen und etwa 30 Minuten köcheln lassen, dann mit den Gewürzen und dem feingehackten Möhrengrün ergänzen und mit dem Stabmixer fein pürieren. Mit Sauerrahm abschmecken und mit den restlichen Speckwürfeln garniert servieren.

½ Tasse Dinkel
4 Tassen Wasser
5 Wilde Möhren mit Grün und Wurzel
3 EL Sonnenblumenöl, kaltgepresst
150 g Räucherspeck
Salz
5 Pfefferkörner
Zitonensaft nach Geschmack
Sauerrahm

*Die duftende
Wiesenkönigin*

Mädesüß,
Filipendula ulmaria
Wiese, Ufer

Botanische Merkmale und Standortbeschreibung

Das Mädesüß, auch „Spierstrauch", „Wiesengeißbart" oder „Wiesenkönigin" genannt, ist eine ausdauernde Staude, die in ihrer natürlichen Verbreitung auf moorigen, feuchten Böden vorkommt. Da Moore und Feuchtwiesen mehr und mehr aus unserem Landschaftsbild verschwunden und die verbliebenen unter Naturschutz gestellt sind, beschränken sich die sammelbaren Standorte für Mädesüß eher auf schmale Streifen entlang von Straßengräben und Bächrändern.

Aus dem kräftigen Wurzelstock entwickeln sich im späten Frühjahr hohe Fiederblätter mit rötlichen Stängeln. An einem Blatt wechseln große und kleine, wechselständig angeordnete und unterseits silbrig behaarte Einzelblättchen ab, die Endfieder an der Blattspitze ist deutlich größer als die anderen Blattabschnitte und in drei bis fünf spitz zulaufende Läppchen unterteilt. Wer die Einzelblättchen betrachtet, wird sehen, dass sie von derben, ausgeprägten Adern durchzogen sind. Dass das Mädesüß zu den Rosengewächsen gehört, erkennt nur jener, der die fingernagelgroßen, elfenbeinfarbenen Einzelblütchen genauer betrachtet: Diese haben fünf Blütenblättchen und sind mit sehr vielen Staubgefäßen gefüllt. Sie stehen in luftigen, wolkenartigen, unregelmäßig angeordneten Rispen. Die Früchte sind kleine, spiralförmige, grüne Kügelchen, die besonders intensiv duften, wenn sie gequetscht werden.

Auch die Blüten verströmen einen wunderbaren Duft, der am Abend stärker wird und der auch an Apotheken erinnert.

Die ganze, über 1 Meter hoch blühende Pflanze macht einen sehr gediegenen, fröhlichen Eindruck, daher wird sie auch gerne als Gartenpflanze für Biotope verwendet.

Pflückhinweise und Sammeltipps

Die jungen Blättchen werden von April–Mai gesammelt, zwischen ihnen entwickeln sich bis zum Sommer die Blüten, die geerntet werden, wenn sie ganz geöffnet sind. Es empfiehlt sich, nur jene Teile des Blütenstandes abzuzwicken, die in voller Blüte stehen, jene die knospig sind, werden an der Staude belassen.

Traditionelle Verwendung und Heilanwendung nach Hildegard

Das Mädesüß ist ein im Alpenraum weit verbreitetes, seit der Antike sehr stark genutztes Heilkraut, dessen Vielfalt seiner Anwendungsgebiete unüberschaubar ist. Nach alter Überlieferung hilft es bei 40 Krankheiten, was ihm auch den Namen „Vierzigerleikraut" eingebracht hat. Ich denke, dass auch der Name „Wiesenkönigin" von den unerschöpflichen Verwendungsmöglichkeiten der Pflanze stammt.

Inhaltsstoffe wie Gerbstoffe, Salicylsäureverbindungen (beim Trocknen der Pflanze entsteht Salicylsäure), Kieselsäure, ätherische Öle, Schleim- und Duftstoffe, Flavonoide und – vor allem in Blüten und Wurzeln – Vanillin und Phenolglycoside sprechen für sich. Besonders die Wurzel, im Herbst gegraben, kann bis zu 10 % Gerbstoffe enthalten. Sie wurde deshalb auch zum Gerben verwendet.

Medizinische Haupteinsatzgebiete sind seit der Antike Kopfweh, Fieber, starke Schmerzen, Rheuma, Gicht, Harnwegsprobleme und Verschleimungen.

Eine besonders interessante Anwendungsform des Mädesüß scheint mir das „Räuchern" mit den getrockneten Pflanzenteilen und das Inhalieren des Heilrauches bei starken Schmerzen wie etwa Zahnweh.

Nach Hildegard von Bingen wird Mädesüßwein (Mädesüßblüten, -wurzeln und -blätter, in Wein gekocht und mit Honig gesüßt) bei allen entzündlichen Erkrankungen wie Rheuma und Gicht, aber auch bei Magenbeschwerden verabreicht. Im Mittelalter wurde das Mädesüß auch als „Frohmacher des Herzens" zur Herzstärkung eingesetzt.

Als stoffwechselstärkendes, entgiftungsförderndes, blutreinigendes Heilkraut wird es zur Frühjahrskur empfohlen. Bei Magenverstimmung, Harnblasenentzündung und Steinerkrankungen kann Mädesüßtee ebenso helfen wie bei Magenübersäuerung.

Die Blätter und Blüten werden im Hausgebrauch als Tee vor allem bei Grippe, Erkältungen und Rheuma als schweißtreibendes, entzündungshemmendes und schmerzlinderndes Mittel angewandt. Auch als heilkräftiger Sirup, der bei Bedarf mit heißem oder kaltem Wasser gemischt verabreicht wird, kann das blühende Kraut konserviert werden.

Die in Schnaps eingelegten Wurzeln und Blätter vom Mädesüß werden für Einreibungen bei Entzündungen und Schmerzen verwendet. Kompressen aus Mädesüßblättern wirken Wunder bei Geschwüren, Holzspießen unter der Haut, Blasen und Ischias. Auch in Salben wurde die Wurzel verarbeitet und bei oben genannten Beschwerden verwendet.

Die heilenden Eigenschaften und der starke Duft des Mädesüß findet aber auch in Potpourris und Duftsäckchen gute Verwendung. Wenn das

Kraut etwas gequetscht wird, breitet sich in Sekundenschnelle der intensive Geruch aus, der auch dafür bekannt ist, andere Düfte zu harmonisieren und zu konservieren.

Zuordnung und Anwendung nach TCM

Thermische Wirkung: kühl;
Organzuordnung: Dickdarm, Leber, Magen, Gallenblase, Niere;
Geschmack: adstringierend; Element: Erde;
Funktionen: kühlt Hitze, diuretisch, wirkt Leber-Qi-Stagnation entgegen, wirkt bei zähem Schleim aufweichend, öffnet die Oberfläche, vertreibt Wind-Hitze.

Verwendung in der Wildkräuterküche

Die jungen Blättchen werden im Frühling traditionell als Beigabe zu Salaten, Kochgemüse (Spinat) oder Mischgemüse gesammelt. Getrocknet und verrieben, ergeben sie ein interessantes Gewürz für Schinken, Speck und anderes Geräuchertes. Vorsicht ist bei der Dosierung gegeben: Zuviel Mädesüß schmeckt unangenehm!

Die voll erblühten, duftenden Blüten können als Beigabe zu Salaten und Suppen, zu süßen Gerichten und Desserts, aber auch zu Getränken wie Kräuterwein, Likör, Tee oder Sirup verarbeitet werden. Als hübsche Beigabe zu Salaten, als essbare Garnierung von Brötchen oder Häppchen oder auch verzuckert als Deko für Konfekt und Torten sind die aromatischen, cremefarbenen Blüten nicht nur besonders schön, sondern auch gesundheitsfördernd.

Ebenso werden die grünen Früchte verwendet, allerdings in viel kleineren Mengen, da sie noch geschmacksintensiver als Blüte und Blatt sind. Auch als Bierwürze fand das Mädesüß früher Verwendung. Der typische Portweingeschmack kann mit Mädesüß herbeigeführt werden, indem die Blüten mit Wein verkocht und in Wein ziehen gelassen werden.

In sparsamen Mengen verwendet, verleiht das Mädesüß allen Speisen und Getränken sein charakteristisches, bittermandelartiges, etwas an Arznei erinnerndes Aroma, das jenem des Wiesenknopfes (*Sanguisorba minor*) gleicht.

Meine Lieblingsrezepte

MÄDESÜSS-HEIL-LIKÖR *

5 Handvoll Mädesüß-blüten und -wurzeln
1 l milder Obstler
500 g brauner Kandiszucker

Die in ein großes Glas mit Schraubverschluss gefüllten Mädesüßblüten werden mit dem Kandiszucker überstreut und dem Obstler übergossen und für etwa 4 Wochen an einen sonnigen, warmen Platz zum Mazerieren gestellt.

Danach kann der Likör gefiltert und in Flaschen abgefüllt werden, wobei die Pflanzenreste gut ausgedrückt werden.

Mädesüßlikör wird in der Volksmedizin zur Schmerzlinderung, bei Entzündungen, Grippe, Erkältungen, aber auch zum Austreiben von Würmern und anderen Parasiten angewandt.

HALBGEFRORENES AUS MÄDESÜSSBLÜTEN UND ERDBEEREN *

Die Milch mit einem Großteil der Mädesüßblüten aufkochen und 5 Minuten ziehen lassen, die schönsten Blüten zur Dekoration beiseite legen. Den Ansatz danach durch ein Sieb abgießen und die Blüten gut ausdrücken. Dann den Zucker in der aromatisierten Milch auflösen, das Joghurt einrühren und in eine flache Schüssel füllen. Die Mischung für etwa 2 Stunden ins Gefrierfach stellen und das so entstandene Gratiné mit einer Gabel zerkleinern, bis es feinkörnig ist.

Die geviertelten, leicht gezuckerten (oder mit Sirup gesüßten) Erdbeeren in Dessertschalen verteilen und einen Löffel des Halbgefrorenen darauf setzen.

Mit den restlichen Mädesüßblüten dekoriert, ist die selbstgemachte Leckerei essbereit!

100 ml Milch
2 Handvoll Mädesüß-blüten
100 g brauner Zucker
450 g Joghurt
500 g frische Erdbeeren

MÄDESÜSS-BOWLE*

1 Sträußchen Mädesüß-
blüten oder -blätter
500 ml guter Weißwein
250 g Blütenhonig
125 ml Wasser
1 Flasche trockener Sekt
3 Bio-Orangen mit
unbehandelter Schale
1 Handvoll Erdbeeren

Das Wasser in einem Topf aufkochen, mit dem Honig verrühren und mit der Hälfte des Weines über das Mädesüßkraut samt Blüten schütten, dann bei geschlossenem Deckel zum Abkühlen und Ziehen beiseitestellen.

Nach 30 Minuten die Pflanzenteile abseihen, den Ansatz mit den Orangenscheiben und den halbierten Erdbeeren versetzen und (über Nacht) einkühlen. Den Ansatz in eine Bowlenschüssel schütten, den gut gekühlten Sekt beifügen und die Mädesüß-Bowle mit einigen Blüten dekoriert servieren.

APFELGELEE MIT MÄDESÜSS*

1,5 kg unreife Äpfel
250 ml Wasser
ein Sträußchen blühen-
des Mädesüß
1 kg Gelierzucker
eine Prise Zimt

Die geputzten, gewaschenen, entkernten und in Spalten geschnittenen Äpfel in einem Topf mit dem Wasser aufkochen, bis die Äpfel weich sind. Dann die Flüssigkeit durch ein Tuch oder ein feines Sieb abgießen und einige Stunden – am besten über Nacht – abtropfen lassen. Die so entstandene Flüssigkeit mit dem Gelierzucker mischen und aufkochen, 5 Minuten kochen lassen und dann mit dem Zimt und dem Mädesüß versehen. Das Gelee 15 Minuten warm halten und das Kraut ziehen lassen. Nun das fertige Gelee in saubere Gläschen abfüllen.

Apfelgelee mit Mädesüß zeichnet sich durch ein besonderes Aroma aus und kann zum Verfeinern von Palatschinken, Torten und Desserts, aber auch für Konfekt weiterverarbeitet werden. Als Beigabe zu Schweinebraten passt es auch sehr gut.

ROSEN-MÄDESÜSS-BLÜTEN-LIKÖR*

2 mal 2 Handvoll
frische Rosenblüten
1 Handvoll Mädesüß-
blüten
500 g weißer Zucker
500 ml Wasser

Zucker mit dem Wasser zu einem Sirup verkochen, in den die Mädesüßblüten etwa 1 Stunde eingelegt werden. Die Blüten dann entnehmen und in den so entstandenen Sirup die frischen Rosenblüten etwa 3 Wochen einlegen. Dann ist der Sirup abzuseihen und mit 0,35 l Obstler aufzugießen. Es werden neue Rosenblüten eingelegt, die etwa 3 Wochen im Ansatz bleiben. Danach ist der Likör genußfertig.

Eiche, *Quercus* sp.
Wald

Botanische Merkmale und Standortbeschreibung

In Europa gibt es viele Arten der Gattung *Quercus*. Am häufigsten sind Stieleichen (*Quercus robur*), Traubeneichen (*Quercus petraea*), Zerreichen (*Quercus cerris*) und Flaumeichen (*Quercus pubescens*). Es sind mächtige Bäume mit gekerbter Rinde und typischen, am Blattrand gewellten Eichenblättern.

Pflückhinweise und Sammeltipps

Die Früchte des Eichenbaumes, die Eicheln, werden im Herbst gesammelt. In Hauptmastjahren – das sind Jahre, in denen die Eichelbäume so viele Früchte tragen, dass der Waldboden dicht belegt ist – findet der aufmerksame Sammler oft noch im schneefreien Winter und im Folgefrühling gekeimte Eicheln. Sofern diese nicht wurmig oder von der Feuchtigkeit zersetzt sind, können sie selbstverständlich verwendet werden.

Wertvolles Nahrungsmittel für Mensch und Tier (Brot-Rezept auf Seite 180)

Traditionelle Verwendung und Heilanwendung nach Hildegard

Zur Heilanwendung kommt vor allem die Eichenrinde, die von Stockausschlägen, die einen Durchmesser von etwa 6 cm haben, im Frühjahr geschält wird. Sie hat noch keine harte Borke und wird „Spiegelrinde" genannt. Eichenrinde wird getrocknet und gelagert und enthält große Mengen an Gerbstoffen. Sie ist die bekannteste und am meisten zum Einsatz gelangende Gerbstoffdroge. Sie wirkt entzündungswidrig und adstringierend, stopfend bei Durchfällen und kräftigend auf den Darm. Daraus resultieren als Verwendungsgebiete der Rindenabkochung Schleimhautentzündungen und Zahnfleischprobleme (Gurgeln), Darmheilung (Tee), Sitzbäder in der Frauenheilkunde. Auch Ekzeme und Geschwüre werden in Eichenrindenabkochungen gebadet.

Eichelkaffee wurde vom Heiler Kneipp als regelmäßige Kur zur Kräftigung empfohlen. Auch für Kinder und alte Menschen ist er geeignet.

Zuordnung und Anwendung nach TCM (Rinde)

Thermische Wirkung: kühl;
Organzuordnung: Dickdarm, Magen, Blase;

Geschmack: adstringierend;
Funktionen: hilft toxische Hitze auszuleiten (äußerlich angewandt), leitet Feuchte – Hitze im Verdauungstrakt aus, wirkt einem Körpersäfte-Verlust bei Yin-Mangel entgegen.

Verwendung in der Wildkräuterküche

Die Früchte der verschiedensten Eichenarten waren über Jahrtausende Bestandteil der menschlichen Nahrung auf vielen Kontinenten. In den Ausgrabungsstätten des Altertums finden sich immer wieder Eichelteile bei den Nahrungsresten, die Indianer Kaliforniens stellten zur täglichen Ernährung einen Brei aus Eicheln her, und in Europa waren Eicheln lange Zeit ein wichtiges Nahrungsmittel für Mensch und Tier. Getrocknete Eicheln stellten auch einen oft überlebensnotwendigen Wintervorrat dar.

Eicheln enthalten hochwertige Kohlenhydrate (bis zu 70 % Stärke und Zucker) und Proteine (etwa 6 %) und sind sehr nahrhaft. Leider enthalten sie auch bittere Gerbstoffe, die, wenn sie nicht entfernt werden, in großen Mengen Kopfweh und Verdauungsprobleme verursachen können.

In der Küchengeschichte der Eichel geht es vor allem um die richtige Verarbeitung, um aus einer bitteren, gerbstoffhältigen Frucht nicht nur nahrhafte, sondern auch wohlschmeckende Speisen herzustellen.

Das Geheimnis der Zubereitung liegt im Wässern und Abkochen der Früchte, wobei das sich dunkelbraun verfärbende Kochwasser immer wieder gewechselt wird, bis es klar bleibt. Die wasserlöslichen Gerbstoffe werden einfach abgeschüttet, und so erhält man eine nahrhafte, gesunde und schmackhafte Grundlage für salzige und süße Gerichte.

Als Eichelpüree, als Eichelhälften und auch als kleingehackte Eichelstückchen können sie – mit entsprechender Flüssigkeit – heiß in Gläser gefüllt, konserviert werden.

Eicheln lassen sich ganz einfach trocknen und können so lange Zeit gelagert werden. Vor dem Verbrauchen werden sie über Nacht gewässert, dann geschält, entbittert und weiterverarbeitet. – Eine nette Winterbeschäftigung!

Getrocknete und gemahlene Eicheln können ohne weitere Vorbereitung als Mehl verwenden werden. Zur Hälfte mit Getreidemehl gemischt, entstehen daraus herrliche Kuchen und Brote, die eine charakteristische gräuliche Farbe haben. Bis zur Jahrhunderwende war dies bei uns gang und gäbe. Getrocknete Eicheln sind steinhart, um sie zu mahlen, brauchen Sie eine Getreidemühle mit scharfem Mahlwerk oder eine gute Küchenmaschine. Ruinieren Sie nicht ihre antiquarische Kaffeemühle damit! Eichelmehl kann auch so wie Maronimehl verwendet werden.

Früher wurde aus gerösteten und gemahlenen Eicheln auch Eichelkaffee gekocht. Wer behauptet, dass dieser grauslich und bitter schmeckt, muss unbedingt an der Zubereitung etwas ändern! Einen großen Einfluss auf Aroma und Geschmack dieses Kaffees hat die Art des Röstens, experimentieren Sie, wenn Sie mit dem Ergebnis nicht zufrieden sind.

Gekeimte Eicheln sind gerbstoffarm und noch nahrhafter, das wussten schon die Bergbauern, die ihre Schweine im Winter mit extra im Wasserfass gekeimten Eicheln fütterten, und auch selbst langte man tüchtig zu.

Meine Lieblingsrezepte

EICHELPASTETE*

250 g Eicheln
50 g Butter
2 EL Olivenöl
75 g schwarze, entkernte, in Öl eingelegte Oliven
1 kleine Zwiebel
1 Knoblauchzehe
2 Eier
10 Wacholderbeeren
Salz oder Steinpilzsalz nach Geschmack

Die frischen Eicheln wie Maroni einschneiden und einige Minuten in Wasser kochen, damit sie besser schälbar sind. Dann fein hacken und einige Male hintereinander in frischem Wasser abkochen, bis das Kochwasser klar bleibt und jeglicher Bittergeschmack verschwunden ist.

Nun die gekochten Eicheln zu Mus (mit dem Kartoffelstampfer) zerdrücken und dieses mit Butter, Olivenöl, Oliven, den fein gehackten, rohen Zwiebeln, dem gepressten Knoblauch und den 2 Eigelb vermischen. Die Mischung mit Salz und den gehackten Wacholderbeeren abschmecken und zum Schluss den geschlagenen Eischnee darunterheben. Die Masse in eine gefettete Kasten- oder Rehrückenform füllen und im vorgeheizten Rohr bei 180 °C etwa 40 Minuten backen.

Die Eichelpastete kalt servieren.

SALZIGE EICHELKROKETTEN*

500 g Eichelpüree
250 ml Milch
15 g Butter
90 g frische Weißbrotbrösel
1 TL feinstgehackte Zwiebel
1 Lorbeerblatt
4 Gewürznelken
Salz oder Kräutersalz
2 Eier
70 g Semmelbrösel
Öl zum Ausbacken

Die Milch mit Butter, Weißbrotbröseln, Zwiebel, Lorbeerblatt, Nelken und Salz in einer Schüssel gut verrühren und im Wasserbad bei gelegentlichem Umrühren 10 Minuten erhitzen. Dann das Lorbeerblatt und die Nelken entfernen, der Mischung das Eichelpüree und ein verquirltes Ei beifügen und die Masse nochmals gut durchmischen. Dann in einen Spritzbeutel füllen und etwa 3 cm lange „Würstchen" spritzen, diese auskühlen lassen und händisch zu Kroketten formen. Die Kroketten in das zweite verquirlte, gesalzene Ei tauchen und anschließend in den Semmelbröseln wenden. Anschließend sofort ins heiße Öl einlegen und rundherum schön knusprig braun braten. Immer nur wenige Kroketten einlegen, damit die Brattemperatur nicht zu sehr absinkt. Die fertigen Kroketten aus dem Öl heben und auf einer Küchenrolle abtropfen lassen.

Servieren Sie die Eichelkroketten sehr heiß als Vorspeise zum Aperitiv oder zu gebratenem Geflügel.

EICHELSUPPE MIT SCHAFGARBEN-SPECK-CROÛTONS

Das Eichelpüree unter Zugabe von etwas heißer Bouillon so lange mixen, bis es sämig ist, inzwischen die restliche Bouillon aufkochen und das Püree einrühren, die Suppe einmal aufkochen lassen und mit Salz und Pfeffer abschmecken. Das Eigelb mit der Schlagsahne verquirlen und die Mischung unter ständigem Rühren in die heiße Suppe einlaufen lassen. Sie darf nicht mehr aufgekocht werden! Die Weißbrotwürfel in der Butter goldbraun rösten, die feingehackte Schafgarbe darüberstreuen und die zuvor knusprig gerösteten Speckwürfel dazumischen.

Die heiße Eichelsuppe sofort in Portionstellern anrichten und mit den Schafgarben-Speck-Croûtons bestreuen.

500 g Eichelpüree
700 ml Bouillon
150 ml Schlagobers
1 Eigelb
100 g Weißbrotwürfel ohne Rinde
30 g Butter
1 kleine Handvoll Schafgarbenblättchen
Salz und Pfeffer
geröstete Räucherspeckwürfel als Einlage

EICHELKAFFEE 1 *

Frisch gesammelte, reife Eicheln schälen und in eine weite, etwa 4 cm hohe Kasserolle oder in einen Bräter füllen und bei geschlossenem Deckel im Backrohr bei 200 °C unter häufigem Wenden oder Schütteln des Behälters so lange rösten, bis sie dunkelbraun und trocken sind. Nach dem Auskühlen in Dosen lagern und vor Gebrauch in einer Küchenmaschine oder Getreidemühle mahlen. Den Eichelkaffe so wie Bohnenkaffee aufbrühen und ihn etwas länger ziehen (also 2 Kaffeefilter übereinander verwenden) lassen. Keinesfalls darf aus den gemahlenen Eicheln ein Espresso zubereitet werden, das stärkehältige Pulver verstopft die Maschine, sie könnte explodieren!

EICHELKAFFEE 2 *

Die frischen, geschälten Eicheln in kleine Stücke zerteilen und langsam in einer Eisenpfanne rösten. Die Pfanne bei geschlossenem Deckel des Öfteren schütteln, um ein Anbrennen zu verhindern. Die braunen, geröstet duftenden Eichelstückchen trocknen lassen, bevor sie in Behältern gelagert werden. Bevor aus ihnen Kaffee gekocht wird, werden sie im Mörser grob gestoßen, dann in heißes Wasser eingeweicht und zu Kaffee gekocht.

HERTAS EICHELBROT

800 g Dinkel
200 g Eicheln
20 g Salz
500 ml lauwarmes Wasser
300 ml Buttermilch
60 g Hefe
50 g Sauerteig
100 g Weizenkleie
20 g Brotgewürz

Dinkel und Eicheln gemeinsam vermahlen, Weizenkleie in warmem Wasser einweichen. Alle Zutaten zu einem Teig vermengen und gut durchkneten. 30 Minuten gehen lassen und danach noch kräftig durchkneten und nochmals 40 Minuten rasten lassen. Zu beliebigen Broten formen, mit Wasser bestreichen und in Dinkelflocken tunken. Auf ein Blech setzen, aufgehen lassen und bei 230 °C mit Schwaden (Feuchtigkeit) im Ofen backen.

Heidekraut, *Calluna vulgaris*
Wald

Botanische Merkmale und Standortbeschreibung

Das Heidekraut, auch Besenheide genannt, ist ein ausdauernder Zwergstrauch, der ein hohes Alter von 45 Jahren erreichen kann. Die reich verästelten Stängel, die bis zu 1 m lang werden, wachsen am Boden niederliegend, die Zweiglein hingegen streben aufwärts. An ihnen sitzen kleine, schuppenartige Blättchen in 4 Reihen dachziegelartig übereinander angeordnet. Im oberen, aufrechten Teil der Stängel sitzen zahlreiche kleine, rosarote, trockene Blüten in einseitig ausgerichteten Trauben. Sie blühen im Hochsommer bis zum Herbst.

Heidekraut bildet dichte Bestände in lichten, trockenen Wäldern, Heiden, Hochmooren und an trockenen, sandigen Waldrändern.

Pflückhinweise und Sammeltipps

Manche Menschen verwechseln das Heidekraut mit dem Erika (*Erika vulgaris*). Die beiden Pflanzen sehen jedoch unterschiedlich aus, so sind die purpurroten Blüten des Erika rund um den Stängel angeordnet.

Sammeln Sie die blühenden Triebe samt den Blättern und trocknen Sie sie im Schatten, bevor Sie sie abrebeln.

Achten Sie beim Pflückstandort darauf, dass Sie nicht im Naturschutzgebiet ernten!

Ein rosarotes Blütenmeer von erstaunlicher Wirkung

Traditionelle Verwendung und Heilanwendung nach Hildegard

Nach mittelalterlichen Quellen galt Heidekraut als hervorragendes Blut-reinigungs- sowie harntreibendes Mittel und als Heilmittel bei Steinlei-den, Rheuma und Gicht. Auch Kneipp würdigte diese Wirkung in seinem Werk und empfiehlt den Tee auch zur Prostata-„Pflege" und bei Harn-wegsinfekten.

Heidekraut enthält Arbutin, Enzyme, Flavonglykoside, Gerbstoffe, Sa-ponine und Mineralstoffe, vor allem Kalk und Kieselsäure. Tee aus Hei-dekraut wirkt schweißtreibend, fiebersenkend und entzündungshem-mend. Auch wird ihm eine beruhigende Wirkung nachgesagt. Der hohe Kalkgehalt des Krautes kommt bei Rachitis zum Einsatz.

Reiner Heidekrauttee sollte nicht länger als 5 Minuten ziehen, er kann mit Honig gesüßt werden, obgleich sein Eigenaroma auch schon honig-artig ist. 3 Tassen werden pro Tag verabreicht.

Auch Kaltansätze der frischen Pflanze sind wohlschmeckend und für Frühjahrs- und Blutreinigungskuren bestens geeignet. Zu diesem Zweck werden die blühenden Triebe in Wasser gelegt und für etwa 6 Stunden in die Sonne gestellt.

In hoher Konzentration kann die Abkochung aus Heidekraut zur Schmerzbetäubung verwendet werden, beispielsweise bei Gelenksent-zündungen, zusätzlich kann das gekochte Kraut auf die betroffene Stelle aufgelegt werden.

Verwendung in der Wildkräuterküche

Die blühenden Triebe werden zu Teegetränken, Likör, Sirup, Kräuterwein und sogar als Biergewürz verwendet.

Meine Lieblingsrezepte

HEIDEKRAUT-SIRUP*

Die frisch gepflückten Heidekrauttriebe mit dem heißen Wasser über-gießen und etwa die Hälfte des Zuckers in die Mischung einrühren. Den Ansatz zudecken und etwa 36 Stunden ziehen lassen. Dann die Pflan-zenteile abseihen, den restlichen Zucker in die nochmals erwärmte Flüs-sigkeit einrühren und den heißen Sirup in kleine Flaschen abfüllen.

2 Handvoll blühende Triebspitzen des Heide-krautes

500 ml Wasser

500 g Zucker

ABENDTEE-MISCHUNG*

Rosenblüten, Apfelstückchen und Blättchen von Brombeere, Himbeere und Walderdbeere in frischem oder getrocknetem Zustand mischen.

Frisch: Eine Handvoll der Teemischung mit 1 l Wasser zubereiten.

Getrocknet: 3 TL auf 1 l Wasser verwenden.

Die Abendtee-Mischung, die mit Honig gesüßt getrunken wird, wirkt durch das Heidekraut leicht schlaffördernd.

HEIDEKRAUTBLÜTEN-WEIN*

2 Handvoll blühender Triebspitzen des Heidekrautes

1 EL Wacholderbeeren

1 EL Waldmeisterblüten

1 EL Holunderblüten

1 l Rotwein

Die Blüten in ein Glas mit Schraubverschluss füllen, die Wacholderbeeren halbieren und beifügen und schließlich mit Wein aufgießen. Den Ansatz für etwa 6 Wochen in die Sonne stellen, dann die Pflanzenteile abseihen und den Wein in kleine Flaschen füllen. Wer möchte, kann diesen Ansatz auch noch mit Honig zu einem süßen Getränk verkochen.

Lampionblume, *Physalis alkekengi*

Wald, Hecke

Botanische Merkmale und Standortbeschreibung

Die Lampionblume, im Volksmund auch „Judenkirsche" oder „Blasenkirsche" genannt, ist eine in unseren Breiten weit verbreitete Pflanze, die erst im Herbst, wenn die orangeroten Lampione aus grünem Blätterwerk leuchten, auffällt. Sie ist eine ausdauernde Pflanze mit weit verzweigtem, ausläufertreibendem Wurzelstock, die etwa 50 cm hohe Triebe entwickelt. An diesen ästigen Stängeln sitzen gegenständige, eiförmig-zugespitzte Blätter von bis zu 8 cm Größe, in ihren Blattachseln entspringen zentimeterkleine, grünlich-weiße Blüten. Sie entwickeln sich erst zu grünen, etwa 8 cm großen Lampionen, die sich bis zum Herbst leuchtend orangerot färben.

Die Lampione sind aus relativ derbem, trockenem Blattmaterial und innen hohl, am Stielansatz sitzt eine etwa kirschgroße, glatthäutige, orangerote Beere, die im säuerlich-tomatigen Fruchtfleisch viele millimeterkleine, steinharte Kernchen hat.

Die Lampionblume gehört wie die Tomate zur Familie der Nachtschattengewächse.

Im Herbst sterben die oberirdischen Pflanzenteile ab.

Sowohl als Gartenpflanze als auch verwildert in Hecken, Waldlichtungen und am Rand von Weinbergen ist diese dekorative Pflanze zu entdecken. Natürliches Vorkommen der Lampionblume ist die Region der östlichen Mittelmeerländer, sie bevorzugt nährstoffreiche Standorte. Die Peru-Beere (*Physalis peruviana*) ist in den letzten Jahren immer wieder in Geschäften zu finden, sie hat einen gelb-braunen Lampion und eine gelbe Frucht im Inneren. Auch sie ist ein guter Vitamin C-Lieferant und wurde von den Seefahrern als Anti-Skorbutmittel nach Europa mitgebracht. Die Peru-Beere ist bei uns nicht winterhart.

Leuchtend orangerote Lampions mit fruchtigem Inhalt

Pflückhinweise und Sammeltipps

Physalis-Früchte können ab Herbst bis zum Absterben der Pflanze geerntet werden. Wir pflücken nach Bedarf immer frische Lampions von den Trieben. Eine besondere Spezialität meiner Kinder ist es, die Lampions geheim auszuplündern und die leeren Behälter am Trieb für die Mama hängen zu lassen...

Eine andere Lagerungsmöglichkeit ist, die Früchte aus den Lampions herauszupflücken und in Gläsern kühl zu lagern, der Lampion soll angeblich seine Bitterstoffe an die Früchte abgeben.

Traditionelle Verwendung und Heilanwendung nach Hildegard

Die kugeligen Früchte werden, gut ausgereift, in der Kräuterheilkunde verwendet: sie enthalten heilkräftige Bitterstoffe, Gerbstoffe, Carotinoide und Pflanzenschleime. Reich an Vitamin C, galten sie bei unseren Vorfahren als wichtiger Vitaminspender im Winter, die getrockneten Früchte wurden in Wasser eingeweicht verabreicht. Als Vitaminlieferant und Anti-Skorbutmittel wurden Blasenkirschen auch in den Bauerngärten kultiviert.

Als wassertreibendes Mittel bei Nieren- und Blasenerkrankungen sowie bei rheumatischen Beschwerden finden die Früchte in der Volksheilkunde Verwendung, in der besonders ihre entzündungshemmende, blutreinigende, schmerzstillende und leicht beruhigende Wirkung geschätzt wird.

Die zerquetschten Früchte können zu diesem Zweck in Wasser oder Wein angesetzt werden, der nach kurzer Standzeit löffelweise verabreicht wird. In Schnaps eingelegt, wird der Ansatz als gesunder Aperitiv verwendet.

In der Medizin kommen auch die Blätter zum Einsatz. Dazu sollte man jedoch wissen, dass alle grünen Pflanzenteile sowie der orangerote Lampion – wie in der Familie der Nachtschattengewächse üblich – Giftstoffe enthalten. Wir kennen das ja auch von Tomate, Kartoffel und anderen Gemüsen aus derselben Familie. Der Umgang damit sollte erfahrenen Heilkundigen vorbehalten bleiben. Leberleiden, Wassersucht, Gicht, Steinleiden, Syphilis, aber auch Hauterkrankungen werden mit dieser Pflanze behandelt.

Verwendung in der Wildkräuterküche

Die Entdeckung der Lampionblume als essbare Wildfrucht verdanke ich meiner älteren Tochter, die zu dieser Zeit etwa 3 Jahre alt war und die lustigen orangeroten Kugeln, die sie aus meinem Dekorationsstrauss herausschälte, hartnäckig essen wollte.

Also begann ich zu recherchieren und fragte sogar bei unserem Kinderarzt nach, der so nett war, eigens für uns in seiner Fachliteratur nachzuschlagen und die Lampionblume als tollen „Vitamin C-Spender" für meine Tochter „zum Verzehr" freigab.

Seit dieser Zeit werden die kugelrunden, orangen Früchte bei uns als Wildobst genutzt. Der Vitamin C-Gehalt liegt über dem von Zitrone und Co., darüberhinaus enthält sie auch viel Vitamin B.

Wir verwenden die Früchte zum Frischverzehr, allerdings können auch Marmeladen und Kompotte daraus gekocht werden.

Wenn Lampionfrüchte getrocknet werden, schlägt ihr sonst süßlich-saures Aroma ins bittere um, sie sind dann nur noch zu Heilzwecken zu gebrauchen.

Meine Lieblingsrezepte

KÜRBISMARMELADE MIT PHYSALIS*

Den Kürbis schälen, in Würfel mit etwa 1 cm Kantenlänge schneiden und mit den Physalis-Früchten und dem Zucker in einem großen Topf durchmischen und für einige Stunden beiseite stellen. Wenn sich etwas Flüssigkeit im Topf gebildet hat, die Gewürze und den Orangensaft beifügen und die Mischung etwa 10 Minuten aufkochen und mit dem Stabmixer pürieren. Die Marmelade noch einmal abschmecken und eine Gelierprobe machen. Dann die „Kürbismarmelade mit Physalis" in saubere Gläser füllen. Diese geschmacklich sehr ausgefallene Marmelade passt sehr gut zu Wild und Geflügel, ebenso zu Käse und Getreidebratlingen.

500 g fruchtiger Kürbis (z. B. „Langer von Neapel" oder „Muskatkürbis")
3 Handvoll Physalisfrüchte
250 g brauner Zucker
250 g Gelierzucker
Saft von 1 Orange
Zimt und Galgant nach Geschmack

LAMPIONBLUMEN-LIKÖR*

Die Früchte abwechselnd mit dem Kandiszucker in ein Glas mit weitem Hals und Schraubverschluss füllen, die der Länge nach halbierte Vanilleschote und die Zimtstange beifügen und die Mischung mit dem Obstschnaps übergießen. Den Ansatz an einem warmen Ort oder in der Sonne für etwa 6 Wochen ziehen lassen.

2 Handvoll Früchte der Lampionblumen
500 ml Obstschnaps
2 Handvoll brauner Kandiszucker
1 Vanilleschote
1 Zimtstange

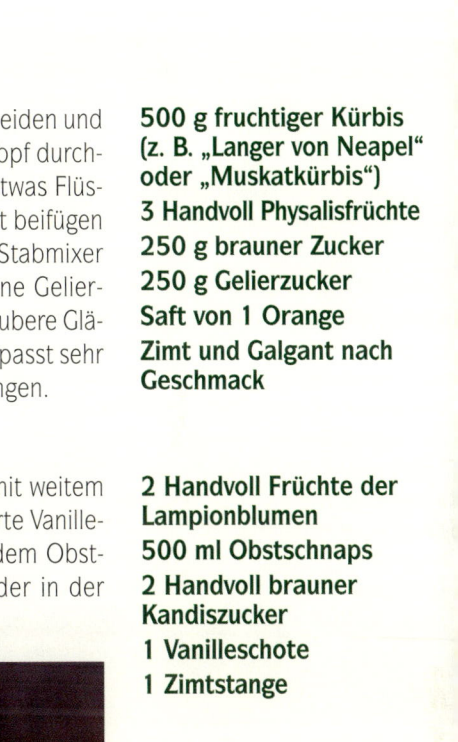

Seit Urzeiten Begleiter
des Menschen

Brennnessel, *Urtica* sp.
Wiese, Rasen

Botanische Merkmale und Standortbeschreibung

Beide bei uns vorkommenden Brennnesselarten – die Kleine und die Große Brennnessel – sind ausdauernde Pflanzen mit aufrechtem Wuchs, gegenständigen, leicht herzförmigen, spitz zulaufenden Blättern, sie sind mehr oder weniger mit Brennhaaren bedeckt. Die Blüten der Brennnesseln sind unscheinbar, grünlich in Trauben herabhängend, erscheinen im Juli und entwickeln sich zu kleinen, grünen Nüsschen, die später braun werden und ausfallen.

Pflückhinweise und Sammeltipps

Brennnesseln kann man fast ganzjährig ernten. Besonders an Stellen, die öfters gemäht werden, kommen immer wieder junge Exemplare nach. Pflücken Sie die Brennnesseln händisch, mit Handschuhen geschützt. Gut bewährt haben sich zwei Paar Plastikhandschuhe.

Verwechslungsmöglichkeiten gibt es keine, wenn man auf das Vorhandensein von Brennhaaren achtet. Nicht brennende, ähnlich aussehende Pflanzen können von Taubnesseln sein, die ebenso verwendet werden können, es könnte sich aber auch der Stinkandorn (*Ballota nigra*) ins Sammelgut mischen. Durch seinen unangenehmen Geruch ist er für die Wildkräuterküche nicht zu gebrauchen, die Blättchen weisen weniger Spitzen auf und sind weich behaart.

Die grünen Samen bilden sich im September an der Triebspitze und werden einfach vom Stängel gezupft. Die braunen, trockenen Samen werden später im Herbst von den Stängeln gerebelt, indem man darunter eine Schale oder Tüte hält.

Traditionelle Verwendung und Heilanwendung nach Hildegard

Brennnesseln werden von alters her und auch heute noch häufig gegessen und sind eine wichtige Zutat zu Frühlingsgerichten aus Wildkräutern.

Die Brennnessel ist ein wahres Wunderkraut, ihre Inhaltsstoffe sind so mannigfaltig und so gesundheitsfördernd, dass sich jeder glücklich schätzen kann, der in seiner Nähe eine Sammelstelle hat.

Brennnesselblätter enthalten fast doppelt so viele Proteine wie die Sojabohne und in reichem Maß Spurenelemente, alle essentiellen Aminosäuren, Provitamin A und Vitamin C sowie wichtige Enzyme. Wegen ihres hohen Eisengehaltes fördern sie die Blutbildung. Die Brennnessel wirkt entgiftend und entsäuernd, blutreinigend, aber auch harntreibend, deshalb wird sie für Frühjahrskuren verwendet. Wegen ihrer milchbildenden Eigenschaften ist sie eine wichtige Zutat zum Stilltee. Aus den Blättern, getrocknet und zerkleinert oder auch frisch gepflückt, wird wie aus der Wurzel ein Blutreinigungs- und Blasentee zubereitet. Getrocknete, zerriebene Brennnesselblätter sollte man vielen Speisen zufügen, wenn man unter Eisenmangel, Abgespanntheit oder Müdigkeit leidet. Sie sind im Geschmack neutral und wirken auch magenreinigend.

Völlig in Vergessenheit geraten ist die Verwendung der Brennnesselsamen.

Die kleinen, grünen Nüsschen, die später braun werden und ausfallen, waren für unsere Vorfahren über Jahrhunderte hinweg ein überlebensnotwendiger Wintervorrat an Vitaminen, Mineral- und Vitalstoffen. In Tibet wird aus ihnen ein heilkräftiges Öl gewonnen, das rekonvaleszenten und gebrechlichen Menschen neue Kräfte verleiht.

Hildegard von Bingen empfiehlt zu diesem Zweck Brennnesselsamen-Wein. Brennnesselsamen werden in Rotwein mit Honig verkocht und in Flaschen abgefüllt, ein Achterl pro Tag genossen, über drei Wochen lang, ist eine aufbauende Kur für Schwache und Kranke.

Aber auch die Anwendung der Brennnessel als Gemüse oder Suppe beschreibt Hildegard als entsäuernd, nieren-, blut- und magenreinigend. Bei Gelenksbeschwerden, hohem Blutdruck oder Störungen des Fettstoffwechsels soll die Brennnessel möglichst oft in den Speiseplan eingebaut werden.

Brennnesselsamen sind ein Östrogenlieferant der Extraklasse und werden daher für den Speiseplan der aufgeschlossenen Frau über 50 von der Kräuterfee empfohlen!!!

Nicht nur der Mensch, auch die Haustiere wurden mit Brennnesseln gefüttert, so z. B. das Milchvieh, dem getrocknete Brennnesseln ins Futter gemischt wurden, wenn die Milch eine besonders gute Qualität haben sollte.

Zuordnung und Anwendung nach TCM

Thermische Wirkung: kühl;

Organzuordnung: Milz, Leber, Lunge, Blase;

Geschmack: leicht bitter, adstringierend; Element: Feuer;

Funktionen: tonisiert das Leber-Blut, vertreibt Feuchtigkeit aus Lunge und Unterem Erwärmer, wirkt Leber-Qi-Stagnationen und toxischer Hitze entgegen.

Verwendung in der Wildkräuterküche

Die frischen, jungen Blättchen und Triebspitzen können roh als Aufstriche oder in Salaten verzehrt werden. Damit sie nicht brennen, werden sie fein gehackt. Frische Brennnesseltriebe, kleingehackt in Butter gemischt, ergeben einen köstlichen Brotaufstrich. Meist werden die Blätter jedoch gekocht. Am besten schmecken die ersten, etwa 20 cm langen Triebe im Frühjahr. Später werden nur noch die obersten Blätter und Triebspitzen verwendet. Der klassische Brennnesselspinat ist eine Verwendungsmöglichkeit; es lassen sich auch Suppen, Aufläufe, Gemüsesaucen, Spätzle und Palatschinken zubereiten. Die Blätter können auch einzeln in Teig ausgebacken werden. Brennnesselblätter lassen sich gut trocknen und bereichern als Pulver auch während des Winters unser Essen mit wichtigen Mineralstoffen. In Kombination mit anderen Garten- oder Wildkräutern als Gewürzsalz vermahlen, sind Brennnesselblätter nicht nur inhaltsstoffreich, sondern auch geschmacksabrundend und aromaintensivierend. Ich empfehle sie daher als „Geschmacksverstärker" aus der Wiese.

Völlig unbekannt ist die Verwendung der Brennnesselsamen.

Die kleinen grünen Nüsschen werden einfach vom Stängel gezupft und fein gehackt auf Salate, Brötchen oder Suppen gestreut. Sie haben keinen besonderen Geschmack, liefern aber ein interessantes Essgefühl, weil sie wie winzige Nüsse beim Draufbeissen knacken.

Die braunen, trockenen Samen werden wie Gewürze gelagert und verwendet und sind eine hochwertige Zutat zu Suppen, Eintöpfen, Kuchen oder Saucen.

Meine Lieblingsrezepte

BRENNNESSELSPINAT *

3 EL Butter
5 große Handvoll grobgehackte Brennnesseltriebe
5 EL Dinkelmehl
Wasser nach Bedarf
125 ml Schlagobers
Salz
Muskatnuss
Galgant

Das Mehl in der zerlassenen Butter anrösten und mit Wasser und Schlagobers so aufgießen, dass eine dickflüssige Sauce entsteht. Dann die gehackten, gewaschenen Brennnesseln beigeben, mitdünsten und wenn sie weich gekocht sind, mit dem Stabmixer pürieren.

Den Brennnesselspinat mit den Gewürzen abschmecken und noch etwa 5 Minuten nachziehen lassen.

BROTFLADEN MIT KRÄUTERFÜLLUNG*

Die Brennnesseln mit der gehackten und gedünsteten Zwiebel in der warmen Butter so lange wenden, bis sie zusammenfallen. Das Kochwasser abschütten, die Masse mit dem in Würfel geschnittenen Schafkäse vermischen und würzen. Aus dem Brotteig dünne Fladen (ca. 5 mm) ziehen, mit ca. 2 EL Fülle versehen. Nun die Teigränder von allen Seiten über die Fülle ziehen und miteinander gut „verkleben". Danach die Flade umdrehen und in der heißen Eisenpfanne mit wenig Butter beidseitig braun backen. Anschließend im heißen Backrohr fertig backen und zu Salat servieren.

Pro Person 250 g Weißbrot-Germteig
8 Handvoll Brennnesselstiele
2 gehackte Zwiebeln
250 g Schafkäse (Feta)
Butter zum Ausbacken
Salz und Pfeffer

KARTOFFELSUPPE MIT BRENNNESSELSAMEN*

Im heißen Öl oder in der Butter die fein gehackte Zwiebel und kleinwürfelig geschnittenen Sellerie anrösten, dann mit Wasser aufgießen und die würfelig geschnittenen Kartoffeln beigeben. Nach einmaligem Aufkochen der Suppe mit dem Salz würzen und die Suppe so lange köcheln lassen, bis die Kartoffeln weich sind. Nochmals mit dem Salz abschmecken und zum Schluss etwas Sauerrahm beigeben, der mit dem Stabmixer eingerührt wird, so dass eine cremige Suppe entsteht.

5 große, weichkochende Kartoffeln
1 mittelgroße Zwiebel oder ein Bund Frühlingszwiebeln
¼ Sellerieknolle
8 EL Öl oder Butter
Schwammerlsalz mit Brennnesselsamen nach Geschmack
Sauerrahm nach Geschmack

BRENNNESSELSUPPE NACH HILDEGARD VON BINGEN *

600 g Brennnessel-
triebe
1 große Zwiebel
1 EL Butter
2 Knoblauchzehen
2 EL Dinkelfeinmehl
1 l Wasser
250 ml Schlagobers
Galgant
Bertram
Muskat
Salz
geröstete Sonnen-
blumenkerne

Die Brennnesseln in Salzwasser blanchieren, kalt abschrecken und abseihen. Die feingehackte Zwiebel in der zerlassenen Butter goldgelb anrösten, die Knoblauchzehen fein hacken und kurz mitrösten. Dann die
Brennnesseln beifügen, mit den Gewürzen versetzen und etwa der Hälfte
des Wassers aufgießen. Nun das Mehl mit dem Schlagobers glattrühren
und damit die Suppe versetzen, die 15 Minuten köcheln soll. Dann die
„Brennnesselsuppe nach Hildegard von Bingen" mit dem Stabmixer pürieren, das verbliebene Wasser unterrühren, Salz nach Geschmack beifügen und mit den in der heißen, fettfreien Pfanne gerösteten Sonnen-
blumenkernen bestreut servieren.

BRENNNESSELPALATSCHINKEN *

800 g Brennnessel-
triebe und -blätter
eine Handvoll Bärlauch
oder Giersch
3 EL Butter
3 EL Mehl
500 ml Milch
1 Becher Crème fraîche,
Salz, Muskat, Pfeffer
nach Geschmack.
Palatschinkenteig:
500 ml Milch
eischwer Mehl
Salz
Milch
Öl zum Ausbacken

Die gewaschenen Brennnesseln in Wasser legen und 10 Minuten köcheln
lassen, bis sie zusammenfallen. Dann abseihen und pürieren oder fein
schneiden.

Aus der Butter und dem Mehl eine lichte Einbrenn bereiten, mit der
Milch aufgießen, Brennnesseln und Würzkräuter beifügen und einmal
aufkochen. Mit den Gewürzen abschmecken und die Crème fraîche ins
Gemüse einrühren. Nun die Palatschinken ausbacken und mit dem
Brennnesselgemüse füllen und einrollen.

Servieren Sie die Brennnesselpalatschinken heiß und direkt aus der
Pfanne.

KÜRBISCHREME-GEMÜSE MIT BRENNNESSELSAMEN*

Im heißen Öl die fein gehackte Zwiebel und die Gewürze anrösten, mit Wasser löschen und kurz aufkochen. Der kochenden Mischung nun den würfelig geschnittenen Kürbis beifügen und nach Geschmack salzen. Wenn das Kürbisgemüse bissfest gekocht ist, Schlagobers und Brennnesselsamen beifügen, gut durchrühren und das Creme-Gemüse auf der warmen Herdplatte mit geschlossenem Deckel noch etwa 5 Minuten ziehen lassen.

Servieren Sie dieses schmackhafte Wintergemüse zu Nudeln.

1 mittelgroße Zwiebel
500 g fruchtig schmeckender Kürbis, z. B. die Sorte „Langer Grüner von Neapel"
etwas Olivenöl zum Anbraten
1 Messerspitze Zimt
Kardamom
Curry
Senfkörner
Salz
250 ml Schlagobers
5 EL Brennnesselsamen

BROT MIT KRÄUTERFÜLLUNG*

Aus den Mehlen, dem Wasser, dem Zucker und der Hefe einen Brotteig kneten, eine Stunde zum „Gehen" wegstellen. In der Zwischenzeit die Kräuterpaste aus den oben genannten Zutaten zubereiten, indem die Kräuter gewaschen und nudelig geschnitten und mit dem Olivenöl und dem Salz so vermischt werden, dass eine grobe Paste entsteht, in die die Schinkenwürfel gemischt werden. Nach einer Stunde 4 EL Olivenöl in den Teig kneten. Diesen 2 cm dick auf einem bemehlten Tuch ausrollen, mit der Kräuterfüllung bestreichen, wie eine Roulade zusammenrollen und im vorgewärmten Backrohr bei 200 °C etwa 25 Minuten backen. Am besten schmeckt dieses Kräuterbrot noch warm.

1 Kaffeetasse Maismehl
6 Tassen Dinkel- oder Weizenmehl
1 Würfel Hefe
½ Tasse Mineralwasser
4 EL Olivenöl
Für die Kräuterfüllung:
3 Handvoll Brennnesselblätter
1 Bund Petersilie oder andere Frühlingskräuter nach Wunsch, wie etwa Bärlauch
2 Handvoll Schinkenwürfelchen
Olivenöl nach Bedarf
Salz

SCHWAMMERLSALZ MIT BRENNNESSELSAMEN *

500 g grobkörniges Speisesalz
1 Handvoll getrocknete Steinpilze oder Parasole
1 Handvoll getrocknete Brennnesselsamen

Die Steinpilze und die Brennnesselsamen mit dem Salz in einer Küchenmaschine oder händisch mit dem Mörser vermahlen und diese Delikatesse in Gläser mit Schraubverschluss füllen. Dunkel und kühl gelagert, hält dieses Salz gut zwei Jahre. Als Gewürz für Suppen, Saucen und Eintöpfe ist es in der Kräuterfeen-Küche ständig in Gebrauch und steht ganz vorne im Gewürzregal. Kochen Sie das Salz auf alle Fälle mit, denn erst dann kann sich das Schwammerlaroma so richtig entfalten!

Kümmel (Wiesen-), *Carum carvi*
Wiese

Botanische Merkmale und Standortbeschreibung

Kümmel ist eine zweijährige Pflanze, im ersten Standjahr entwickelt die Pflanze einen Buschen doppelfiederteiliger, grasgrüner Blättchen, deren Teilblättchen lineal zugespitzt sind. Die Pflanze überwintert als gelbliche Pfahlwurzel und entwickelt im zweiten Standjahr zwischen den Blättchen aufrechte, gefurchte, verästelte Stängel, an denen sich die Blütenstände bilden. Die kleinen, weißen Einzelblüten sind als Doppeldolden angeordnet. In höheren Lagen können sie auch rosa ausgefärbt sein.

Aus den Blüten entwickeln sich sichelförmige Teilfrüchte, die zu zweit am Stiel wachsen. Das sieht aus wie zwei aneinandergepesste Hände. Im Hochsommer färben sie sich von grün über

Kleine Körner – große Wirkung

rötlich auf braun, dann zerfallen die Teilfrüchte zu den beiden bekannten „Kümmelsamen".

Kümmel war in Mitteleuropa weit verbreitet auf Wiesen, Weiden und Grünflächen, an Wegrändern und Böschungen ist er eher in höheren Lagen zu entdecken. Heutzutage wächst die Kümmelpflanze häuptsächlich auf Bergfettwiesen und -weiden sowie auf Almen bis auf 2000 m Seehöhe.

Pflückhinweise und Sammeltipps

Für die zarten, eher unscheinbaren Kümmelpflanzen muss man erst den richtigen Blick entwickeln. Am leichtesten erkennt man die passenden Standorte im Sommer, wenn die Pflanze blüht, oder im Herbst, wenn die charakteristischen Samen reifen.

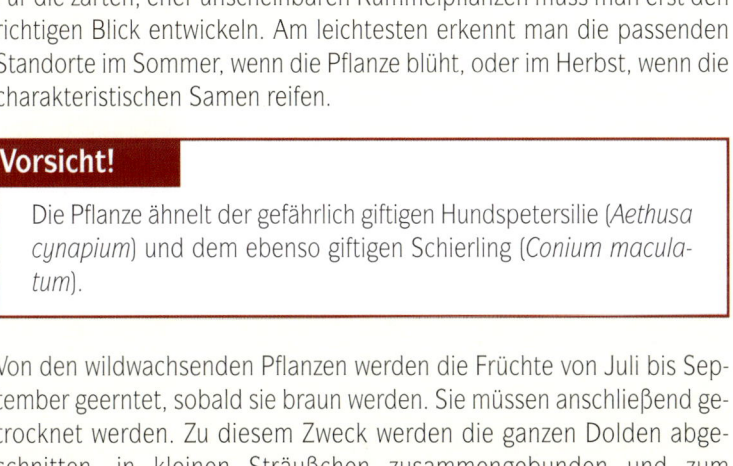

Vorsicht!

Die Pflanze ähnelt der gefährlich giftigen Hundspetersilie (*Aethusa cynapium*) und dem ebenso giftigen Schierling (*Conium maculatum*).

Von den wildwachsenden Pflanzen werden die Früchte von Juli bis September geerntet, sobald sie braun werden. Sie müssen anschließend getrocknet werden. Zu diesem Zweck werden die ganzen Dolden abgeschnitten, in kleinen Sträußchen zusammengebunden und zum Nachreifen an einem luftigen Ort aufgehängt. Wenn die Früchte trocken sind, werden Sie abgerebelt und in Dosen oder Säcken aufbewahrt.

Traditionelle Verwendung und Heilanwendung nach Hildegard

Die Verwendung des Kümmels als Nahrung, als Gewürz und als Heilmittel entstammt einer Zeit vor der Sesshaftwerdung des Menschen. So wurden Kümmelfrüchte in neolithischen Pfahlbauten aus dem 3. Jh. v. Chr. gefunden. Bis in die Jetztzeit hat er seinen guten Ruf als Heil- und Gewürzpflanze behalten.

Kümmelfrüchte sind das beste pflanzliche Antiblähungsmittel, das wir in Mitteleuropa kennen.

Zur Bereitung des Kümmel-Tees 1 TL zerdrückter Früchte mit ¼ l kochendem Wasser überbrühen und 10 Minuten ziehen lassen. Der Tee wird warm schluckweise getrunken und hilft bei Blähungen und krampfartigen Magen- und Darmbeschwerden.

Kümmelsamen enthalten ätherische Öle (Carvonöl), Gerbstoffe, Harz, fettes Öl, Eiweiß Zucker und Mineralstoffe. Diese Inhaltsstoffe machen ihn auch zu einem beliebten Mittel in der Hausmedizin: Er findet als Magenmittel, als Heilmittel bei Koliken, Galle- und Leberbeschwerden sowie als Hustenmittel Anwendung.

Ein vorzüglicher Tee, der Magen, Bauch und Herz wärmt, ergibt sich, wenn der Kümmel in einer Pfanne so lange geröstet wird, bis er „hüpft", dann wird er mit Wasser übergossen und soll einige Minuten ziehen.

Auch können Kümmelsamen zur Verdauungsstärkung einfach gekaut werden.

In der Frauenheilkunde wird Kümmeltee auch zur Milchbildung in der Stillperiode, zur Geburtsbegleitung und bei Menstruationsbeschwerden angewandt.

Verwendung in der Wildkräuterküche

Kümmel ist eines der ältesten Gewürze der Welt. Er fördert die Fettverdauung, ist gallefreundlich und verträgt sich geschmacklich mit fast allen Speisen. Doch nicht nur wegen seines Aromas, sondern auch wegen seiner Eigenschaft, schwer verdauliche und blähende Speisen leichter verdaulich zu machen, ist er bekannt. Besonders Kohl, Kraut, Linsenfrüchte, Zwiebelgerichte, aber auch fettes Fleisch werden traditionell damit gewürzt.

Kümmel als Gewürz muss nicht unbedingt in Form der ganzen Früchte zum Einsatz kommen, er kann auch als Pulver verwendet werden. Kümmelsuppe war in den ländlichen Gegenden eine gängige Mahlzeit.

Eine sehr gute Würzmischung für Käse erhält man, wenn Kümmel, (Pfeffer) und Kochsalz zu gleichen Teilen miteinander verrieben wird. In diesem Fall wurde der Kümmel jedoch nicht nur als Gewürz, sondern auch als Konservierungsmittel eingesetzt.

Die jungen Blätter werden im Frühling gesammelt und roh zu Salaten und als Beigabe zu anderen Gemüsen verwendet. Auch Stängelspitzen, Knospen und Blüten werden im Sommer als Suppen- und Eintopfgewürz verwendet und ergeben ein äußerst schmackhaftes Wildgemüse.

Im Herbst und Winter gegraben, werden die weißlichen, dünnen Wurzeln als Kochgemüse und als Suppengewürz eingesetzt.

Bekannt ist der Kümmel jedoch für seine aromatischen, sichelförmigen Samen, die im Hochsommer gesammelt werden und getrocknet das ganze Jahr über als Gewürz Verwendung finden. Besonders Brot und Käse werden durch Kümmelbeigabe traditionell haltbarer gemacht.

Auch werden Liköre, Tee und Schnaps in der bäuerlichen Küche gerne mit Kümmel aromatisiert.

Meine Lieblingsrezepte

KÜMMELSUPPE*

Die Butter schmelzen und darin die feingehackte Zwiebel glasig anschwitzen lassen, dann das kleingeschnittene Kümmelgrün beigeben, kurz andünsten lassen und das Mehl untermengen. Nach einigen Minuten mit der heißen Suppe oder dem Wasser aufgießen, nun den Kümmel beifügen und mit Salz abschmecken. Die Suppe kochen, bis die Zwiebeln und Kräuter weich sind, dann mit dem Stabmixer pürieren und mit dem Schlagobers mischen. Servieren Sie die Suppe mit gerösteten Schwarzbrot- oder Speckwürfeln.

1 Sträußchen Kümmelgrün
30 g Butter
20 g Dinkelvollkornmehl
50 g Zwiebeln
1 l Gemüsebrühe, Rindsuppe oder Wasser
250 ml Schlagobers
Salz
1 TL Kümmelpulver oder Kümmelsamen

WIENER ERDÄPFELSUPPE

Die geschälten Kartoffeln in 1 cm große Würfel schneiden, ebenso die Karotten und die Sellerie. Nun die feingehackte Zwiebel mit dem würfelig geschnittenen Speck im Öl anrösten, wenn die Zwiebeln glasig geworden sind, Kartoffeln, Karotten und Selleriewürfel beifügen, kurz anschwitzen und mit der Suppe aufgießen.

Die Gewürze, den Kümmel und die zuvor in lauwarmem Wasser eingeweichten Steinpilze samt dem Einweichwasser beifügen und die Suppe etwa 15 Minuten kochen lassen. Wenn das Gemüse weich ist, den Sauerrahm einrühren und mit Salz und Essig abschmecken.

200 g Kartoffeln, geschält
50 g Frühstücksspeck
1 große Zwiebel
2 Karotten
¼ Sellerie
4 EL Öl
20 g Mehl
1 Handvoll getrockneter Steinpilze
1 l Gemüsebrühe
1 Becher Sauerrahm
Salz und Pfeffer
1 TL Kümmelpulver
Essig
Majoran

Kornelkirsche, *Cornus mas*
Hecke

Botanische Merkmale und Standortbeschreibung

Die Kornelkirsche wird umgangssprachlich auch „Dirndl" genannt. Sie ist ein sparriger Strauch bzw. kleiner Baum mit grauer Rinde und gegenständigen Ästen. Die gelben, zart duftenden Blüten erscheinen schon im Februar, wenn die Bäume noch ohne Blätter sind. Aus ihnen entstehen längliche, rote Kernfrüchte, die wie Weichseln schmecken und im September reif sind. Kornelkirschen sind im Weinbaugebiet sehr verbreitet, auch im lichten Wald und in Hecken fühlen sie sich wohl. Auch als Ziergehölze sind etliche Fruchtsorten in gut sortierten Baumschulen zu erstehen, sie tragen deutlich größere Früchte.

Pflückhinweise und Sammeltipps

Kornelkirschen beginnen im September zu reifen. Dann fallen sie nach und nach vom Strauch ab und können auf einfache Weise in ein am Boden aufgelegtes Tuch geschüttelt werden. In vielen Fachbüchern wird empfohlen, mit der Kornelkirschen-ernte bis zum ersten Frost zu warten, da dies die Gerbsäure in den Früchten mildert. Meistens sind jedoch bis dahin schon alle Früchte abgefallen und verdorben. Daher pflücken wir die Kornelkirschen dann, wenn sie dunkelrot und vollreif am Strauch hängen.

Weichselaroma aus der Hecke

Traditionelle Verwendung und Heilanwendung nach Hildegard

Kornelkirschen sind reich an organischen Säuren, Zuckern und Pektinen und enthalten sehr viele Vitamine, vor allem Vitamin C. In der Hildegard-Medizin werden Dirndln als magenreinigend und -stärkend empfohlen.

Verwendung in der Wildkräuterküche

Vollreife, dunkelrote Kornelkirschen schmecken herrlich nach vollreifen Weichseln und lassen sich wie diese verarbeiten: Kompotte, Marmeladen, Gelees aus Dirndln haben eine herrlich knallrote Farbe. Um mehr Masse zu erhalten, können zur Hälfte auch andere Früchte beigemischt werden, wie Äpfel oder Quitten.

Kornelkirschen, süß-sauer eingelegt, sind eine exotisch anmutende Beigabe zu Wild- und Geflügelgerichten. Auch können sie wie Oliven eingelegt werden, dazu werden jedoch halbreife Früchte verwendet.

In vielen Fachbüchern steht, dass sie dem Frost ausgesetzt sein müssen, damit ihre Gerbstoffe gemildert werden. Da dies nicht mit dem Reifezeitpunkt der Dirndln zusammenstimmt, kann mit nachfolgender Technik Abhilfe geschaffen werden: Legen Sie die Kornelkirschen vor der Verarbeitung ins Tiefkühlfach. Ich persönlich finde dies jedoch völlig unnötig. Das Aroma der Dirndln ist auch mit Gerbstoffen herrlich und gesund!

Meine Lieblingsrezepte

KORNELKIRSCHEN-MANDEL-FLORENTINER *

Zucker, süßen Rahm, Honig und Butter dickflüssig einkochen, Mandelplättchen, Mandelstifte und Kornelkirschen beifügen und alles nochmals kurz aufkochen. Die gemahlenen Mandeln im Anschluss nach Bedarf untermischen, so dass eine dickflüssige Masse entsteht. (Wenn tiefgekühlte Kornelkirschen verwendet werden, entsteht mehr Flüssigkeit und es werden dementsprechend mehr gemahlene Mandeln benötigt.)

30 g Zucker
40 g süßer Rahm
20 g Honig
10 g Butter
120 g Mandelplättchen
50 g Mandelstifte
50 g gemahlene Mandeln
40 g feste Kornelkirschen, entkernt
Kuvertüre:
100 g Kochschokolade
1 EL Butter
1 Prise Chilipulver

Ein Backblech mit Backpapier belegen, die Florentinermasse dünn auftragen und bei 180 °C im vorgeheizten Backrohr backen, bis sie fast zu bräunen beginnt. Die Florentiner nun etwas auskühlen lassen, noch warm in kleine Quadrate schneiden und kühl stellen.

Für die Kuvertüre Butter und Kochschokolade vorsichtig – am besten im Wasserbad – schmelzen. Mit einer Prise Chili würzen und Schokolade dünn auf ein mit Backpapier belegtes Backblech streichen.

Nun rasch die bereits geschnittenen Florentinerecken mit 1 cm Abstand in die Schokolade legen und die Florentiner, solange die Schokolade halbfest ist, in neuerliche Quadrate schneiden. Die fertigen Florentiner auf dem Papier abkühlen lassen. Kühl gelagert, hält diese Köstlichkeit etwa 14 Tage. Servieren Sie die Florentiner zimmerwarm, so entfalten sie ihr Aroma am besten.

KORNELKIRSCHEN, SÜSS-SAUER EINGELEGT *

1 kg reife, dunkelrote Kornelkirschen
500 ml Rotweinessig
15 Gewürznelken
1 Zimtstange
1 TL Wacholderbeeren
1 TL Koriander
1 EL Salz
10 EL Honig

Aus den Zutaten einen Gewürzsud kochen, der etwa 30 Minuten ziehen sollte, und in den kochenden Sud die verlesenen Kornelkirschen einlegen. Diese, ohne sie aufzukochen(!), 10 Minuten ziehen lassen, dann abgießen und in Gläser füllen, die mit dem kochenden Gewürzsud gefüllt werden.

Die süß-sauren Kornelkirschen mindestens 2 Monate im Kühlen reifen lassen, ehe sie wie Oliven serviert werden. Auf Antipasti-Tellern oder auf exquisiten Brötchen sind sie eine schmackhafte Besonderheit.

KORNELKIRSCHEN-KOMPOTT NACH ART DER KRÄUTERFEE*

Die gewaschenen, verlesenen Dirndln in vier saubere Gläser mit Schraubverschluss mit jeweils 250 ml Fassungsvermögen verteilen. Die Vanilleschote in 4 Teile schneiden, in jedes Glas ein Stückchen davon legen und den Inhalt mit je 3 EL braunem Zucker ergänzen.

Nun das Glas mit Wasser so füllen, dass vom Deckelrand noch etwa zwei Fingerbreit Luft bleibt. Die Gläser gut verschließen und ins Backrohr auf ein Backblech stellen, welches etwa 1 cm hoch mit Wasser befüllt ist. Bei 150 °C das Kornelkirschenkompott sterilisieren, bis im Glas kleine Bläschen aufsteigen. Nun das Backrohr abschalten und die Gläser im Backrohr auskühlen lassen.

Das Kornelkirschenkompott sollte meiner Erfahrung nach mindestens 2 Monate, besser noch 1 Jahr, reifen. Es schmeckt außerordentlich aromatisch, ähnlich wie Weichselkompott, aber viel runder in Säure und Süße.

1 kg feste, dunkelrote Kornelkirschen

einige Blätter vom Strauch

1 Vanilleschote

brauner Zucker

Mahonie,
Mahonia aquifolium

Hecke

Botanische Merkmale und Standortbeschreibung

Die Mahonie, der Familie der Sauerdorngewächse zugehörig (wie auch die Berberitze), wurde vor etwa 300 Jahren als Zier- und Nutzstrauch von Nordamerika nach Europa eingeführt und ist mittlerweile durch Verwilderung weit verbreitet. Aber auch als Gartenpflanze erfreut sich der immergrüne Strauch mit seinen ledrigen, dunkelgrünen, groben, unpaarig gefiederten, am Rand mit kleinen Dornen besetzten Blättchen, die zu 9., 7. oder 5. am Blattstiel stehen, und seinen im zeitigen Frühjahr goldgelb blühenden und lieblich duftenden Blütentrauben großer Beliebtheit. Die erbsengroßen, dunkelblauen, bereiften Früchte stehen in kleinen Trauben am Strauch, Fruchtfleisch und Fruchtsaft sind purpurrot. In Nordamerika wurde die Mahonie von der Urbevölkerung sowohl zu Ernährungs-, als auch zu Färbe- und Heilzwecken verwendet.

Ein aromatischer, farbiger Neuankömmling

Pflückhinweise und Sammeltipps

Die Mahonienfrüchte sind erst im vollreifen Zustand genießbar, etwa ab September können sie geerntet werden, ich persönlich lasse sie jedoch oft bis Weihnachten am Strauch hängen, da sie so gut haltbar sind und keine Eile herrscht, sie sofort verarbeiten zu müssen. Im Gegenteil, ich finde sie sind dann voller im Aroma, und die Nachtfröste haben die Gerbstoffe gemildert.

Traditionelle Verwendung und Heilanwendung nach Hildegard

Alle Teile der Mahonie können ähnlich wie die der Berberitze zu Heilzwecken verwendet werden. Im Vergleich enthält die Mahonie weniger Berberin, Proberberin und andere Alkaloide, die antibakteriell und entzündungshemmend wirken. Zu Heilzwecken werden vor allem Rinde und Wurzeln verwendet. Anwendungsgebiete sind Hautprobleme, Herpes und Magen-Darm-Entzündungen, aber auch Rheuma und Arthrose.

Im Volksmund „Blutkraut" genannt, werden Früchte, Wurzeln und Wurzelrinde als Tonikum bei Leberkrankheiten, Gastritis, zur Anregung von Galle und Nieren angewandt. Auch hier sollte, was die Dosis und Verabreichungsart betrifft, unbedingt ein erfahrener Kräuterheiler befragt werden, da Überdosen gesundheitsschädigend sind.

Marmelade aus den Früchten soll herzstärkend und -heilend wirken.

Zuordnung und Anwendung nach TCM

Thermische Wirkung: kühl;
Organzuordnung: Gallenblase, Leber, Milz;
Geschmack: bitter, leicht adstringierend; Element: Feuer;
Funktionen: tonisiert das Qi- und Yin im Unteren Erwärmer und das Milz-Qi, wirkt Leber-Qi-Stagnationen und Qi- und Blut-Stagnationen im Unteren Erwärmer entgegen, beruhigt Magen-Feuer, klärt Hitze, leitet Feuchte – Hitze aus dem Dickdarm aus.

Verwendung in der Wildkräuterküche

Die Vitamin C-reichen Mahonienfrüchte sind erst im vollreifen Zustand genießbar, sie haben einen feinen, säuerlichen, aromatischen Geschmack, sind leicht adstringierend und können ohne großartige Beigabe von Konservierungsstoffen eingekocht werden. Als Beigabe zu Frischsäften entfalten sie ihre konservierende Wirkung, so dass diese länger frisch bleiben. In Nordamerika wurden die Früchte in Zuckerbäckereien und zur Herstellung von Likören, Fruchtsäften und Rumtöpfen verwendet. Als Färbemittel verleihen Fruchtsaft und Fruchtmark allen Zutaten ein sattes Purpur. Zu diesem Zweck können auch die von der Marmeladenherstellung zurückgebliebenen Schalenreste und Kerne in einen Stoffbeutel gefüllt und mit den zu färbenden Zutaten verkocht werden. Traditionell wurde auch Rotwein damit gefärbt.

Aus den Früchten kann ein saurer Saft gepresst werden, der anstelle von Zitronen verwendet wird. Beim Pressen ist darauf zu achten, dass die Samen ganz bleiben und nicht mitgepresst werden.

Auch in der Mosterei wurden die Früchte in geringen Mengen säurearmen Maischen zugefügt, um eine geschmackliche Aufwertung und eine längere Haltbarkeit des Mostes zu erzielen.

Süße Saucen, aus Mahonienfrüchten oder Fruchtmark hergestellt, können zu gebratenen Äpfeln, Grießbrei, Sorbets, Eisdesserts oder gebackenen Früchten serviert werden. Sie eignen sich auch, verdickt als Gelee, zum Aromatisieren von Konfekt, Cremen und anderen Süßspeisen.

Meine Lieblingsrezepte

MAHONIEN-FRUCHTMUS*

Alle Zutaten etwa 5 Minuten miteinander verkochen und das Fruchtmus durch die Flotte Lotte passieren. Im Anschluss nochmals etwa 8 Minuten kochen und in saubere Gläschen füllen.

Dieses Mus eignet sich gut, um daraus Saucen herzustellen, die, wie vorher beschrieben, gut zu Sorbets oder gebackenem Obst passen, es kann aber auch gut als Brotbelag oder Palatschinkenfülle herangezogen werden.

500 g Mahonienfrüchte
125 ml Wasser
125 ml Rotwein
500 g Gelierzucker
abgeriebene Schale von einer unbehandelten Orange
einige Blüten von Thymian und Mädesüß (getrocknet)

MAHONIEN-GEWÜRZSIRUP*

Die Mahonienfrüchte grob zerstoßen, ohne die Kerne zu verletzen, und mit dem Wasser und den Gewürznelken auf Zimmertemperatur erhitzen, abgedeckt und unter zeitweiligem Umrühren etwa 4 Tage ziehen lassen. Dann die Festteile abseihen, gut auspressen und beiseite geben. Den Saft mit den Quittenspalten, dem Holunderblütensirup, dem geschälten, feingehackten Ingwer und dem Gelierzucker etwa 10 Minuten unter ständigem Rühren verkochen und in kleine, saubere Gläschen abfüllen.

Der schön gefärbte Sirup kann als Getränk genauso wie als Zutat zu Saucen und Fruchtsuppen verwendet werden.

500 g Mahonienfrüchte
500 g Quitten samt Kerngehäuse, in dünne Spalten geschnitten
100 ml Holunderblütensirup
1 kleine Ingwerwurzel
10 Gewürznelken
500 ml Wasser
1 kg Gelierzucker

Schwarzer Holunder, *Sambucus nigra*

Hecke, Ufer

Botanische Merkmale und Standortbeschreibung

Der oft majestätisch anmutende, bis zu 6 m hohe Strauch oder Baum mit seiner rissigen, grauweißen Rinde, die mit korkähnlichen Warzen übersät ist, ist in unseren Breiten zum Glück überall zu finden. Die fünfteiligen, duftenden Fiederblättchen sind am Rande fein gesägt und haben einen ganz besonderen Geruch.

Die im Mai erscheinenden, handtellergroßen Blütendolden setzen sich aus vielen kleinen zitronengelben, fünfzipfeligen Blütchen zusammen, die betörend duften und nach der Blüte vom Strauch herabrieseln.

Aus den kleinen, grünen Früchten entwickeln sich bis Ende August pralle, dunkelblauschwarze Früchte, die unterschiedlich reif werden und so wie die abgeblühten Blüten vom Strauch herabfallen. Wenn ein Teil der Früchte herunter liegt, ist der richtige Zeitpunkt gekommen, um die Fruchtdolden zu ernten, denn dann sind die verbliebenen Früchte ausgereift.

Allheilmittel aus der Hecke

Der Schwarze Holunder wächst auf sonnigen Waldlichtungen, Waldrändern und in Gebüschen und Hecken. Er ist seit Menschengedenken bei menschlichen Siedlungen zu finden. Der Schwarze Holunder wuchs früher sehr häufig in der Nähe von Wohnhäusern und wurde dort sogar als Wohnort für die „Guten und hilfreichen Kräfte" gepflegt.

Heute ist er eher in feuchten Gräben, in Auen und in Hecken zu finden oder er fristet sein Dasein nicht selten ungeliebt, ungesehen und ungenutzt auf Schuttplätzen, im Straßengraben oder beim Komposthaufen.

Pflückhinweise und Sammeltipps

Das Pflücken der Holunderblüten ist zu Blühbeginn am praktischsten, denn mit zunehmendem Fortschreiten der Saison steigert sich die Häufigkeit des Befalls mit schwarzen Blattläusen.

Alle grünen Teile des Holunders – auch die unreifen Beeren! – sollen gemieden werden, da sie abführend wirken. Daher ist es bei der Ernte wichtig, ausschließlich vollreife, tiefschwarze Beeren zu pflücken und die Blütenstände ohne die grünen Stiele zu verarbeiten.

Für den unerfahrenen Beerenpflücker ist es von großer Wichtigkeit, die Dolden von großen, verholzten Büschen zu nehmen, denn der giftige „Rossholunder" (*Sambucus ebulus*) trägt sehr ähnliche Beeren, die äußerst bitter schmecken und ungenießbar sind.

Traditionelle Verwendung und Heilanwendung nach Hildegard

„Oh, wer zählt die Wunder alle dieses Bäumchens wohl, Rinde, Beere, Blatt und Blüte, jeder Teil ist voller Kraft und Güte, jeder segensvoll!" Ein alter Spruch mit großem kulturhistorischen Hintergrund.

Der majestätische Strauch hat in der Tat einiges zu bieten: Rinde, Laub, Blüte und Früchte werden seit Menschengedenken genutzt und gebraucht. Es gibt in unseren Breiten keine andere Pflanze, die so zur Volksheilpflanze wurde wie der Schwarze Holunder.

Die elfenbeinfarbenen, herb duftenden und mit Blütenstaub beladenen, doldenartigen Blüten sind Heilmittel bei allen Entzündungen im Körper, wirken aber auch leicht schmerzstillend und fiebersenkend. Holunderblüten enthalten Salicylsäure, diese wirkt schweißtreibend, fiebersenkend und gilt als Wunder-Tee bei Erkältungen. Ein „Aspirin" aus der Natur, sozusagen.

Die graue Rinde wurde traditionell als Abführmittel und zur Schmerzstillung verwendet, die Blüten waren ein wichtiges Heilmittel bei Fieber und Entzündungen. Das eigenartig riechende Laub des Schwarzen Holunders wurde allerorts zum Füllen von Matratzen verwendet, da sein Duft Ungeziefer vertreibt. Frisch gepflückt und zerstampft, hilft es bei Verbrennungen.

Bereits in der Steinzeit wurden die Früchte zu Mus gekocht und getrocknet, um als wertvoller Vitaminlieferant und wichtiges Heilmittel im Winter verwendet zu werden.

Zubereitungen aus Holunderbeeren wirken in ungesüßtem Zustand verdauungsregulierend und blutreinigend.

Der gekochte Sirup aus den Früchten ist ein wahrer Gesundheitstrunk: Er kräftigt, stärkt das Immunsystem und ist ein Vitamin B_1-Lieferant der Extraklasse.

Zubereitungen aus den Holunderfrüchten wirken auf die Verdauungsorgane heilend; ferner sind sie außerordentlich vitaminreich und stärken das Immunsystem.

Nach Hildegard ist der Wein aus den Früchten heilkräftig bei körperlicher und geistiger Überanstrengung und behebt Kreislaufstörungen.

Zuordnung und Anwendung nach TCM
Blüten
Thermische Wirkung: kühl;
Organzuordnung: Lunge, Niere, Blase;
Geschmack: leicht scharf, süß, bitter; Element: Erde, Feuer, Holz;

Funktionen: schweißtreibend bei äußerer Wind-Hitze, leitet Schleim und Feuchtigkeit aus, klärt Leere-Hitze, klärt Feuchte-Hitze in Lunge und Blase, wirkt Flüssigkeits-Stagnationen entgegen.

Rinde
Thermische Wirkung: warm;
Organzuordnung: Leber, Niere, Dickdarm;
Geschmack: bitter, scharf, trocken; Element: Feuer, Metall;
Funktionen: wirkt Qi-Stagnationen entgegen, leitet Feuchtigkeit aus, wirkt Flüssigkeits-Stagnationen entgegen.

Verwendung in der Wildkräuterküche
Holunderblüten riechen sehr intensiv und verleihen den Speisen ein ganz charakteristisches Aroma. Durch das Einlegen einiger Blüten können Essig, Wein oder Milch aromatisiert werden. Auch der Holunderblüten-sirup eignet sich hervorragend zum Aromatisieren von Desserts, Mehl-speisen und Getränken. Die grünen Stengelteile der Holunderblüten soll-ten nach Möglichkeit vor dem Verzehr zum Großteil entfernt werden, da sie das abführende Sambucin enthalten.

Holunderfrüchte sollten am besten gekocht werden, da sie so auch für empfindliche Menschen gut verträglich sind. Ich empfehle Ihnen die Zu-bereitung von Hollerkoch (die Früchte wie Kompott kochen), Hollersaft (Beeren entsaften) oder Hollergelee (Beerensaft einkochen).

Holunderfrüchte können aber auch pikant eingekocht werden: Hol-lerchutney ist ein absoluter Geheimtip für Feinschmecker! Wir essen es fast den ganzen Winter hindurch und können nicht genug davon be-kommen. „Groß", „Klein", und „Ganz klein" essen das Hollerchutney in un-serer Familie mit großer Begeisterung. Besonders gut passt es zu Wild-gerichten, Käseplatten, Fondue und Getreidebratlingen.

In diesen Variationen ist der Holunder bekömmlich, stärkend und heilend.

Hollerlikör gehört zu den besten Wildfruchtlikören und sollte in jedem Haushalt als Genuss- und Heilmittel vorrätig sein.

Meine Lieblingsrezepte

SCHWARZER-HOLLER-SAUCE *

250 ml Likör von Holun-
derblüten und -früchten
4 EL Maisstärke
100 ml Holunder-
beerensaft
3 EL brauner Zucker

Alle Zutaten miteinander verkochen, bis eine sämige Sauce entsteht.
Passt gut zu Mousse, Topfenstrudel und Eis.

LIKÖR VON HOLUNDERBLÜTEN UND FRÜCHTEN*

Aus den Zutaten zum Sirup einen Ansatz herstellen, indem die Blüten (ungewaschen) mit den übrigen Zutaten angesetzt und etwa 2 Tage unter gelegentlichem Rühren ziehen gelassen werden. Danach den Sirup abschütten und in Flaschen kühl und dunkel lagern. Im Herbst, wenn die Früchte reif sind, werden diese abgerebelt und gewaschen, in ein großes Glas mit Deckel gefüllt, mit den anderen Zutaten vermischt und zum Schluss mit dem Obstler und 1,5 l Holunderblütensirup übergossen. Den Ansatz etwa 8 Wochen in der Herbstsonne ziehen lassen und dann abschütten, wobei die Früchte gut ausgedrückt werden müssen. Anschließend durch ein Tuch filtern und 8 Wochen kühl und dunkel lagern, um zu reifen.

Dieser Likör aus Blüten und Früchten ist stärkend und wärmend und ist ein bewährtes Mittel zur Kräftigung und Stärkung.

Sirup:
10 schön erblühte Holunderdolden
1 ½ kg brauner Zucker
1 ½ l Wasser
20 g Zitronensäure
Schale einer unbehandelten Orange.

Likör:
1 kg abgerebelte Holunderfrüchte
500 g Kandiszucker,
1 Vanilleschote
1 Zimtstange
Schale einer unbehandelten Orange
1 l Obstler

HOLLERMARMELADE NACH ART DER KRÄUTERFEE*

Die Gewürze im Orangensaft aufkochen, dann die Beeren hinzufügen und solange auf großer Flamme kochen, bis sie platzen. Die Gewürze entnehmen, dann Zucker und Apfelstückchen beifügen und etwa 10 Minuten verkochen. Die grobe Marmelade in Gläser füllen. Sie ist nicht nur ein herrlicher Brotaufstrich, sondern auch eine aromatische Beigabe zu Süßem und Deftigem.

2 kg Hollerbeeren
250 ml Orangensaft
1 Stück Zimtrinde
2 Gewürznelken
1 kg säuerliche Äpfel
1 kg Gelierzucker
500 g brauner Zucker

HOLUNDERBLÜTEN-FRUCHT-KUCHEN *

Mürbteig:
50 g Zucker
50 g Staubzucker
**200 g Dinkelvollkorn-
mehl**
100 g Butter
eine Prise Salz
1 Eidotter
Belag:
**75 g gemahlene
Mandeln**
200 g Schlagobers
1 EL Bienenhonig
100 g brauner Zucker
¾ kg Äpfel
**250 g Hollermarmelade
(siehe S. 207)**
**10 Dolden frische
Holunderblüten**

Für den Mürbteigboden alle dafür benötigten Zutaten auf einer glatten Unterlage zu einem glatten Teig verkneten, wenn nötig unter Zugabe von etwas Milch. Den zur Kugel geformten Teig 30 Minuten kühl stellen.

In der Folge eine bemehlte Springform mit dem ausgerollten Teig belegen, dabei einen schönen Rand formen. Den mit einer Gabel mehrmals eingestochenen Teigboden bei 180 °C im vorgeheizten Rohr etwa 15 Minuten vorbacken. Währenddessen Schlagobers und Honig erwärmen und gut miteinander aufschlagen.

Dann mit einer Schicht Marmelade bestreichen, mit den gemahlenen Nüssen und den abgezupften Holunderblütchen bestreuen und mit der Hälfte der Schlagobers-Honig-Mischung übergießen. Die Hälfte des Zuckers über dem Kuchen verteilen, dann die blättrig geschnittenen, geschälten und entkernten Äpfel darüber verteilen. Den Kuchen mit dem restlichen Zucker bestreuen und die verbliebene Schlagobers-Honig-Mischung darübergießen. Den Holunderblüten-Frucht-Kuchen im vorgeheizten Backofen bei 250 °C etwa 30 Minuten backen und ofenwarm servieren!

HOLLER-BIRNEN-KOMPOTT *

4 Williamsbirnen
**500 g gerebelter
Holunder**
4 EL brauner Zucker
65 ml Wasser
etwas Zitronenschale
Zimt und Nelkenpulver
**250 ml Schlagobers,
fest geschlagen**

Die in Achtel geteilten, entkernten Birnen mit dem Holunder, dem Zucker, dem Wasser und den Gewürzen etwa 10 Minuten verkochen und zum Servieren lauwarm halten.

Das aromatische Kompott mit einer weißen Haube aus Schlagobers servieren.

HOLLERCHUTNEY MIT APFEL*

Alle Zutaten zusammen in einem großen Topf bei niedriger Hitze kochen, wobei das Chutney laufend umgerührt werden muss! Das fertig gekochte Chutney noch heiß in Gläser mit Schraubverschluss füllen.

1 kg Holunderbeeren, abgerebelt

500 g säuerliche Äpfel, in kleinen Würfeln

200 g Zwiebelscheiben

20 g frischer, gehackter Ingwer

80 g Rohrzucker

60 g Rotweinessig

1 TL Salz

½ TL Koriander, eine Prise Nelkenpulver

in Streifen geschnittene Schale einer unbehandelten Orange

½ TL Kardamompulver

Hollerchutney passt gut zu Fleisch und Käse

Literaturverzeichnis

Couplan: Wildpflanzen für die Küche, AT, Aarau 1997

Ficher-Rizzi: Medizin der Erde, Hugendubel, München 1995

Fleischhauer: Enzyklopädie der essbaren Wildpflanzen, AT, Aarau 2003

Hertzka/Strehlow: Küchengeheimnisse der Hildegard-Medizin, Bauer, Freiburg 1984

Künzle: Das Große Kräuterheilbuch, Otto Walter, Olten 1945

Lestrieux/Belder: Der Geschmack von Blumen und Blüten, DuMont, Köln 1993

Machatschek: Nahrhafte Landschaft, Böhlau, Wien 1999

Marti: Frühling in der Küche, Hallwag, Bern 1994

Mayer: Wildfrüchte, -gemüse, -kräuter. Erkennen, Sammeln und Genießen, Leopold Stocker, Graz 1999

Mayer/Diewald: Die besten Wildfruchtrezepte, Leopold Stocker, Graz 2003

Pahlow: Das Große Buch der Heilpflanzen, Weltbild, Gräfe und Unzer, München 2004

Ploberger: Europäische Heilpflanzen aus der Sicht der TCM

Ploberger: Westliche Kräuter aus der Sicht der TCM, Bacopa, Wien 2005

Rothmaler: Exkursionsflora, Volk und Wissen, Berlin 1976

Zizenbacher: Heilpflanzen, Apotheke aus Feld und Flur. Freya, Wien 2003